现代乡村治理基础

陈明 著

图书在版编目(CIP)数据

现代乡村治理基础 / 陈明著 . -- 北京：当代中国出版社, 2024. 12. -- ISBN 978-7-5154-1498-0

Ⅰ . D638

中国国家版本馆 CIP 数据核字第 20247EP602 号

出 版 人	蔡继辉
责任编辑	姜楷杰
责任校对	贾云华　康　莹
印刷监制	刘艳平
封面设计	宋　涛　鲁　娟
出版发行	当代中国出版社
地　　址	北京市地安门西大街旌勇里 8 号
网　　址	http://www.ddzg.net
邮政编码	100009
编 辑 部	（010）66572264
市 场 部	（010）66572281　66572157
印　　刷	中国电影出版社印刷厂
开　　本	710 毫米×1000 毫米　1/16
印　　张	21.75 印张　1 插页　302 千字
版　　次	2024 年 12 月第 1 版
印　　次	2024 年 12 月第 1 次印刷
定　　价	98.00 元

版权所有，翻版必究；如有印装质量问题，请拨打（010）66572159 联系出版部调换。

前　言

中国共产党建党百年之际,向世界庄严宣告:我们创造了中国式现代化新道路,创造了人类文明新形态。乡村现代化是中国式现代化的重要组成,没有农业强国就没有整个现代化强国,没有农业农村现代化,社会主义现代化就是不全面的。① 近几年,中国提出的三个具有全局意义的重大战略——脱贫攻坚、乡村振兴、农业强国——很大程度上瞄准的都是乡村现代化问题。乡村现代化本质上是工业化城市化成果向乡村传导,分工的深化与拓展引发乡村经济结构的基要性变革,并逐步向社会和政治领域扩散的过程。后发国家的乡村现代化既是现代化的最后一步,又面临着现代化问题的总体叠加,从这个意义上讲,后发国家的乡村现代化是世界现代化进程的一个终极问题。

中国乡村现代化经历了从农业现代化向农业农村现代化的历史演进。我国农业现代化已经取得了长足进步,相比较而言,农村在基础设施、公共服务、社会治理等方面差距相当大。农村现代化既包括"物"的现代化,也包括"人"的现代化,还包括乡村治理体系和治理能力的现代化。我们要坚持农业现代化和农村现代化一体设计、一并推进,实现农业大国向农业强国跨越。②

本书的中心议题是探寻现代乡村治理的基础,核心是回答农民形态、产权制度、空间布局等因素对于乡村治理改进的基础作用。乡村治理并非一个单纯的治理体制问题,其在本质上是合理配置公共资源以建

---

① 习近平:《加快建设农业强国 推进农业农村现代化》,《求是》2023年第6期。
② 习近平:《论"三农"工作》,中央文献出版社2022年版,第276—277页。

构乡村秩序的过程，乡村治理现代化的目标则是在乡村社会塑造一套与现代化国家相适应的政治经济结构。这意味着，乡村治理现代化是乡村现代化的发展成果在社会治理领域的一个集成反映，同时也是全局性城乡现代转型的一部分。如果说乡村现代化是现代化的最后一步，那么乡村治理现代化无疑就是乡村现代化的最后一步。探寻现代乡村治理基础，不能只是盯着治理体制和治理模式等表观性问题，而是要将其置于中国乡村现代化的全局框架中去审视，并且要特别注意其中的大历史与慢变量。

乡村治理研究在中国学术界流行已经有20多年时间，但大量的研究或是局限于短期现象的描述，或是满足于特定事件的雕琢，还有一些则不免落入了就事论事的窠臼。具体事件的堆砌非但难以深化关于世界本质的认识，反而还可能带来整体逻辑的"合成谬误"。一个明显的不足是始终未能针对中国乡村治理的典型事实和特定规律形成成熟的认识框架。解决这一问题，必须跳出"就治理论治理"的逻辑圈圈，将治理问题转换为乡村治理活动与作为其基础平台的农民形态、产权制度、空间布局之间的互动所引发的基础秩序变动问题，再经由"基础秩序—治理形态"的逻辑建构回扣治理问题，最大限度向治理的底层逻辑延伸，尽量拓展乡村治理问题的分析空间。

本书的总体思路是：在中国乡村现代化这一宏阔视野之下，通过对农民形态、产权制度、空间布局等乡村治理平台因素的分析，廓清乡村治理现代化的基础秩序，把握乡村治理现代化的趋势与走向。由于每个国家有着不同的"体制存量"，使得传统乡村的现代转型成为一个特定的政治经济问题。在序章中，首先廓清了乡村现代化的基本范畴、演化规律、逻辑序列、标志特征等基础性问题，并简要分析了乡村现代化的世界进程作为研究参照，这些工作主要是为后面章节的论述奠定认识基础。除序章和结语部分外，全书共分为六章。

第一章：乡村治理现代化研究论纲。当前，各方面对乡村治理的概念范畴尚未达成一致认识，要探寻现代乡村治理基础，首先需要对乡村治理及关联概念作出界定。现代政治学中的治理概念刚刚被引介到中国时,人们更强调其多元分权、协同共治的一面,后来在学术界的共同努力下,终于澄清了治理概念的词源和谱系。当下中国政治话语中的"治理",是指党领导下管理国家事务和社会事务的过程,这是经由官方重新定义过的正式概念,而不再是流行市肆的、未经批判的、可以随意阐释的概念,更与西方"新自由主义"的治理概念具有本质区别。不过,如今治理理论的发展又走向了另一个极端,即不再重视治理与统治、管制、管理等概念的区别,从而导致了治理对上述概念的随意替代。这一倾向同样偏离了治理的原初含义。从本体范畴上讲,治理可以理解为通过政治经济学分析将治理对象的"独有的自然"转化为现象、过程和规律等"可理解机制",并对其进行恰当干预的过程。从这一认识出发,我们可以把乡村治理理解为合理配置公共资源以建构乡村秩序的过程。狭义上,一般把乡村治理看作是乡村公共权威及其他治理主体协同发挥管治作用的过程;广义上,乡村治理则涵盖了乡村社会运行的基础制度安排及公共资源配置体系。治理的"独有的自然"其实就是支撑特定治理活动运行的社会基础和制度平台,治理活动与建基于其上的平台因素之间的勾连与互动构成了治理的基础秩序。乡村治理的平台因素有很多,从重要性和可分析性的角度看,农民形态、产权制度和空间布局构成了理解乡村治理基础的一个广义框架。基础秩序是乡村治理"内生的锚",平台因素变化所引发的基础秩序变动是乡村治理现代化的内生基础。这一章廓清了治理的本体范畴和乡村治理的学理内涵,提出了"乡村治理的基础秩序"这一学术命题,并分别对农民形态、产权制度、空间布局与乡村治理之间的关系进行了建构与铺陈。

第二章:农民形态与乡村社会基础之变。农民形态是乡村治理中最基础的平台因素,不同政治属性和政治角色的农民共同介入乡村治理活动时会形成不同的合作秩序。通过近代以来的历史考察可以发现,一边是国家和体制塑造着农民,另一边农民也在塑造着体制和国家。农民形态演进与乡村治理变革之间的互嵌与互动,既是理解当代中国国家建构与发展的重要面向，又可以作为在更大历史跨度中理解人的进步与社会整体发展内在逻辑的重要线索。新中国成立以来，农民形态经历了革命农民、公社农民、家户农民、流动农民、市场农民到专业农户的逐步演进。当前，特别是在典型农区，专业农户崛起已经成为一个不可逆转的潮流。专业农户饱经市场化的洗礼，比之传统小农，他们具有更强的生产经营能力、更加充分的就业、更令人满意的收入。专业农户凭借着集约高效的生产活动率先成长为乡村富裕阶层，产业兴旺和生活富裕在他们身上正在成为现实，而产业兴旺、生活富裕又将成为乡风文明的基础和前提。专业农户崛起带来了乡村社会基础、治理逻辑和产权秩序的深刻变化，将为全面推进乡村振兴打开基础通道。在特定历史阶段中，农民形态带有客观性，实现乡村治理现代化，必须把握和顺应其演化的基本趋势，不断促进治理活动与农民形态相适配。

第三章：产权制度与乡村经济基础再造。产权制度在诸多制度中处于基础性地位，产权构成了社会的"制度基因"。当产权制度进入到社会治理领域时，产权单元的划分、产权的内部界定、产权调整的频率和方式、产权与治权的关系都会产生特定的秩序后果，产权制度由此带有了特定的秩序含义。理解中国乡村治理的独特性，必须把握土地产权制度生成和演化的政治经济逻辑。农村土地制度改革牵引了中国农村改革进程，长时段改革的梳理同时反映出这一过程中国家治理逻辑的现代转换。改革开放以来城乡关系、农民形态等一系列变迁为乡村治理现代化奠定了重要的社会基础。当前，特殊的土地制度不但阻滞和过滤了社会基础变动所带来的导向效应，并且型塑了独特的产权秩序，成为乡村治理的一个特定参数。实现乡村治理现代化，需要顺应乡村社会基础结构之变，塑造开放性的土地产权秩序。传统认识中，公有制只包含国家所有和集体所有，而集体所有又只有总有制一种形式，不少人借此质疑土地确权、农村集体产权制度等改革事项的正当性。马克思所说的公有制本质上是社会所有制，在社会主义初级阶段其实存在一个公有制的宪制安排（共同所有权）下发展公有制生产关系（社会所有制）的历史命题。

在经典马克思主义理论中，所有制并不是一种具体的产权安排，将公有制直接落定为某个范围内农村居民的集体所有权是特定历史阶段和认识空间下的产物。当前，初建农村集体组织时那种以农村居民的居住地划定集体范围的做法已经不适应新时代发展要求，农村"集体"的再造成为必然趋势。深化改革的核心是实现"集体"及其成员权的现代转型，逐步赋予集体成员退出、重组与再联合的权利。中国乡村已经发生了深刻分化，在市场经济条件下构建开放性的土地产权秩序，需要根据土地专属社会价值和技术边界的移动来安排集体所有制的实现形式，这一指向有着充分的法理基础和现实依据。深化农村土地产权制度改革，要依据不同的村庄类型和土地类型，选取不同的理论支援和政策框架。

第四章：空间布局与乡村治理单元转换。 任何社会治理活动一方面要面向特定的人口，另一方面要面向特定的空间，人口、空间与治理的匹配是治理现代化的基础。在乡村治理中，作为人口布局、聚落形态等因素综合反映的空间布局与治理活动之间的匹配性关系，构成了特定的空间秩序。空间秩序再造的核心是通过空间布局和治理单元的双向调整实现"空间—治理"结构的适配。空间秩序优化要放到城乡形态现代化的视野中去分析审视。城乡形态是指不同等级、不同类型城市和乡村之间的空间布局关系以及关联形成的人口布局、经济联系和功能分化。城乡形态在大地景观上的投射就是通常意义上的空间布局，空间布局具有强烈的基底效应和导向效应，一旦固定下来，将在超长历史时间中都具有不可逆的规定性。前现代的城乡形态是因应农业社会的生产生活条件而演化和塑造的，传统国家与现代化相遇时，无一例外都面临着城乡形态的现代转型问题。农业社会中，人们生产生活空间紧密联系，但随着现代化的演进，二者日益深刻地分离了。进入工业社会后，随着技术进步和经营规模扩大，农庄而非村庄成为农业生产经营的基本单元。当占人口极少数的农民可以完成全部农业生产的时候，作为人类生存基础的农业活动已经不构成空间聚集的主要约束。这个约束解除后，人们就有条件根据现代经济和生活方式来选择自己的居住地，由此便必然带来城乡形态的历史性变动。顺应城乡形态变动推进乡村空间秩序再造是实现乡村治理现代化的一项基础性工作。目前，关于空间秩序优化有两种思路：一种是乡村居民点物理空间的腾挪调整，也可以称作城乡空间重组；另一种是基本不触及现有居民点物理空间的前提下，通过治理尺度的空间跃迁来实现空间布局与治理体系的适配。关于空间重组方式，各地实践中比较典型的是山东"合村并居"、江苏"相对集中居住"和陕西易地扶贫搬迁等模式。城市化进程中的城乡空间布局调整，本质上是农业社会空间形态向工业社会空间形态的转型，在这个过程中居民点规模和结构的变动遵循特定的经济规律，城乡空间重组一定要在市场理性的经济体系中运作。关于空间跃迁方式，既包括区划调整等硬措施，也包括跨区域行政和服务等软手段。明治时代，日本就开始了市町村合并的探索，后来又逐步形成了广域行政等一系列经验做法。四川成都的治理单元重组和浙江瑞安的县乡权责重构在国内具有一定的示范意义。未来，要综合运用空间单元重划、治理单元重组以及产权单元重构等方式，探寻适应中国乡村现代化实际的空间秩序再造框架。

第五章：分工秩序与乡村治理体制变革。人类社会进步的根本动力来自分工的产生与拓展。前面章节中关于乡村治理基础秩序的分析一定程度上也都指向乡村经济社会分工的深化与拓展。与上述平台因素不同的是，分工本身就具有秩序含义，或者说，分工本身就是治理体制的一部分。传统乡村的现代转型是大规模分工渗透进乡村社会，带来依附性关系解体的过程。近年来，随着分工深化和专业农户崛起，中国乡村现代化进程正在逐步推进。这一背景下，对当前乡村社会中公共领域与私人领域、产权单元与治理单元、社区自治与社区民主等三个问题的分析，都指向"政经分开"这一改革目标。现代社会系统中政治领域与经济领域的分工与分化具有必然性，但在不同层次和场景中有不同的表现。国家治理中政治与经济具有"不可分性"特征，而社会治理中政治与经济分开又具有极强的必要性。村庄"政经分开"改革限定于微观场域中政治活动与经济活动的相对分离，符合现代社会治理中政治与经济分工的一般逻辑，不会给国家治理中的"政经统筹"造成影响。当前，局限在经济发达村开展的"政经分开"改革，并不能为乡村治理现代化建立基础的产权平台和治理架构，改革红利有限。广义的"政经分开"具有丰富的制度含义，村庄"政经分开"改革对中国乡村而言具有普遍的必要性和适宜性，深化改革需要针对不同类型村庄制定专门的操作方案。

第六章：乡村治理现代化的趋势与展望。本书的第一章提出了分析乡村治理问题的一个广义框架，后面几章分别从农民形态、产权制度、空间布局和分工秩序等四个维度进行了分析，这一章主要是对前述分析所呈现出的趋势性特征进行总结，研判乡村治理现代化的走向，并尝试对乡村治理现代化的中长期趋势作出展望。总体看，村庄类型分化和乡村社会转型会日趋加深，加之乡村治理体制改革和治理体系建设的不断深入，典型农区乡村治理现代化水平提升比较确定，但城中村、城郊村和经济发达村潜藏的治理风险要高度重视。为应对国际压力和外部风险，从现在到2035年，乡村治理基础因素的调整可能会较此前有所放缓，但为防范发展停滞带来的内生问题，仍要在风险可控、红利较大、潜能充分的领域深化改革。

最后的结语部分，对中国乡村现代化的未来图景进行了初步刻画，对农民、土地与治理的关系进行了一个理论总结。

目 录

序　章　乡村现代化问题引论 ……………………………… 001
　第一节　乡村现代化的若干基础性认识 ……………………002
　　一、乡村现代化的基本范畴 ………………………………002
　　二、乡村现代化的演化规律 ………………………………004
　　三、乡村现代化的逻辑序列 ………………………………007
　　四、乡村现代化的标志特征 ………………………………008
　第二节　乡村现代化世界进程总览 …………………………009
　　一、美国乡村现代化的历史进程 …………………………011
　　二、欧洲乡村现代化的历史进程 …………………………015
　　三、日本乡村现代化的历史进程 …………………………019
　　四、世界乡村现代化的"三条道路" ………………………021
　第三节　中国乡村的范畴与类型 ……………………………026
　　一、乡村的语义范畴 ………………………………………027
　　二、乡村的类型划分 ………………………………………030

第一章　乡村治理现代化研究论纲 …………………………037
　第一节　乡村治理概念再认识 ………………………………038
　　一、治理的本体范畴与基础秩序 …………………………038
　　二、乡村治理的学理内涵 …………………………………041

三、乡村治理现代化的演化空间 ································ 044
第二节　乡村治理现代化的广义框架 ································ 046
第三节　乡村治理现代化的论题展开 ································ 048
　　一、农民形态与乡村治理 ···································· 048
　　二、产权制度与乡村治理 ···································· 056
　　三、空间布局与乡村治理 ···································· 062

第二章　农民形态与乡村社会基础之变 ································ 071
第一节　农民形态演进与乡村治理的历史变迁 ······················ 072
　　一、革命农民与乡村社会的重组 ······························ 073
　　二、公社农民与"政社合一"的乡村体制 ······················ 076
　　三、大国小农与乡村治理格局的演化 ·························· 080
第二节　人口流动、地权变动与农民形态演化趋势 ·················· 085
　　一、人口外流、地权分散与乡村失序 ·························· 086
　　二、资本下乡、地权流动与乡村重构 ·························· 087
　　三、专业农户崛起、地权整合与乡村振兴 ······················ 090
第三节　专业农户崛起与乡村社会基础变动 ························ 093
　　一、农业产业集中度与农户分化 ······························ 093
　　二、专业农户：中国乡村现代化的中坚力量 ···················· 097
　　三、专业农户崛起预示的乡村社会之变 ························ 103

第三章　产权制度与乡村经济基础再造 ································ 107
第一节　农村土地制度改革与国家治理逻辑转换 ···················· 109
　　一、激励逻辑：从生产性激励到治理性激励 ···················· 109
　　二、制度逻辑：从经营性制度到财产性制度 ···················· 113
　　三、政治逻辑：从管控型政治到回应型政治 ···················· 117
　　四、秩序逻辑：从产权封闭秩序到产权开放秩序 ················ 121

第二节　土地产权制度改革的政治经济逻辑解析 ……………… 123
　　一、马克思主义公有制的概念廓清 ……………………… 125
　　二、所有制与产权：一个概念辨析 ……………………… 128
　　三、法理上的"共同所有"：总有、合有与共有 ………… 132
第三节　土地权属制度的制度形态演化 …………………………… 135
　　一、农村土地权属制度的生成逻辑 ……………………… 135
　　二、"集体"及其成员权问题再认识 …………………… 140
　　三、制度形态演化的一个归纳性认识 …………………… 147
第四节　构建开放性的土地产权秩序 ……………………………… 150
　　一、构建开放性产权秩序的法理基础 …………………… 150
　　二、构建开放性产权秩序的现实依据 …………………… 153
　　三、构建开放性产权秩序的改革思路 …………………… 156

第四章　空间布局与乡村治理单元转换 …………………… 161

第一节　城乡空间布局的若干基础认识 …………………………… 162
　　一、城乡界定 ……………………………………………… 163
　　二、城郊分野 ……………………………………………… 170
　　三、城乡互动 ……………………………………………… 173

第二节　城乡形态现代化的空间布局 ……………………………… 177
　　一、城乡形态演化的一般规律 …………………………… 177
　　二、农业农村失衡陷阱：一个发展假说 ………………… 179
　　三、城乡形态现代化的空间定位 ………………………… 181

第三节　城乡空间重组的典型模式与学理讨论 …………………… 189
　　一、城乡空间重组的典型模式 …………………………… 189
　　二、城乡空间重组的若干操作难题 ……………………… 193
　　三、城乡空间重组所涉学理问题的讨论 ………………… 199
　　四、城乡空间重组的政策调整思路 ……………………… 205

第四节　城乡空间跃迁的国际比较与政策优化 212
　　　一、日本的市町村合并与广域行政 213
　　　二、中国优化空间秩序的改革尝试 218
　　　三、城乡空间跃迁的政策调整思路 227

第五章　分工秩序与乡村治理体制变革 233
　　第一节　分工深化、去依附与乡村现代转型 235
　　　一、广义分工、扩展秩序与现代化的起点 235
　　　二、去依附：传统乡村转型的政治经济逻辑 239
　　第二节　"政经分开"：乡村治理现代化的逻辑指向 246
　　　一、公共领域与私人领域 246
　　　二、产权单元与治理单元 248
　　　三、社区自治与社区民主 252
　　第三节　村庄"政经分开"改革的制度分析 255
　　　一、政治与经济的"可分性"与"不可分性" 256
　　　二、村庄"政经分开"改革的进展与评论 261
　　　三、村庄"政经分开"改革的若干延伸讨论 267

第六章　乡村治理现代化的趋势与展望 275
　　第一节　乡村治理现代化的趋势性特征 276
　　　一、农民形态及其社会治理含义 276
　　　二、产权制度及其社会治理含义 278
　　　三、空间布局及其社会治理含义 280
　　　四、分工秩序及其社会治理含义 281
　　第二节　乡村治理体制改革与治理体系建设 283
　　　一、深化乡村治理体制改革 284
　　　二、加强乡村治理体系建设 286

第三节 乡村治理现代化走向及远景展望 289
　一、乡村治理现代化走向的基本判断 289
　二、乡村治理现代化的中长期展望 291
第四节 乡村治理及农政领域的关联改革 293
　一、深化"政经分开"改革 294
　二、优化乡村治理单元 294
　三、发展新型集体经济 295
　四、改进乡村治理体制 296

结　语　中国乡村治理现代化的未来图景 299

主要参考文献 311
后　记 327

图目录

图 0-1　主要发达国家农村人口比重（1960—2020 年）.....................005
图 0-2　主要发达国家农业就业人口比重（1991—2021 年）...............005
图 3-1　石家庄都市区镇村联合体规划设想..145
图 4-1　美国城乡划分示例..166
图 4-2　不同标准下美国皮奥里亚市的规模..168

表目录

表 0-1	美国农村发展机构变迁	013
表 1-1	经济治理分析框架在乡村治理中的拓展应用	047
表 1-2	乡村治理的基础秩序分析框架	048
表 1-3	现代城乡空间单元和功能特征	065
表 2-1	不同土地经营规模区间农户数量变化（2010—2020年）	085
表 2-2	城乡人口布局与就业结构（1978—2022年）	091
表 2-3	农村承包地流转情况（2010—2020年）	091
表 2-4	农业产业链延长和分工深化（1978—2020年）	092
表 2-5	专业农户与其他农户的特征比较	098
表 3-1	改革开放以来不同阶段农地制度的内涵	113
表 3-2	总有、合有、共有制度的比较	132
表 3-3	部分省份空心村比重（2018年）	142
表 4-1	民政部门和统计部门的城乡划分标准	164
表 4-2	美国联邦机构关于城乡划分的不同标准及其应用	167
表 4-3	山东省城乡空间布局调整规划	190
表 4-4	铜川市耀州区城乡空间布局调整规划	192
表 4-5	城乡社区自治组织规模比较	195
表 4-6	日本历史上三次市町村合并浪潮	214
表 4-7	日本广域合作机制（2018—2020年）	215
表 4-8	成都市三类社区规划人口和空间规模	219
表 4-9	四川天府新区村（社区）优化调整情况统计	220
表 4-10	瑞安市县乡职责边界清单示例	223
表 4-11	瑞安市乡镇"4+X"功能中心示例	224
表 4-12	县镇能力结构矩阵	227
表 5-1	"政经分开"改革的典型模式	262

插图目录

美国农业部	014
日本超市的农产品价格	025
梵净山脚下江口镇村庄	035
黄山脚下汤口镇村庄	035
日本北海道的专业农庄	066
内蒙古兴安盟的黑土地	094
安徽凤阳小岗村	110
西北地区的空心村	143
美国华盛顿郊区	172
阿根廷布宜诺斯艾利斯郊区	172
日本北海道网走市	176
西南丘陵山区的村庄	188
广东东莞松山湖华为小镇	208
日本秋田县村庄	217
四川成都的田园综合体	221
山东寿光专业农户在西藏建设的玻璃温室	245
日本村庄自治的内容	254
巴西里约热内卢的贫民窟	292
湖北武汉花博汇	297
云南哈尼梯田	307

序 章
乡村现代化问题引论

第一节　乡村现代化的若干基础性认识

一、乡村现代化的基本范畴

广义的现代化可以从三个方面来理解：第一，从发展现象上讲，现代化是一个世界性的趋势，是人类社会自工业革命以来所经历的一场急剧变革。这一变革以工业化为推动力，带动了传统农业社会向现代工业社会的全球性大转变，并使工业主义渗透到经济、政治、文化、思想等领域，引发各个领域的深刻变化。[①]现代化既包括工业化、城市化进程从原生国家向后发国家的传导和散布，又包括工业化从城市向乡村扩散进而实现城市化和乡村现代化的过程。第二，从哲学根基上讲，现代化在工业化、城市化起源与扩散的表象之下，本质上是分工的出现与拓展带来人类能力的大幅提升，从而将人类社会导向理性化、合理化、永续化的过程。具体而言：（1）经济分工进入无限深化阶段，技术迭代、产业升级、财富扩增成为一种永续趋势；（2）社会系统持续分化新的、淘汰旧的子系统，社会结构合理化、组织功能专门化、职业角色专业化成为一种历史趋向；（3）知识反复出现爆炸性增长，知识生产可能性边界不断外推，接受变化、拥抱变革成为人类社会的持久信念。第三，从历史进程上讲，作为传统生产方式、生存状态和制度结构向现代跃迁的过程，现代化是一个不断创新、进步、赶超的过程，同时又是一个正在进行且持续迭代的过程。

[①] 罗荣渠：《现代化新论：世界与中国的现代化进程》，商务印书馆2004年版，第17页。

在官方话语中，乡村现代化又被叫作农业农村现代化，从字面上即可看出其中包含了农业现代化和农村现代化两个方面。不过，乡村现代化绝非农业现代化和农村现代化的简单加总，而是农业农村现代化的有机集成。乡村现代化可以概括为农业农村发展与工业化城市化进程相互融合，农业现代化与农村现代化互为支撑、均衡协调的发展状态。具体衡量标准包括：（1）从国际领先度上看，成为农业产业强国，农业竞争力居于世界前列并在全球农业产业链条上占据强势地位，农业科技和农产品贸易具有世界性影响；（2）从城乡协调度上看，进入到现代化中后期，生产水平、生活方式和治理模式基本实现城乡一体化；（3）从发展匹配度上看，越过农业现代化向农村现代化拓展的"交叠界面"，农业农村在发展与转型两个维度上适应性前进，农业现代化与农村现代化实现良性互动。

我们现在经常把农业农村现代化看成是一个过程，实际严格意义讲这是两个既相互衔接、又相互独立的进程。现代化高级阶段的一个重要特征就是农业与农村在空间上的"可分性"。从农业农村现代化的世界进程来看，通常在农业现代化达到较高水平时才会启动农村现代化进程，这个变化大致出现在农业劳动生产率包络面人群的收入达到城市中等收入水平的时点上。然而，农业现代化和农村现代化并非两个完全相容的过程，农业现代化对农村现代化的边际贡献先递增后递减。现代化起步阶段，只有大幅提高农业劳动生产率，才能将大量束缚在土地上的人口解放出来，同时提升农民的收入水平。这是农村现代化得以起步的关键。但高水平的农业现代化，往往会带来农业劳动力的减少和农场的扩大，又势必带来农村社区的空心化以及农村中不同人群收入差距的扩大，这是主要发达国家都曾经历过的"发展悖论"。这意味着，协调推进农业农村现代化不能简单将农业现代化作为农村现代化的前置条件，而要将农业现代化作为农村现代化重要的约束条件，考虑农业现代化经济社会影响的基础上强化农村发展政策的有效性。

二、乡村现代化的演化规律

乡村现代化是世界现代化进程的一部分，其发展逻辑首先符合现代化的一般规律，同时又具有明显的部门特点。作为后发国家，中国通过借鉴人类文明成果能够越过一些特定的发展阶段，但在底层逻辑上与世界乡村现代化的进程是一致的。通观世界乡村现代化进程，可以发现以下一些比较明显的演化规律。

1. 城市人口增加，乡村人口减少。城乡分离由来已久，在数千年的时间里，城乡之间虽然有特定的功能形态差异，城市却并未表现出相对于乡村更强的发展能力。工业革命以后，城市不断为人类社会注入发展的活力和动力，城市化进程才真正开启，这是人类历史上的一个巨大进步。城市化与现代化相伴而生，近代以来的人类发展进步往往伴随着乡村人口向城市的大幅转移。主要发达国家在20世纪70年代就已经进入了城市化中后期。根据世界银行数据，1970年，美国、英国、法国、德国、日本的农村人口都已经在30%以下。这些国家在高度城市化阶段，农村人口仍然在持续向城市转移，通常在农村人口比重降低到20%，也就是城市化率达到80%左右时达到均衡状态（见图0-1）。中国遵循着同样的规律，截至2023年，中国城镇化率已经超过66%，随着城市化的继续推进，中国农村人口比重预计在2030前年后降低到30%以下，届时城乡人口变化幅度会放缓并逐步趋于均衡。

2. 农业产值上升，农民数量下降。现代化进程中，农业增加值在国内生产总值（GDP）中的占比会逐步下降，但因为经济总量的扩张，农业增加值的绝对水平通常是上升的。与这个过程相伴，农业就业人员的比重也会同步或随之发生下降，真正意义上职业化农民的数量会大幅减少。2001年时，主要发达国家的农业就业人员比重就已经在5%以下，如今美国、英国、德国的农业就业人员比重已经低于2%（见图0-2）。这种相对变化意味着，农民人均增加值和人均收入都会有一个较大幅度的提升，这为农民农村共同富裕奠定了基础。一般来说，农业产业比重

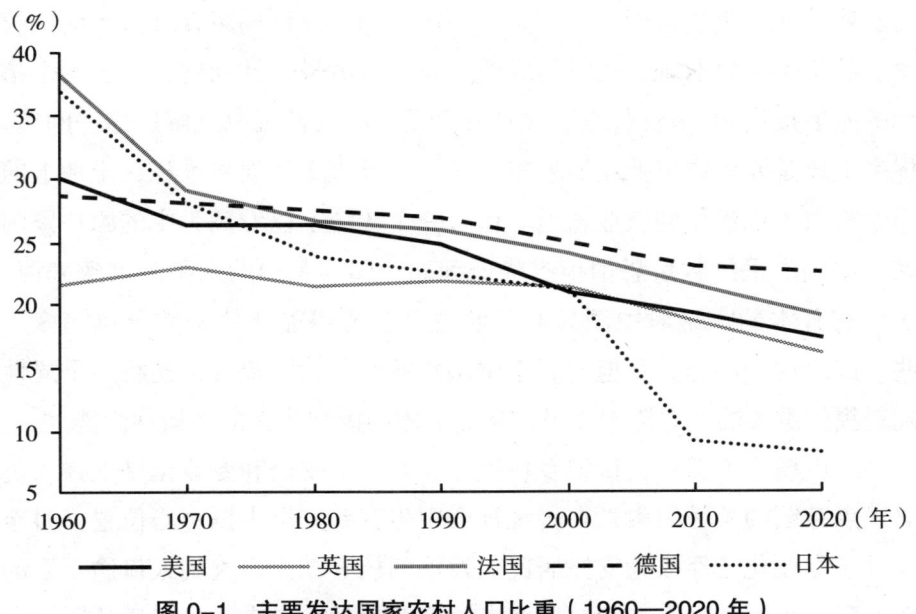

图 0-1　主要发达国家农村人口比重（1960—2020 年）

数据来源：世界银行公开数据（https://data.worldbank.org.cn/）。

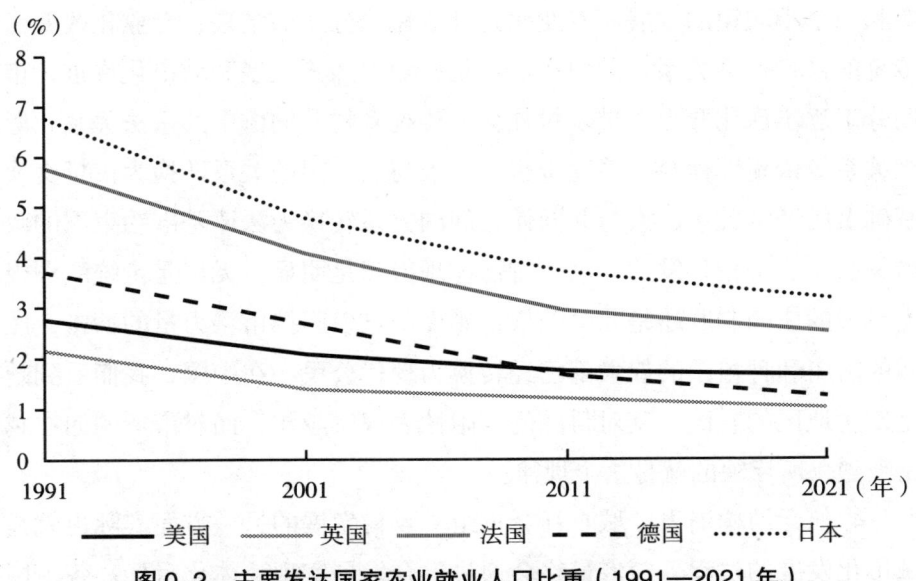

图 0-2　主要发达国家农业就业人口比重（1991—2021 年）

数据来源：世界银行公开数据（https://data.worldbank.org.cn/）。

与农业就业比重越接近，意味着一个国家的产业结构越合理。当前比较紧要的是解决农业就业比重与农业产业比重的异步性问题，中国两个指标的差值接近20个百分点，这是一个重要的反常现象。解决这一问题，根本上还是要依靠工业化、城市化的深入推进，从而将堆积在土地上的小农户引入现代化的就业轨道。作为一个传统上以农民为主的原住民国家，中国农民的数量恐怕很难降低到如美国、英国的水平。大致来说，法国和日本的水平对中国具有参照意义，或可能比这个数量再稍多一些。解决这一问题，不但有利于中国农业竞争力的提升，还将为全局性发展提供重要的人力资本支撑，从而巩固中国现代化的结构性潜能。

3. 市场分工深化，传统乡村解体。生存、安全和专业化是支撑人类居民点存续的关键因素，在传统社会中生存和安全占据中心位置，时至今日，专业化已经成为支撑居民点发展的核心动力。大到人口逾千万的都市区，小到几百人的乡村居民点，概莫能外。未来中小规模的居民点会越来越朝着专业化的方向发展。在满足创新密度需求和就业需求的情况下，一所大学、一座工厂、一家商业联合会或者公益机构都有可能支撑起一个小城镇的发展。专业化是社会化大分工的结果；专业化改变了传统的乡村社会关系。其内在逻辑是，随着经济发展和城市化推进，市场分工逐步深化并渗透进乡村社会，传统乡村共同体中的宗法关系、等级关系等依附性社会关系逐步解体，人与人之间的关系转换为市场交换基础上的经济关系，人与共同体之间的关系转换为法律基准约束下的政治关系。经济越是发达，这一特征体现得越是明显。无论是传统欧洲极度封闭的庄园制度还是北美的奴隶制度都难以阻挡市场力量的冲击，庄园的附庸和种植园的奴隶都已经转换为现代公民。在中国，我们看到越是发达地区的农民，其对村庄的依附性表现得越弱，而对市场的向往越是强烈，所反映的就是这个规律。

4. 二元结构消失，城乡社会重组。乡村发展的另一方面实际也就是城市化发展的过程，二者最终会通过融合发展实现一体化目标。各个国家，在历史上都存在城乡二元的制度结构、经济结构和治理结构。一般来说,随着经济的起步会首先打破城乡二元的制度结构,在城乡融合协调发展的进程中城乡的经济结构也会趋于拉平,这样一来城乡二元治理结构的经济社会基础不复存在,城乡一体化的任务即告完成。当前主要发达国家基本都经历了这个过程。改革开放以来,我国城乡经济社会发展取得了飞跃,但目前城乡二元的制度体系仍未完全退却,这已经成为经济进一步发展的障碍。同时,我们现在对三重二元结构演化规律的认识不够,一定程度还在强化二元的城乡治理体系,未能按照城市规律来布局和引导乡村治理体系发展。随着城乡经济、制度二元结构的解体,目前这种布局将不具有可持续性。

三、乡村现代化的逻辑序列

完成传统乡村的现代转型,通常要经过以下逻辑序列:

1. 工业化城市化的起源与扩散。受制于分工同质化和市场狭隘等约束条件,对大部分乡村而言实际上无法独立启动现代化进程。全局性的乡村现代化只能是在工业化城市化起步之后,通过把现代生产要素和生产方式导入传统乡村得以实现。所以说,决定一个国家乡村现代化能否实现、步伐快慢的不是传统乡村的基质条件,而是工业化城市化发展水平。

2. 农业革命与农业现代化。近代以来,世界历史上发生过三波大规模的农业革命:一是18世纪的英格兰古典农业革命;二是20世纪中叶全球范围的"绿色革命";三是20世纪80年代中国改革开放后的农业产业革命。中国农业产业革命又可以划分为两个阶段:一是农村改革后投入增加和制度革新带来的农业爆发式增长;二是本世纪以来食物消费革命所带动的传统土地密集型农业向资本密集型农业的转型,黄宗智称之为"隐性农业革命"[1]。农业革命最终要导向农业现代化,或者说得再简单一点就是——"农业工业化"。这并非一个简单的机械化、信息化甚

---

[1] 黄宗智:《中国的新型小农经济:实践与理论》,广西师范大学出版社2020年版,第27—32页。

至智能化问题，而是要实现国民经济中一系列基要生产函数，或者说生产要素组合方式，连续发生由低级到高级的突破性变化。①

3. 城乡转型的发展经济学过程。在理想条件下，随着农业现代化的推进，必然带来城乡互动的螺旋式发展，并最终实现城乡结构性转型。这个过程主要包括以下方面：（1）现代要素导入农业，农业劳动生产率和生产规模同时扩张；（2）农业剩余劳动力向工业部门转移，农村人口向城市转移；（3）农业增加值绝对水平上升，但其占 GDP 的相对份额不断下降；（4）消费结构和食品结构升级，全局性产业分工加速深化；（5）专业农户崛起，农民步入中产阶级行列；（6）城乡要素边际福利产出基本一致，城乡经济社会发展趋于均衡。

4. 广义分工与扩展秩序。很长时间里，人们把现代化等同于工业化，而忽视了分工及其扩展秩序对转型过程的影响。实际上，分工在带来经济现代化的同时，也会通过超边际渗透形成社会领域的扩展秩序，进而带来政治、经济、法律等不同领域的专门化、专业化。深层次看，乡村现代化转型不仅是农业产业分工不断深化、现代要素持续更新迭代的过程，同时还是传统小农脱离依附性关系成长为现代农民、一个专业化乡村社会逐步形成的过程。前者可以理解为经济转型，后者可以理解为社会转型，两个转型过程互为表里、互相内生。

四、乡村现代化的标志特征

从世界经验看，乡村现代化过程通常会呈现出以下标志性特征：

1. 同步性。同步性是指在现代化过程中，一国的 GDP 总量和人均 GDP 水平同步上升，农业增加值绝对水平上升而农业增加值占 GDP 的比重同步下降，农业增加值占 GDP 比重与农村人口比重同步下降的趋势。

2. 异步性。异步性是指在现代化的早期，农业增加值占 GDP 的比重通常要比农业就业份额下降得快，随着现代化过程的推进后者下降速

---

① 张培刚：《农业与工业化》，商务印书馆 2019 年版，第 47 页。

度加快，两个指标变动速率逐步趋同的现象。美国、英国、荷兰、日本等国都表现出类似特征，这些国家目前这两个指标的差值一般在一个百分点以内，如果差距过大，则意味着存在特定的发展问题。

3. 专业化。乡村现代化首先是一个农业专业化水平不断提升的过程，这既包括了产业链分工的细化，也包括了区域专业化水平的提升。作为经济分工的扩散效应，社会治理、公共政策的专业化水平也会不断提升，最终表现为乡村经济活动与政治活动、生产空间与生活空间、产业政策与社会政策的分离。

4. 可达性。现代化起步阶段，主要是提升城乡关键基础设施和基本公共服务供给的均等化水平。均等化并非空间上的均一化，城乡在高等级设施和服务上的差异始终存在。在现代化中后期，衡量乡村现代化水平的主要指标是乡村公共服务的可达性。高等级设施和服务或许布局在城市，但乡村居民可以通过便捷的交通和通信设施进行分享，则可以认为城乡居民享受的服务无显著差异。

5. 一体化。如果把乡村现代化置于经济社会全局来考虑，则表现为城乡经济社会发展的一体化。首要标志是城乡各类要素的边际福利产出基本一致，阻碍要素流动的制度和非制度壁垒基本消除，城乡统一的要素市场走向成熟。此外，还包括城乡在产权制度、公共机构、治理体制等方面的一致性，本质上讲这实际是现代化在城乡趋同的结果。

第二节　乡村现代化世界进程总览

从主要发达国家的经验来看，乡村现代化通常会表现出"同步性、异步性、专业化、可达性、一体化"等标志性特征，但各个国家选择的发展道路不尽一致。主要发达国家乡村现代化道路的比较，可以反映出不同国家在各自的约束条件、制度环境甚至是历史机缘下所作出的不同选择。

乡村现代化涉及的论题宽泛，要在有限篇幅内作出深入讨论，一个可行思路是把研究边界限定在从农业现代化基本实现到农村现代化开始启动的"交叠界面"，重点研究不同国家在这一阶段的约束条件、制度环境和路径选择等关键特征。我们选取美国（最主要的发达国家）、欧洲（现代化的起源地）、日本（地缘和社会特征与中国最为接近）等三个地区作为典型，对其乡村现代化的时间序列和逻辑进程进行梳理，以期找到其中的共性和差异。

在发展研究的国际比较中，往往要涉及参照系选择，也就是对标哪个国家、哪个阶段的问题。一个通行的做法似乎是根据人均GDP水平、人均收入等指标来确定对标的发展阶段，此前人们在讨论"中等收入陷阱""高收入之墙"以及农业农村发展转型问题时概莫如此。

2020年，中国人均GDP已经超过了10000美元，此后很多人提出要直接对标主要发达国家人均GDP达到10000美元时（按当年价格，大约为1980—1985年前后）农业农村政策的调整，这其中其实存在若干认识误区。[①] 首先，考虑价格因素的影响，不同阶段的10000美元所反映的购买力、财富水平、发展能力是全然不同的。其次，由于不同历史时期经济社会发展绝对水平的差异，人均GDP等指标只对宏观进程和逻辑序列的判断有帮助，但无法支撑具体的政策方案。再次，乡村现代化的门阶条件是一系列经济社会指标的集合，要充分考虑不同指标之间的同步性和异步性关系，而不能用单个指标或少量指标的情况来映射总体。

研究借鉴发达国家乡村现代化进程中农业农村发展协调推进的经验和规律，关键是定位到农业现代化与农村现代化的"交叠界面"。从发展演进的定性特征分析，主要发达国家农业农村现代化的交叠大体发生在1950—1990年之间，其中1970年是以农业现代化为中心向以农村现

---

① 胡冰川：《发达国家农业农村现代化的经验与借鉴》，《农业农村部管理干部学院学报》2021年第3期。

代化为中心转变的一个关键时点。因此，1970年前后发达国家在城乡关系方面的政策对当前中国发展具有更强的参照意义。

一、美国乡村现代化的历史进程

（一）第一阶段（1945—1970年）：反贫困与农村现代化的序曲

进入20世纪之后，美国开始关注农村居民生活问题，这一努力最早可以追溯到西奥多·罗斯福总统于1909年撰写的《乡村生活委员会的报告》，这份报告在农业生产之外关注了农村生活问题。[①] 不过，一直到二战结束时，美国政策的关注点仍然聚焦在农场管理方面。1944年，美国农业部官员莫尔斯在一次演讲中提出了"农村社区发展"问题，他提醒人们，机械化所带来的农业用工的大幅减少将给农村社区带来震荡，未来要把农业技术变革与农村社区发展联系起来，并呼吁开展包含物理、生物、社会和经济因素的综合性农村社区调查。[②] 随着认识的深入，美国在1950—1960年代启动了一批农村发展试点计划，包括基础设施建设、农场贷款、改善就业、修缮住房等方面内容。但如果以更深刻的眼光审视，这一系列农村发展计划的主题实际是反贫困。艾森豪威尔、肯尼迪和约翰逊三届政府都把反贫困作为核心的政策主张，上述计划中很多都是在1964年《经济机会法案》框架下开展的，政策措施聚焦于帮助低收入者增加就业机会、提高收入和改善健康。总体看，这一阶段美国在农场生产之外开始意识到农村发展问题，并在联邦和州层面进行了多方面的尝试，但尚未形成全面的农村发展组织体系和政策体系。

[①] Rasmussen, W. D., "90 years of rural development programs", *Rural Development Perspectives*, Vol.2, No1, 1985.

[②] Morse, T. D., "The link between farm management and early rural development policy", *Rural Development Perspectives*, Vol.9, No.1, 1993.

（二）第二阶段（1970—1990 年）：基建扩张与农业农村发展协调推进

1970 年代美国农村政策发生了重大转变，与前几届政府关注贫困问题不同，尼克松/福特政府关注的重点转向了城乡关系问题。1970 年农业法案专门强调了要注意"美国农村和城市之间的良好平衡"。[1] 这一阶段是美国农业农村发展的关键时期，主要取得了以下成果：（1）形成了农村发展的政策体系。主要包括《农村发展法案》（1972 年）、《农村发展政策法案》（1980 年）、《食品、农业、保护和贸易法案》（1990 年）等。（2）农村基础设施大幅改善。到 1980 年时，美国绝大部分农村社区的道路、住房、通信、卫生条件都已经实现了高质量的改善。以电力为例，1933 年时，只有 10% 的美国农场通电；1941 年，这个比例是 35%；而到 1979 年时，99% 的农场可以享受与城市无差别的电力服务。[2]（3）农业和农村人口比重大幅降低。1945 年时，美国农业人口比重为 17%，到 1984 年，这一数字已经下降到 3%，[3] 同期农村人口已经降低到 26% 左右。[4] 总体看，1970 年时，美国农业农村开始步入现代化门槛，1980 年前后基础设施建设基本完成，联邦政府开始致力于推动多方参与来提升农村社区发展能级。1960—1990 年期间，美国农村发展机构经历了大小 10 余次变动才逐步稳定下来（见表 0-1），也反映出乡村现代化攻坚阶段的复杂性。

---

[1] Effland, A. B. W., "Federal rural development policy since 1972", *Rural Development Perspectives*, Vol.9, No.1, 1993.

[2] Rasmussen, W. D., "90 years of rural development programs", *Rural Development Perspectives*, Vol.2, No1, 1985.

[3] Rasmussen, W. D., "90 years of rural development programs", *Rural Development Perspectives*, Vol.2, No.1, 1985.

[4] 世界银行公开数据，https://data.worldbank.org.cn/。

表 0-1　美国农村发展机构变迁

年份	机构改革	职能转变
1961	成立农村地区发展办公室（Office of Rural Areas Development）	指导地方性委员会增加农村就业机会。
1965	组建农村社区发展局（Rural Community Development Service），取代农村地区发展办公室。	建立农村教育培训计划，提升农民素质；协调其他机构改进农村基础设施。
1970	撤销农村社区发展局	其职能转移到联邦推广局、土壤保持局、农村电气化管理局、农民合作局和林业局。
1971	组建农村发展局（Rural Development Service）	主要职责是执行1972年《农村发展法案》中改善农村卫生、供水、排水、通信、能源、运输等任务。
1978	农村发展局并入农民住房管理局（Farmers Home Administration）	工作职责进一步聚焦到农村住房改善方面。
1979	组建农村发展协调委员会（Rural Development Coordinating Committee）	主要职责是协调农业部内部的农村发展政策和活动，并协助州委员会履行其农村发展职责。（在州一级，由农业部机构、其他联邦机构、州机构、学院和大学以及私人组织组建农村发展协调委员会。）
1981	组建农村发展政策办公室（Office of Rural Developmental Policy）	作为次年组建的全国农村发展咨询委员会的执行秘书处，制定农村发展战略，在部门内部以及与其他联邦和私人机构协调农村发展工作。
1982	组建全国农村发展咨询委员会（National Advisory Council on Rural Development）	委员会成员是一个多元化的团体，代表了来自美国各地的农民、农业综合企业、教育工作者以及其他群体，旨在协助"确定农村问题并支持农村发展的行政管理工作"。
1985	撤销农村发展政策办公室	国会拒绝继续资助该办公室的项目。
1987	组建新的全国农村发展咨询委员会（National Advisory Council on Rural Development）	该委员会承认农业在农村经济中的持续重要性，但强调要注意"农村发展的非农业方面"，甚至建议将农业部更名为农业和农村事务部。
1989	组建乡村振兴专责小组（Rural Revitalization Task Force）	工作组建议采取17项具体行动来"提高美国农业部农村发展工作的有效性"。
1990	组建农村发展管理局（Rural Development Administration）	获批预算，负责执行1990年《食品、农业、保护和贸易法案》中的农村发展领域任务。

资料来源：Rasmussen, W. D., "90 years of rural development programs", *Rural Development Perspectives*, Vol.2, No.1, 1985; Effland, A. B. W., "Federal rural development policy since 1972", *Rural Development Perspectives*, Vol.9, No.1, 1993.

美国农业部（陈明 摄）

　　农政机构的设置反映了一个国家农业农村发展所处的阶段。美国实行大农业部体制，农业部内设有农场生产与保护、食品营养和消费者服务、食品安全、市场监管、自然资源和环境、科技教育和经济研究、农村发展、贸易和对外事务等版块，但没有与中国类似的种植业、畜牧业、种业、农机等行业管理机构。

(三)第三阶段(1990年至今):城乡关系进入长期演化周期

1990年代,美国农村面临着劳动力需求减少、消费饱和和投资收缩三大历史趋势的交汇。从长期趋势看,低劳动力成本、低密度居住环境、农业多功能性等优势不足以支撑广袤乡村腹地经济的持续发展。进入高度城市化阶段以后,农业农村发展面临的核心挑战是如何在都市圈与广袤乡村腹地之间建立新型联系。[①] 这实际是乡村现代化基本实现后将进入的一个新的长期演化周期,这个过程中城乡关系和乡村类型结构会随着经济社会发展深度调整,农村基础设施也会随着技术变革进一步改善(比如5G通信设施的更新),人们的价值观和集体行动逻辑亦会有绵密的变动。但上述变化是非常缓慢的,目前主要发达国家都还处于这个阶段。

二、欧洲乡村现代化的历史进程

西欧的乡村现代化进程与美国大体同步,也是二战后农业现代化快速推进,1970年前后进入到农业农村发展协调推进阶段。我们主要选取处于欧洲发展前沿的英国和荷兰作为例证,通过这两个国家的交叉验证来说明欧洲乡村现代化进程的时序特征。

(一)第一阶段(1945—1970年):战后复兴向农村现代化拓展

二战后,欧洲的主要任务是恢复重建,首先要解决农产品供给问题,因此农业现代化受到优先考虑。1947年、1957年英国先后出台了两轮农业法案,主要目标都是发展高效的农业生产、稳定农产品供应和价格。1962年启动的欧洲共同农业政策(Common Agricultural Policy)对稳定农产品市场、增加农民收入、促进技术进步发挥了举足轻重的作用。农业生产体系和贸易体系恢复之后,地块狭小成为制约农业生产力进一步释放的主要因素。整个1960年代,欧洲农业发展的主题是"农

---

① Galston, W. A., "Rural America in the 1990's: Trends and choices", *Rural Development Perspectives*, Vol.9, No.1, 1993.

场合并",那10年里,英国每年有超过1万英里的农田树篱被移除;[1]荷兰实施了一批农业用地(再)开发、设施可及性和水资源管理的大型项目,重组了大大小小1000多个农场,整个荷兰乡村土地几乎重新整理了一遍。[2]战后的西欧国家用了差不多20年时间逐步扭转了农业滑坡的局面,实现了农业现代化。与之相伴的是,农业劳动力需求下降,农村地区又缺少非农收入机会作为补充,农民报酬率大大低于产业工人的一般水平,农村人口大量外流;紧随其后的是,私人交通普及带来了通勤距离的延长,农村居民的就业半径和消费半径向外扩展,原有的农村社区陷入了人口外流与服务萎缩的陷阱当中,有人称之为"农村剥夺的恶性循环"。[3]与美国依靠市场发展的溢出效应不同的是,欧洲各国采取了更多的国家干预和规划管控来促进乡村发展。欧洲农村现代化起步的标志性事件是:1965年,荷兰和联邦德国颁布了《空间规划法》,农村地区开始进入空间规划考虑范围;1968年英国组建乡村委员会,开始将注意力扩展到乡村基础设施和公共服务改善方面。[4]

(二)第二阶段(1970—1990年):城乡空间规划与农村现代化的铺展

进入1970年代,欧洲主要发达国家在延续"扩张主义""生产主义"农业政策的同时,给予农村发展更为广泛的关注,这主要是通过强化规划管控实现的。荷兰于1976年、1977年分别出台了《城市化地区

---

[1] Wallace, D. B., "Rural policy: A review article", *The Town Planning Review*, Vol.52, No.2, 1981.

[2] van Berkum, S., & de Bont, K., *Policies for agriculture in Poland and the Netherlands: Contributions to a policy dialogue*, Agricultural Economics Research Institute (LEI), 2003, p.20.

[3] Wallace, D. B., "Rural policy: A review article", *The Town Planning Review*, Vol.52, No.2, 1981.

[4] Elbersen, B.S., *Nature on the doorstep: the relationship between protected natural areas and residential activity in the European countryside*, Wageningen Environmental Research, 2001, p.50.

备忘录》和《农村地区备忘录》，以指导城乡发展规划。两个备忘录的主要内容包括：（1）避免城市发展拥堵和不平衡；（2）保护开放空间和高价值生态景观区；（3）缩小社会经济发展的区域差异；（4）缩小服务水平的区域差异；等等。[①] 英国的情况比较特殊，作为工业革命的发源地，英国的城乡规划起步要早得多。二战期间，《巴罗工业和人口分布报告》（1940年）、《斯科特土地利用报告》（1942年）、《厄斯沃特补偿和改善报告》（1942年）就已经针对城乡布局、土地开发利用等问题进行过深入讨论；后来的《城乡规划法》（1947年、1959年）规定了城乡规划的基本框架，《国家公园和乡村进入法》平衡了乡村可持续发展和民众分享乡村环境的权利，《新城镇法》（1946年）强调了人口在大中小城市协调布局的目标。不过，战后恢复期间，英国城乡规划政策主要是为高效农业保驾护航，1970年以后才在推进农村发展方面发挥了更全面的作用。

这一时期，英国规划管控的方向性调整主要包括：（1）从对农业部门的片面关注转向更大的自然与环境空间的综合规划；（2）建立农村发展区（RDA）制度，对农村失业与农村公共服务问题进行综合处理；（3）进行政府重组，将详细规划权力下放给新成立的地区性权力机构等。[②] 经济合作与发展组织（OECD）于1981年启动了农村公共管理项目，对欧洲成员国的农村政策目标产生了广泛影响。这些目标可以概括为四个方面：（1）促进城乡均衡发展，以克服农村人口持续低收入和高贫困率问题；（2）保持以小农场/家庭农场为主体的农业部门结构；（3）保留农村环境的愿景和选择乡村生活方式的机会；（4）以特定方式控制国家空间

[①] Elbersen, B. S., *Nature on the doorstep: the relationship between protected natural areas and residential activity in the European countryside*, Wageningen Environmental Research, 2001, pp.53-56.

[②] Elbersen, B. S., *Nature on the doorstep: the relationship between protected natural areas and residential activity in the European countryside*, Wageningen Environmental Research, 2001, pp.56-57.

（比如防止荒漠化、梯田废弃等）。①1987年在欧洲委员会的主持下欧洲乡村运动开始，这一运动致力于提醒人们关注"农村环境和传统生活方式所受到的威胁"，②并直接引发了次年共同农业政策的历史性转向，欧洲的农业农村发展由此进入了一个新的阶段。③

（三）第三阶段（1990年至今）：扩张主义向后生产主义的转向

整个战后时期主导欧洲农业政策的扩张主义观念在20世纪80年代末宣告结束，农业政策发生了重要转变。这一转变的一个核心面向是：战后的扩张主义和生产主义政策被放弃，农村发展政策开始向绿色主义和后生产主义转变。对整个欧盟来说，政策的转向始于1988年共同农业政策改革，改革后的政策更加强调将资金瞄准地方性的农村问题，以便发展经济、增加收入、解决服务丧失和老龄化等生活问题。④上述转变的发生有三个重要背景：一是农业支持保护费用的增加及由此带来的预算紧张；二是长期增长之后发达世界的农业生产过剩；三是公众对环境问题的关注逐步深入人心。当然，如果没有前面两方面压力的刺激，环保主义的取向未必会迅速形成有效的政治行动。⑤1995年，英国发表了题为《英国乡村：一个致力于乡村生活的国家》的白皮书，一定程度意味着这次转向趋于成熟。白皮书所宣示的政策含义主要包括：（1）从部门

---

① Long, R. W., "Rural trends in western europe parallel our own", *Rural Development Perspectives*, Vol.4, No.1, 1987.

② Long, R. W., "Rural trends in western europe parallel our own", *Rural Development Perspectives*, Vol.4, No.1, 1987.

③ Elbersen, B. S., *Nature on the doorstep: the relationship between protected natural areas and residential activity in the European countryside*, Wageningen Environmental Research, 2001, p.34.

④ Elbersen, B. S., *Nature on the doorstep: the relationship between protected natural areas and residential activity in the European countryside*, Wageningen Environmental Research, 2001, p.34.

⑤ Marshall, R., "Agricultural policy development in Britain: Rural land use planning issues", *The Town Planning Review*, Vol.59, No.4, 1988.

性方法向地方性方法转变；（2）从关注规划管理向关注人民生计转变；（3）从把农村看成一个均质的国家空间向承认农村的多样性转变。① 这一转向客观上对欧洲农场企业、农村社区、土地使用、景观维护和公共准入等领域都产生了深远影响，并且成为日后欧洲农村政策的基石。时至今日，英国以及其他欧洲国家的农村政策仍然没有超出这一框架。

三、日本乡村现代化的历史进程

东亚的发达经济体中，大多缺少广袤的乡村腹地，只有日本对中国尚有一定的参照意义。日本的特点是国土面积不大、空间狭窄、人地关系较为紧张，城市化水平高，大城市小城市都比较发达，半稠密地带和市镇对乡村带动作用显著。

（一）第一阶段（1950—1970年）：产业振兴与"锁定的农业现代化"

日本在1950年前后开展了土地改革，建立了耕者有其田的小自耕农体制和综合农协制度，这两者已经成为日本农业农村发展的底色。1960年代，日本进入高速增长阶段，1955—1970年，日本名义GDP年平均增长率高达15.6%，也就是说每5年就会翻一番。1967年日本大米实现自给自足，此后一直处于生产过剩状态，政府甚至采用支付补偿的方式引导农民减少大米种植（即"减反政策"）。②1970年时，日本农业增加值占GDP比重降到10%以下，农业就业份额降到12%，从统计数字上看，可以认为日本实现了农业现代化。但这是一种比较特殊的"锁定的农业现代化"，即在保证稻米等少数农产品自给率的前提下，全面放开农产品市场，并以园艺化和保护性代替规模化和竞争性的农业现代

---

① Elbersen, B. S., *Nature on the doorstep: the relationship between protected natural areas and residential activity in the European countryside*, Wageningen Environmental Research, 2001, p.58.

② [日]野口悠纪雄：《战后日本经济史》，张玲译，民主与建设出版社2018年版，第75—83页。

化模式。这一模式已经被锁定在结构性的对外依赖当中，缺少长期回旋的战略空间。①

（二）第二阶段（1970—2000年）：工业化城市化带动下的乡村活化

受制于"锁定的农业现代化"和高度分散的原住民村落布局，贯穿日本农村现代化历程的主要内容就是乡村活化与社区营造。这一阶段，日本先后颁行了《农业振兴地区整治建设法》（1970年）、《农村地区工业导入促进法》（1971年）、《集落地区整治法》（1987年）、《过疏地区自立促进特别措施法》（2000年）等，不断推动乡村空间的活化复兴。上述一系列措施后来被概括为"农村再生"，一度被我国部分省份尤其是台湾地区所借鉴。

（三）第三阶段（2000年至今）：空间重组与"泛农本主义"的束缚

日本逐渐认识到，在人口集聚趋势不改、人口规模下降的背景下，单纯推行国土开发已经不切实际，于是将"城乡国土一体化规划管理"作为新的目标提出。1970—1999年之间，日本市町村数量变化不大，仅仅由3280个降到了3232个，只减少了48个。从1999年开始，日本推动近代以来第三次市町村大合并（史称"平成大合并"）。1999—2019年，市町村数量从3232减少到1718个，市的数量有所增加，但町、村数量大幅减少，地方治理效能显著提升。②当前，制约日本农业农村发展的最大问题是目标越来越多元、约束越来越复杂，这一背景下逐步形成了"农本主义""计划调控""农业政治"糅合的"泛农本主义"，根本上是农业农村农民问题的过度政治化。③这一体制导致日本长期处于乡村现代化不断推进但农业农村活力却不断下降的"悖论"当中。

---

① 张玉林：《"现代化"之后的东亚农业和农村社会——日本、韩国和台湾地区的案例及其历史意蕴》，《南京农业大学学报（社会科学版）》2011年第3期。

② 参见广域行政·市町村合并，https://www.soumu.go.jp/kouiki/kouiki.html。

③ ［美］克里·史密斯：《危机年代：日本、大萧条与农村振兴》，刘静译，江苏人民出版社2018年版，第111页。

四、世界乡村现代化的"三条道路"

美国、欧洲和日本走了三条不完全一样的乡村现代化道路，下面依据上述对典型国家的分析梳理"三条道路"的脉络。

（一）美国道路

美国乡村现代化经历了"战略减贫—基建扩张—新城乡关系"的时序特征。这个过程给人的总体印象是缺少系统的农村发展战略，在欧洲人眼中，美国农村发展缺乏"政治优先权"，甚至并不存在"美国农村政策"这样的东西，因为其缺少系统化的政策体系和充足的公共资金。[①]连美国学者也认为各部门奉行自己的农村政策，联邦政府缺乏协调和一致行动的能力。[②]这一现象实际恰恰反映了美国现代化道路的特点。在美国现代化历程中，相比于多元、长期的社会投入，真正用于农业农村的公共投资是十分有限的，美国农业农村发展主要得益于工业化城市化的溢出效应。实际结果是，美国农业农村发展进程从未停滞，战后用了不到 30 年时间就实现了乡村现代化，并且成为世界第一农业大国。美国之所以会选择这样一条现代化道路并能取得成功，与其面临的约束条件和制度环境是分不开的。

美国的农业农村发展有一个相对宽松的外部环境。美国是一个移民国家，资源禀赋优越，直接移植了英国工业革命的成果，从建国开始就不曾面临激烈的人地冲突，二战期间本土又没有遭受战火荼毒，这意味着美国集中连片的深度贫困地区很少。美国在战略减贫过程中尽管也存在特定区域的开发和特定人群的补贴措施，但占据主导地位的是发展性减贫，即随着国家或区域的整体性发展，将贫困人口导入社会化分工体系，从而实现减贫目标的过程。1960 年时其城市化率已经超过 70%，相对发

[①] Pasquarelli, E. G., "A European perspective 12 impressions of rural America", *Rural Development Perspectives*, Vol.9, No.1, 1993.

[②] Rockefeller, W., "Managing rural policy in a federal system of government", *Rural Development Perspectives*, Vol.9, No.1, 1993.

达的城市化条件为美国后续的乡村现代化提供了良好的经济支撑，这种情况下才使美国选择多元化的农村发展政策成为可能。

美国农村机构和政策反复更迭但始终未曾偏离农村现代化的价值中轴。1960—1990年间美国农村发展机构反复变动，经常因为总统或国会的意见新建或撤并，这看上去毫无战略定力，但这一波动始终围绕的那个价值中轴——农业现代化向农村现代化拓展——却在不断得到强化。这种看似"没有战略的战略"反映了美国政治运作的行动逻辑：具体的政策内容受总统任期的影响很大，很多时候8年甚至4年就是一个政策周期；但特定阶段的核心政策取向通常是美国精英阶层反复博弈产生的共识，不会因为政府的更迭而出现本质变化。

二战后，美国国家发展的核心命题是"一个世界级超大经济体的战略崛起"，农业农村发展也是在这一框架下展开的。作为国家战略导向下工业化城市化溢出的结果，美国乡村现代化为我们提供了一个值得思考的假说：一个超大国家的乡村现代化既不可能完全依靠乡村自身实现，也不可能完全依靠公共投资支撑。这或许是超大国家乡村现代化需要注意的一个规律。

（二）欧洲道路

欧洲乡村现代化经历了"战后复兴—规划管控—后生产主义"的时序特征。欧洲在战后经历了10—20年的复兴过程，在此之后的农业农村发展进程中，欧洲一方面表现出更强的中央集权特征，另一方面具有了更强的后现代主义色彩。特别是到了现代化的中后期，"后现代主义""后生产主义""绿色主义"思想风靡欧洲，对政策取向带来了很大影响。理解欧洲的乡村现代化道路，同样要注意其约束条件与制度环境。

欧洲农业农村发展具有得天独厚的经济社会发展基础。欧洲现代化起步早，英国1930年时的城市化率已经接近80%，战后主要是调整恢复，与美国相比在农村反贫困和基础设施建设等方面的压力要小得多。1970年时西欧主要国家的城市化率都已经超过70%，而且城市分布均衡、中小城市占比高，农村现代化基本是在城市框架当中得到发展，这是欧洲乡村现代化得天独厚的条件。比如荷兰，典型的乡村旷野地区是很少的，城乡之间的经济文化差异很小。现代化过程中面临的主要问题是非城市地区如何满足城市人在户外休闲、自然景观方面日益增长的需求，其空间规划和农村建设政策主要与此有关。[1]

在欧洲人眼中，美国缺少系统性的农村政策，而在美国人眼中，欧洲则表现出更强的"中央集权"特征。[2]笔者理解，美国人这里说的"中央集权"，并不是从政治体系的角度而言的，而是从公共政策的贯通性角度而言的。在战后复兴的过程中，欧洲一直在寻求通过政治经济的一体化来实现和平与发展。1957年，德国、法国等6国签订《罗马条约》，欧洲经济共同体组建；1962年，欧洲共同农业政策正式实施，这一框架后来成为在整个欧盟范围内具有强约束力的农业农村发展政策体系。除了欧洲整体层面以外，欧洲主要国家在内部政策上也比美国更为集中，国家权力的集中与福利主义国家的盛行是分不开的。这使得欧洲乡村现代化起步阶段的扩张主义和规划管制成为可能，同时也为后来向后生产主义的转向埋下伏笔。

欧洲乡村现代化道路从扩张主义向保守主义的转向主要来自西欧几个老牌发达国家的引领，这也是后现代主义思潮在农业农村这一特定领域的映射。需要注意的是，欧洲内部发展不平衡性较强，东欧、南欧许多国家仍然处于传统农业与现代农业并存的阶段，这些国家本身并没有步入后现代社会。前沿国家路径选择变化势必会给欧洲其他地区带来深刻影响，这是否会使欧洲内部相对落后国家丧失发展机会是一个值得关注和警惕的问题。

---

[1] Bauwens, A. L. G. M., & Douw, L., "Rural development: A minor problem in the Netherlands?", *European Review of Agricultural Economics*, Vol.13, No.3, 1986.

[2] Long, R. W., "Rural trends in western europe parallel our own", *Rural Development Perspectives*, Vol.4, No.1, 1987.

（三）日本道路

日本乡村现代化经历了"产业振兴—乡村活化—泛农本主义"的时序特征。战后，日本在产业振兴过程中不断推进农地整理和农业机械化，农业现代化水平快速推进，但紧随其后的是农村地区的过疏化和老龄化不断加重。更重要的是，日本的农业现代化是一种"小农现代化"，这种发展模式到一定水平后就会陷入"高水平均衡陷阱"而难以继续迭代更新，更无法为农村现代化提供充分的支撑。在产业振兴之后，日本投入了大量精力搞乡村活化和社区营造，但到了现代化后期，日本已经难以有效平衡和兼顾越来越多元化的农政目标，由此陷入了"泛农本主义"的泥潭。

有人曾经问，日本农业为什么会"点错了政策树"？日本是东亚最早步入现代化的国家，谋求成为有世界影响的大国是其长久的夙愿。这个过程中，日本始终难以抉择的一个问题是：在一个国土狭小、资源匮乏而又高度发达的现代化经济体中，农业农村究竟应该处于何种地位？在这个问题上，日本自身面临两个方面的约束：一方面，作为一个谋求世界影响的现代化国家，日本始终希望在粮食等农产品上留有战略屏障，这导致其始终不肯放弃农业；另一方面，在一个高度全球化、市场化的外部条件下，日本的农政策略既难以实现农业的竞争力提升，也难以保持农村活力。事实上，一个资源小国如果一味希望跻身世界大国，那么资源约束与大国身段之间本身就是一对矛盾体。在这个意义上，与其说日本是"点错了政策树"，毋宁说这是多元目标和多重压力下一种难以绕过的"小国宿命"。

"小国宿命"只是对强约束条件的一种比喻，从制度环境上讲，日本当然也不乏在农政体制上的战略失误。日本农村在1930年代出现了严重的大萧条，直到战后才真正从危机的阴霾中走出来。为防止重陷危机，日本政府发起了多次振兴运动试图提升农村生存能力。这些运动形成了一个共同观念：农村是与城市截然不同的空间，可以通过农民的勤

日本超市的农产品价格（陈明 摄）

　　农产品价格是一个国家农业发展水平的缩影。一般来说，农产品价格高意味着农业生产效率低，水果和蔬菜等生鲜农产品最能说明问题。日本超市里，4个苹果的价格折合人民币约60—70元，橙子的价格更高一些。

劳和节俭建设一个具有特殊品质的现代化新农村。①此外,二战后美国主导下确立的小自耕农体制,让日本农民至今具有举足轻重的政治影响,日本政府不能无视农民的利益诉求。这种农本主义的农政观与农业政治叠加后深刻影响了日本后来的农政格局,成为日本农业农村发展步入困境的制度根源。

世界主要发达国家乡村现代化的发展逻辑带有一致性,但其道路选择却不尽一致甚至大相径庭,这反映了各个国家不同的约束条件、制度环境甚至是历史机缘,同时也是不同国家现代化道路的一个缩影。中国的约束条件从直观上看似乎更接近日本,实质性结构其实更接近美国。中国今天面临的也是超大国家现代化崛起的问题,这与美国在半个世纪之前面临的情况具有很强的相似性。至于农民形态、产权制度、空间布局等方面的历史约束,在现代化的启动阶段有较大影响,但在现代化中后期实际是可以通过公共政策适度调整的。这是我们在讨论乡村现代化的中国道路时,需要明确的基本认识。

第三节　中国乡村的范畴与类型

实施乡村振兴战略以来,"乡村"逐渐成为学界和媒体关注的热词。尽管人们对乡村这个词耳熟能详,可即便是专门从事乡村问题研究的学者,对这一概念的认识也多是似是而非的,就更遑论普通公众了。大致说来,主要存在以下认识上的误区:第一,对乡村的范畴缺少清晰的认识。说起乡村,人们可以联想到农场、牧场、村庄、旷野等开放空间景象,但如果细究下去,很多问题就显得难以回答。比如,乡村与农村有什么区别?乡村振兴为什么不能叫农村振兴?第二,对

---

① ［美］克里·史密斯:《危机年代:日本、大萧条与农村振兴》,刘静译,江苏人民出版社2018年版,第418页。

乡村的类型分化缺乏必要的关注。中国的乡村已经并且仍在继续分化：大到区域尺度，东中西部乡村早已是迥然不同的世界；小到市域范围，城中村、城郊村与典型农区乡村是截然不同的形态。不立基于乡村类型的科学认识之上，对乡村问题的各种讨论都很难说是有意义的。讨论乡村治理及其现代化问题，首先必须对乡村的范畴与类型有所把握。

一、乡村的语义范畴

在大多数语境中，乡村与农村这两个概念似乎是可以互换使用的。这种认识虽然占据主流地位，却也并非无可置疑。笔者调研时注意到，一些干部见到"乡村治理"这个词，就会敏感地反应说"乡和村还不一样"。细问下去，他们认为农村就是指村庄，而乡村则包含了行政层级上的乡和村的范围。细查一下，正式的政策文本中确实曾经强调过这种区别。国家统计局 1999 年印发的《关于统计上划分城乡的规定（试行）》中，就曾规定"乡村包括集镇和农村"。不过，在国家统计局 2006 年印发的《关于统计上划分城乡的暂行规定》中并没有保留这一条款，可以说至此乡村与农村之间的政策区别已告终结。还有一种观点，认为之所以叫"乡村振兴"而不叫"农村振兴"，是因为农村更突出农业生产和农民生活空间的含义，而乡村振兴更突出地域概念。2018 年机构改革中，国家层面组建了农业农村部，后来，国务院扶贫办转置为国家乡村振兴局，由农业农村部管理。① 如果按照有些人说的乡村是地域概念、农村是生产生活空间概念，恐怕就很难解释这一机构设置的合理性。总的来讲，上述这些看法都没有确切的依据，相关概念的运用上亦缺少固定的规范。对这样一个基础性问题，实有辨析澄清之必要。

先来看一下字典上的解释。《古汉语常用字字典》援引了《周礼》

---

① 2023 年机构改革中，不再保留单设的国家乡村振兴局，但仍然在农业农村部加挂国家乡村振兴局牌子。

《汉书》中的说法——"五州为乡""十亭一乡""辟土植谷曰农"。[①] 从中可以看出，在古代"乡"是一个空间概念，而"农"是一个产业概念。翻查《现代汉语词典》，对乡村的解释是"主要从事农业、人口分布较城镇分散的地方"，并且强调"跟'城'相对"；而对农村的解释是"以从事农业生产为主的人聚居的地方"。[②] 这里可以初步看出乡村与农村在规范释义上的区别：对乡村的解释通常从空间角度出发，更强调人口稀疏特征；而对农村的解释通常从产业角度出发，更强调农业生产特征。但在英语中，当乡村和农村作为名词时，对应的词汇都是 countryside；当乡村和农村作为形容词时，对应的词汇都是 rural。查阅《牛津高阶英汉双解词典》，countryside 的中文翻译是"乡村、农村"，含义是"land outside towns and cities"，反义词是 city；rural 的中文翻译是"乡村的、农村的"，含义是"connect with or like the countryside"，反义词是 urban。[③] 这意味着，无论是作为名词还是形容词时，乡村与农村两个概念的英语对应词都是相同的，且中文翻译也一致，但英语解释只强调了空间上的"城市之外""与城相对"含义，对于产业特征则未置一词。也就是说，在英语中只能找到乡村概念的同义语，而强调农业生产特征的农村概念便成了汉语中的独特现象。那么进一步的问题是，汉语中存有内涵差异的乡村与农村概念是如何产生的？二者又将朝着何种方向演化？

从历史源流看，"乡"和"农"两个字出现得都很早（在汉代典籍中已见广泛使用），但乡村概念的出现远早于农村。据《周礼》记载，周王室的领地有"国""野"之别，二者之间以"郊"分隔。"王国百里为郊。乡在郊内，遂在郊外，六乡谓之郊，六遂谓之野。"其中的"国"代表城市，而"乡""郊""野"等概念则具有"城市之外"的含义。这

[①] 杨希义编著：《古汉语常用字字典》，西安出版社 2003 年版，第 370、569 页。

[②] 中国社会科学院语言研究所词典编辑室编：《现代汉语词典》，商务印书馆 1996 年版，第 934、1370 页。

[③] ［英］霍恩比：《牛津高阶英汉双解词典》，石孝殊等译，商务印书馆 2005 年版，第 384、977、1528 页。

是迄今能查到的关于"乡"这一概念的最早记载。魏晋南北朝时期"村落""村"的概念开始出现在史籍中,人们逐渐将村里、乡村等概念连用以表示城市之外的人口聚落。[①]通过对古代典籍的检索可以发现,唐宋时期的各类史书、志书中乡村概念已经得到普遍使用。农村概念的普及则要晚得多,清末民初的文献中才偶有出现,大规模使用不过是20世纪以来的事情。关于农村概念的出现,最为流行的一种说法是由于乡村人口主要从事农业活动,因此又将之称为农村,表明为农业人口居住的地方。[②]

在现代汉语中,上述概念规范释义上的区别实际并没有反映到语言的日常运用当中。第一,农村概念自出现以来便从未以有别于乡村的面貌出现。翻查清末和民国时期有影响力的报刊以及国共两党的一些政治报告,可以见到乡村和农村概念的交替出现。[③]早期文献中乡村使用频率较高,后来农村概念使用得更为频繁,但结合内容进行分析,二者所指并无区别。笔者曾经请教过语言学专家,他们认为这一演化可能与白话文的普及有关,也可能与现代国家工业化的目标有关。第二,在《辞海》中出现了乡村与农村概念释义上的融合。在《辞海》第6版中,并未单设乡村词条,对农村的解释是:农业生产者的居住地,特征是人口密度低、居住较分散,大多以农为业、家族聚居,经济文化水平较低、发展缓慢。[④]这一解释已经融合了《现代汉语词典》中乡村与农村的释义。第三,国家正式文件中乡村和农村通常作为同义概念出现。比如,党的十九大报告提出"实施乡村战略",但是在具体内容中多次出现"农业

---

① 赵秀玲:《中国乡里制度》,社会科学文献出版社1998年版,第18—19页。
② 徐勇:《非均衡的中国政治:城市与乡村比较》,中国广播电视出版社1992年版,第19页。
③ 参见于建嵘主编:《中国农民问题研究资料汇编(1912—1949)》第1卷上册,中国农业出版社2007年版。
④ 夏征农、陈至立主编:《辞海》第6版普及本,上海辞书出版社2010年版,第2888—2889页。

农村农民问题""农业农村优先发展""农业农村现代化"等表述,并未对乡村与农村刻意作出区分。

在日常运用中,二者的差异主要存在于感情色彩和语言习惯方面。这是影响人们概念选用的关键因素。大致来说,乡村偏于宏大命题的表述,也更具感情色彩;而农村偏于具体事项的表述,感情色彩要弱一些。从这个意义上讲,党的十九大报告中之所以选用"乡村振兴"而不是"农村振兴",主要是因为"乡村振兴"更能体现出这一战略的历史方位和宏阔图景,是为了提升话语的感召力和感染力。在特定语境中,选用哪个概念,其实是一个语言习惯问题,并无固定规范。比如,在一些特定的搭配中,我们通常说城乡关系或工农关系(这里"农"主要指农业);说农村土地制度,而很少说乡村土地制度。再比如,说"三农"问题时,就要说农业农村农民问题,换用乡村便显得不伦不类;农业农村现代化,也不能说成农业乡村现代化。但这一界限又不是固定不变的。我们过去习惯于说农村发展、乡村治理,试想掉换一下,说乡村发展、农村治理,其实也能够被接受;乡村现代化从语义上又已经包含了农业农村现代化的含义。这是汉语的精妙之处。

综上所述,可以认为在现代汉语中乡村与农村概念在语义学上没有本质区别,其主要差异在于感情色彩和语言习惯的不同,多数情况下,两者基本可以被视作能够互换使用的概念。在具体运用中,偏于宏大的、抽象的表述,乡村更为适宜;而偏于具体的、现实的表述,农村更为贴切。至于特定语境中,选用哪个概念,人们其实都具备相应的"默会知识",依从语言习惯便好。不必刻意强调二者在原初和规范意义上存在的差别,因为这在现代汉语日常运用中已经了无生命力。

二、乡村的类型划分

改革开放 40 多年的工业化城市化进程中,传统的"乡土中国"转型为"城乡中国"。在"城乡中国"的格局下,我们面对的不再是一个整齐划一的乡村社会。未来,一部分村庄将转型为城市,一部分村庄需要活化和复兴,更大数量的村庄将走向消亡。这可能才是我们要面对的真实场景。面对一个"分化的乡村",推进乡村振兴首先要准确定位乡村类型。近几年有不少学者在做这方面的工作,目前比较具有代表性的分类方案有以下三种。

一是根据治理关系和治理模式进行分类。比较有代表性的有冯兴元提出的组织主导模式分类方案。他将村庄分为正式行政组织主导型村庄、正式经济组织主导型村庄和非正式组织主导型村庄,其中非正式组织主导型又可细分为宗族主导型、能人主导型和自组织社会网络型组织主导型等子类。①

二是根据历史特征和经济发展进行分类。比较有代表性的有"集村与散村"论②、"南方村庄与北方村庄"论③等。有学者在此基础上进一步扩充,认为从村庄结构上来看,以历史文化维度划分,可以体现为南中北的差异,而以经济发展水平维度划分则主要体现为东中西的差异。在这一分类中,按照南中北划分,南方地区村庄多为团结型村庄,北方地区多为分裂型村庄,长江流域和东北为代表的中部地区多为原子化村庄;按照东中西划分,将村庄分为东部沿海发达地区村庄和中西部一般农业区村庄。④

三是根据人口布局和发展趋势进行分类。比较有代表性的是《乡村振兴战略规划(2018—2022年)》当中的分类。其中提出,顺应村庄发展规律和演变趋势,根据不同村庄的发展现状、区位条件、资源禀赋等,分类推进乡村振兴。具体而言,把现有村庄分为集聚提升类、城郊

---

① 冯兴元:《中国公共选择主体行为分析范式的整合框架:"竞争性组织"范式及其应用》,《河北经贸大学学报》2013年第4期。

② 鲁西奇:《散村与集村:传统中国的乡村聚落形态及其演变》,《华中师范大学学报(人文社会科学版)》2013年第4期。

③ 徐勇:《区域社会视角下农村集体经营与家庭经营的根基与机理》,《中共党史研究》2016年第4期。

④ 贺雪峰:《论中国村庄结构的东部与中西部差异》,《学术月刊》2017年第6期。

融合类、特色保护类和拆迁撤并类等四类。[①]

综观上述三种分类方案，前面两种是为了乡村治理研究中不同方面的需要提出的，对于认识和理解村庄的社会结构、农民的行为方式是有意义的；后面一种则直接服务于国家乡村振兴战略规划在县域微观层面的实施，具有非常强的工作指导性。但目前三种分类方案存在的一个共同问题是无法直接服务于乡村振兴战略实施中的宏观布局和政策瞄准。

为了便于提出乡村振兴战略的一些宏观和中观层面的政策调整思路，需要一套更为合理的乡村分类方案。这一方案应当具备以下特征：（1）能够对我国不同特点的村庄有一个全局性的整体反映，同时又能触及乡村的本质规定性；（2）能够直接用于乡村振兴战略实施中宏观层面的政策制定，而不仅仅是抽象的理想类型或者是具体的操作划分；（3）类型划分要尽量简便，必要时大胆运用"奥卡姆剃刀"作降维处理。

"十四五"规划纲要提出，逐步形成城市化地区、农产品主产区、生态功能区三大空间格局。中国幅员辽阔，地形地貌复杂，把国土空间从宏观上划分为相对简约的几种类型，有利于进行战略布局和政策瞄准。据此，可以将目前中国的乡村分为三类：（1）城中村、城郊村和经济发达村；（2）典型农区乡村；（3）生态功能区乡村。大体上讲，全国的50万个行政村中，第一类、第三类村庄各占15%左右，第二类村庄占比在70%左右。这一分类是下面讨论乡村治理现代化问题的一个重要前提。

城中村、城郊村顾名思义是指在空间上已经在城市内部或者城市周边，但在行政区划或者组织形态上还保留了部分乡村特征的村庄。经济发达村，主要是指那些以"超级村庄"为代表的通过发展工商业逐步成长起来的发达村庄、富裕村庄。城中村、城郊村和经济发达村呈现出乡村—城市的"中间"性特征。这些村庄早已不从事农业，实际上也没有多少农地，村庄的存在方式既不同于传统意义的乡村，又没有完全融入现代意义的城市，村庄的居住形态、生活方式、产权秩序、治理结构都

---

① 参见《乡村振兴战略规划（2018—2022年）》（2018年9月）。

表现出介于城乡之间的"中间"性特征。城中村、城郊村是农民进城的落脚点,也是农民融入城市、转化为市民的一个缓冲地带。"近年来我国特大城市被叫做'城乡接合部'的地方,无一例外地急速膨胀,反映的就是这个现实。"① 而以"超级村庄"为代表的大量经济发达村,具备独立发育为小城市的潜力,能够实现就地城镇化。也就是说,上述类型村庄的"乡村振兴"命题实际上转换为如何让这些村庄有序融入城市的问题。当前最紧要的就是变乡村治理体制为城市治理体制,使治理形态与空间形态、产业形态相适配。

典型农区是指耕地规模大、生产条件好,以粮食生产为主的农业区域。这里是乡村振兴的主战场。原农业部曾经公布过一个13个省的粮食主产区名单,笔者再结合近五年粮食产量、承包地流转规模和社会化服务情况进行分析后认为,当前典型农区主要分布在黑龙江、河南、山东、安徽、吉林、河北、江苏、内蒙古、四川、湖南、湖北等11个省份。当前典型农区的一个基本格局是:具有在城市谋生能力的人群基本上都已经进城定居或者常住,而常住农村的主要是专业农户和老弱贫病等留守群体。典型农区乡村振兴的核心是提升农业(特别是粮食)的劳动生产率和市场竞争力,这一任务主要依靠正在崛起的专业农户来承担。从经济规律看,农业本身不需要大量人堆积在一起。农业生产中大量环节分化实现纵向规模化之后,仅仅进行地头生产环节的农民分散居住就具有了经济合理性。乡村振兴的关键是顺应、把握和引领人口布局的变动,根据村庄规模的合理分化引导人口向较大规模的村镇或者小城市集中,大量衰退型村庄收缩为专业农户居民点。同时对土地制度、集体经济制度和财政支农政策进行调整,使之与专业农户生产经营需求相匹配,为提升中国农业竞争力夯实基础。

生态功能区乡村主要分布在"胡焕庸线"以西的广袤土地上。这一类乡村又可划分为两类区域:一类是人口稀少、不适合人类生产居住的

---

① 周其仁:《改革的逻辑》,中信出版社2017年版,第242页。

地区，划为生态保护功能区；还有一类是人口数量仍然较大、具备一定生产基础和条件的地区，可以划为生态建设功能区。生态保护功能区的特征是在地资源难以承载过多的人口，或者由于自然条件的限制人口难以就地与其他生产要素相结合，这里乡村振兴的主要策略是做减法。1990—2018年，我国自然村从380万个减少到240万个，平均每年减少约5万个。除去"合村并居"等因素外，村庄的自然消失主要发生在这类地区。可以预见，未来这一地区人口减少、村庄消失的速度不会放缓，能够保留下来的主要是特色村庄。生态保护区的乡村振兴，主要是通过易地扶贫搬迁、生态移民搬迁将人口整建制迁出，并通过合理的土地补偿政策和就业政策进行妥善安置。生态建设区一些村庄具有得天独厚的自然和文化资源，这些地区可以优先发展特色产业和特色村镇。当然，这些产业的容量和承载力十分有限，这类乡村的振兴还要以城市化带动下的人口流出为前提。

梵净山脚下江口镇村庄（陈明 摄）　　黄山脚下汤口镇村庄（陈明 摄）

　　真正的特色村庄其实并不多，像图中两个村庄能够长期保持繁荣，是因为有梵净山、黄山这种绝对稀缺资源作为支撑。一些依靠村庄营造打造的所谓"特色乡村"，往往是徒有其表、昙花一现。

第一章

乡村治理现代化研究论纲

党的十九大提出实施乡村振兴战略，治理有效是乡村振兴的总要求之一，在这之后乡村治理现代化问题正式提上中国政策议程。乡村治理是国家治理的重要环节，乡村治理现代化是国家治理现代化的题中应有之义。当前，不同学科间关于乡村治理问题的讨论很难形成有效对话，除过理论范式的差异，很大程度上缘于一些基础性概念和认识没有得到明确。本章的任务是，对乡村治理的概念范畴、广义框架和核心论题进行一个集中阐述，确立分析的基本理路。

第一节 乡村治理概念再认识

围绕乡村治理概念，有三个问题需要首先阐明：一是"治理"的本体范畴和当代中国政治话语中"治理"究竟是什么？二是乡村治理的学理内涵究竟是什么，乡村治理与国家治理、社会治理、村庄治理这些关联概念有什么区别和联系？三是乡村治理现代化是在一个什么样的历史空间中展开的。

一、治理的本体范畴与基础秩序

乡村治理作为一个学术概念流行已经有近20年时间，但正式进入官方话语的时间并不长。党的十八届三中全会提出"国家治理体系和治理能力现代化"，党的十九大将"治理有效"纳入了乡村振兴的总目标，随后中央又密集进行了若干重要部署。短短几年间，乡村治理就完成了从学术概念到政治话语再到政策议程的"三级跳"。看似波澜不惊的过程背后，实际经过了复杂的话语博弈。现代政治学中的治理概念是跟随"新自由主义"思潮被引介到中国的，在"新自由主义"理论中，治理通常被看作是一种多元性、分权化、多中心的管理方式，且特别强调政府与其他治理主体是平行合作关系，而非上下的科层关系。① 一种比较极端的认识甚至认为"governing without government"——"治理即是无需政府的管理"。② 显然，这既不能反映中国政治话语中治理概念的内涵，也与西方正典意义上的治理概念相去甚远。

"治理"概念中国古已有之。历代典籍中，先后出现过"所居治理""京师治理""治理有声""治理民事""治理之绩"等表述。③ 从这一演化可以看出，汉语中的"治理"，早期通常是指国家处于一种按规则行事、井然有序的状态，而后来演变为一种治国理政方式的统称。在《牛津英语词典》中，治理对应的英文 governance 作为动词时具有控制、统治、掌握以及直接或间接的影响等含义，作为名词时则是指实施控制、管理的行为或方式。④ 可见，从本源上讲，中西方的治理概念之间并无本质区别。在一般意义上，治理泛指管理、控制、统治某个事物或某个实体（包括国家）的行为和方式，而非特指管理、控制、统治某个事物或某个实体（包括国家）的某类行为和方式。⑤

治理理论刚被引介到中国时，人们更强调其多元分权、协同共治的一面。后来，在学术界的努力下，终于澄清了治理概念的词源和谱系，将其从"新自由主义"的怀抱中拉了回来。然而，如今治理理论的发展又走向了另一个极端，即不再重视治理与统治、管制、管理等概念的区别，从而导致了治理对上述概念的随意替代。这一倾向同样偏离了治理的原初含义。

福柯对治理问题的讨论具有一定的启发意义。他把使特殊而复杂的权力形式得以实施的，由制度、程序、分析、反思、计算和策略所构成

---

① 俞可平：《引论：治理和善治》，载俞可平主编：《治理与善治》，社会科学文献出版社 2000 年版，第 5—7 页。
② Rhodes, R. A. W., "The new governance: Governing without government", *Political Studies*, Vol.44, No.4, 1996.
③ 卜宪群：《中国古代"治理"探义》，《政治学研究》2018 年第 3 期。
④ *The Oxford English Dictionary, Volume IV*, Oxford University Press, 1978, p.319.
⑤ 王绍光：《治理研究：正本清源》，《开放时代》2018 年第 2 期。

的整体称作"治理术"(gouvernementalité)。[①]借由"治理术"概念，福柯对司法国家与行政国家、领土国家与人口国家作出了区分。以此为起点，也就将主权层面的国家统治与治权层面的国家治理作出了区分，从而为治理研究提供了新的认识角度。在福柯的理论中，治理活动的中心不是某种特定的治理体制或是某种特殊的支配权力，而首先是把握治理对象的"独有的自然"。这种"自然"是治理术运行的"底部"和"必不可少的皮下组织"，治理术必须进入它才能运转。从这个意义上讲，治理在本质上是通过政治经济学分析将治理对象的"独有的自然"转化为现象、过程和规律等"可理解机制"，并对其进行恰当干预的过程。[②]这就触及了治理的本体范畴。

福柯所说的治理对象的"独有的自然"与"治理术"之间的互动，十分接近于本书中所说的治理的基础秩序。治理不是悬浮或孤立存在的，治理活动要在一定的社会基础和制度平台之上运行，平台因素与治理活动之间的勾连与互动所形成的稳定和可预期状态构成了治理的基础秩序。[③]治理体制是建基于其上的指导治理活动运行的总体框架和正式制度，治理体制的运作有赖于基础秩序为其提供场域和条件；治理的效果

---

① ［法］米歇尔·福柯：《安全、领土与人口》，钱翰、陈晓径译，上海人民出版社2018年版，第140页。

② ［法］米歇尔·福柯：《生命政治的诞生》，莫伟民、赵伟译，上海人民出版社2011年版，第2—13页。

③ 秩序是一种社会运行状态，鲍曼认为秩序具有单一性、稳定性、重复性和可预见性的特征。基础秩序这一概念已经有很多学者使用过，代表性的如孙立平将之定义为支撑整个社会运行的道德、信任和基本制度。笔者认为，直接把秩序定义为某种规范或者制度是不严密的，制度仍然是一种基础平台而非运行状态。与笔者看法类似的如桑顿等运用"制度秩序"的概念来表达制度介入特定领域治理时的运转情况，他们认为每一项"制度秩序"都代表了一个治理体系。本书根据论述需要，综合各方面观点对基础秩序进行了重新定义。参见［英］齐格蒙特·鲍曼：《流动的现代性》，欧阳景根译，上海三联书店2002年版，第84页。Sun Liping, "Reconstructing the Fundamental Social Order", *Social Sciences in China*, No.3, 2007. ［法］帕特里夏·桑顿、［加］威廉·奥卡西奥、［加］龙思博：《制度逻辑：制度如何塑造人和组织》，汪少卿等译，浙江大学出版社2020年版，第63页。

并不是治理体制本身决定的，要看治理体制与基础秩序的匹配程度。从治理的本体范畴出发，治理现代化问题研究的中心任务是通过对基础秩序的分析来把握治理活动的变动趋向，进而提出通过基础秩序调整催生治理变革的政策思路。

二、乡村治理的学理内涵

（一）乡村治理的概念范畴

从字面理解，乡村治理是指区别于城市治理的一种社会治理范畴。城乡社会治理的区别可以从两个角度理解：一方面，从人口布局和社会结构角度讲，乡村治理是指规模较小、人口总量不大且分布稀疏、居民群体结构相对简单的居民点的治理，这主要与人口稠密众多、群体多元的城市治理相区别；另一方面，从治理体制与政治管辖（jurisdiction）的角度来看，乡村治理是指发生在与实体城市或广域行政区划不同的法定权责和管理模式下的治理，可以理解为一种区别于城市的特定治理体制。[①] 在分析乡村治理问题时，这两方面的区别都需要重视。

具体到乡村治理概念自身，存在狭义和广义两种范畴。狭义上，一般把乡村治理看作是乡村公共权威及其他治理主体协同发挥管治作用的过程。广义上，乡村治理则涵盖了乡村社会运行的基础制度安排及公共资源配置体系，包括乡村财产关系的基础制度以及政府对非市场竞争关系的调节，乡村居民和各类组织之间的公共事务往来、乡村社会文化习俗对公共关系的影响等方面。[②] 在政策体系中通常采用乡村治理的狭义范畴，比如党的十九大提出"自治、法治、德治相结合的乡村治理体系"，中央先后出台《关于加强和改进乡村治理的指导意见》《关于加强基层

---

① 参见 Post, A. E., "Cities and politics in the developing world", *Annual Review of Political Science*, Vol.21, 2018。这篇文章重点对城市与乡村的区别进行了讨论，笔者借鉴其内容，进行了反向概括。

② 党国英、卢宪英：《新中国乡村治理研究回顾与评论》，《理论探讨》2019年第5期。

治理体系和治理能力现代化建设的意见》等重要文件，都是从协同共治角度出发进行部署的。

乡村治理的学术范畴和政策范畴具有相当的差异性。公共政策必须要针对明确的政策问题和行为主体来提出行动方案，因此政策文件中的乡村治理只能瞄准狭义的治理体系问题，这是由公共政策的特性决定的。学术研究则不然。简单讲，学术研究可以划分为政策研究和学理阐释，乡村治理的政策研究需要对政策问题的形成作出反思、对政策方案的选择作出比较、对政策执行的效果作出评估；乡村治理的学理阐释内容就更加广泛，概括而言要对广义上乡村治理活动所蕴含的领域间关系作出分析。总之，学术范畴中的乡村治理要比其政策范畴涉及的内容宽泛得多，如果只瞄准狭义的治理体系问题，甚至只是简单追逐政策条文，是难以提出有价值的、前瞻性的思考的。

从本质上讲，乡村治理是合理配置公共资源以建构乡村秩序的过程，乡村治理现代化的目标是在乡村社会塑造一套与现代化国家相适应的政治经济结构。社会治理是一个"慢变量"，其变化过程很慢，但一旦开启一个趋势就带有不可逆性，会在一个很长的历史时段中持续下去。短期看，乡村治理与政策走向关系十分密切，政策带有决定性；但长期看，一些演化趋势会影响乡村治理的底层逻辑，政策要有效，也不得不服膺于这些趋势。从这个意义上讲，社会治理问题是一种线性研究，而非切点研究，乡村治理研究要取得深化，必须跳出狭义的概念范式的局限，沿着合理的政治经济线索逐步深入，特别是从提升乡村社会与全局性现代化适应性效率[①]的角度来展开讨论。

（二）乡村治理与关联概念的辨析

不少学者对国家治理、政府治理、社会治理、基层治理等概念作过

[①] 适应性效率是指在面对重大社会风险时，具有通过竞争迅速耗散超额租金，从而实现动态稳定的体制韧性。参见［美］诺思、［美］瓦利斯、［美］温格斯特：《暴力与社会秩序：诠释有文字记载的人类历史的一个概念性框架》，杭行、王亮译，格致出版社、上海人民出版社 2013 年版，第 182—185 页。

辨析，却很少有人就乡村治理与上述概念的关系作专门讨论。笔者尝试辨析乡村治理与国家治理、社会治理、村庄治理等概念的关系。

乡村治理与国家治理。官方话语中，乡村治理包含了乡村社会治理体制和乡村治理体系两层含义。①作为治理体制理解时，乡村治理是国家治理总体框架和正式制度的一部分；而作为治理体系理解时，乡村治理是指依据国家治理总体框架确定的针对乡村的治理方式和工作体系。我们平时所说的乡村治理，主要指后者。当乡村治理与国家治理作为相对性概念出现时，前者主要是指乡村社会公共资源的配置过程，而后者通常指国家的总体性治理和跨区域公共资源的统筹配置。②

乡村治理与社会治理。社会治理是国家治理的重要方面，通常可以理解为国家和社会协同实施的对基层社会各领域的管理。从城乡差异的角度，又可以将社会治理区分为城市治理和乡村治理。但基于这一区分进行讨论的时候，人们通常会忽视一个根本性问题：乡村治理的最终归宿在哪里？乡村治理概念具有永恒的正当性吗？实际上，乡村治理是一个历史范畴，在相当长的历史时段将具有特定含义和特殊指向。乡村治理现代化的终极归宿是城乡社会治理一体化，这时候一个国家的社会治理不必再区分乡村和城市，乡村治理概念也就走到了尽头。这或许是主要发达国家很少使用乡村治理概念的原因。③

乡村治理与村庄治理。近些年，村庄个案研究以及不同类型村庄的比较研究在学术界十分流行。这类研究着眼的多是村庄内部的政治关系和治理活动，往往不太关注全局性的乡村发展规律和乡村社会演化趋

---

① 2017年中央农村工作会议提出，建立健全党委领导、政府负责、社会协同、公众参与、法治保障的现代乡村社会治理体制，健全自治、法治、德治相结合的乡村治理体系。

② 郁建兴：《辨析国家治理、地方治理、基层治理与社会治理》，《光明日报》2019年8月30日，第11版。

③ 在主要的学术平台上使用"rural governance"检索，美国、欧洲等主要发达国家和地区的相关文献很少，即便出现类似关键词，其内涵也与我们通常说的"乡村治理"关系不大。

势。其中当然不乏精品力作，但存在的关键问题是村庄治理研究难以为全局性的乡村治理研究提供充分的理论资源。因为，尽管乡村是由一个个村庄构成的，但全局性的乡村治理理论并非由村庄治理理论拼装而成。村庄治理研究或许具有典型意义，也能提供一定的知识增量，但其很难代替对乡村治理这一宏观对象本身的认识，也就难以转化为具体的政策调整方案。

三、乡村治理现代化的演化空间

传统乡村社会主要有以下特征：（1）生产效率很低，几乎没有积累；（2）小农聚居，社会分工水平很低；（3）农民只是部分参与不完全市场；（4）农民受制于外部社会集团并在社区内部形成依附性关系。①

现代乡村社会的主要特征是：（1）生产力水平大幅提升，资本取代土地和劳动力成为农业生产的决定性因素；（2）社会分工深化，农民深度卷入大规模的社会分工体系；（3）商品性家庭农业逐步形成并嵌入到世界性市场当中；（4）依附性关系逐步解体，代之以商业关系和自主合作关系。

当前，中国乡村恐怕既找不到一个完全传统的村庄（这既包括前现代的旧传统、又包括社会主义的新传统），也找不到一个完全现代的村庄，不同类型的村庄处于一个过渡谱系的不同位置。上述传统—现代的过渡谱系构成了当代中国乡村社会基本的演化空间，我们要讨论的现代乡村治理的基础问题也在这个空间中展开。具体而言，乡村治理现代化至少意味着以下一些方面的转变。

首先，乡村治理现代化意味着乡村治理范畴的收缩。越是往前追溯，乡村治理所涉及的内容越多，在农业社会中乡村治理几乎是社会治理的全部。传统王朝以农养政、以农养兵，古代官制中没有"农业部"，因为严格意义讲绝大部分官僚机构都只是"农业部"的一个部门。从现

---

① 参见［英］弗兰克·艾利思：《农民经济学：农民家庭农业和农业发展》，胡景北译，格致出版社、上海人民出版社 2019 年版，第 3—12 页。

代化经验来看，只有在国家能力普遍增强、国家治理中绝大部分事务可以由政府依法通过公共行政和公共政策进行管理之后，基层社会才有可能在部分地方性公共事务上发育出现代民主自治。这是认识乡村治理现代化的一个重要的逻辑基础。

其次，乡村治理现代化意味着乡村治理体系的规范化。新近的历史学研究表明，传统社会尽管并非"皇权不下县"，但确实存在"官僚不下县"。县以下实行的是皇权（及其附属官僚机构）监管下的地方精英自治，当然这就意味着乡村治理体系是复杂多样的。即便到了改革开放之后，各地乡村的权力关系、财政关系、自治形态也仍然存在较大的差异，很多地方的乡村治理长期依靠大量的非正式制度勉强运转。随着中央关于乡村治理正规化的要求提上政策日程，这一问题有了较大改观，但如何让治理体系与乡村社会现代性水平相匹配，仍然是一个长期要面对的问题。

再次，乡村治理现代化意味着乡村治理体制的适应性调整。乡村治理是一个历史范畴：从长历史时段看，乡村治理的范畴会逐步收缩；随着现代化的推进，区别于城市治理的乡村治理甚至会成为历史。但在当前的历史阶段，乡村治理仍然有其存在的必要性，但其内容必须作出与时俱进的调整。比如，从农业治理的角度来说，计划经济时代直到本世纪之初，农业技术的推广、农业基础设施的改善甚至农产品市场开拓都带有很强的"治理术"含义，这些内容几乎可以视作乡村社会稳定的内生性因素。然而，随着人口外流和专业农户崛起，上述内容的市场化含义越来越强，与社会治理关系不大了。但同时，当专业农户成为村庄的主体力量之后，如何回应这一群体的崛起来对乡村治理体制作出适应性调整，则成了一个新的问题。

总之，乡村治理现代化并没有一个一元的、短促的目标，全局意义上可以理解为整个乡村卷入现代化经济体系之后，传统乡村社会依附性关系趋于解体，国家治理不断向乡村下沉，乡村治理体制与基础秩序之间不断适配的过程。

第二节　乡村治理现代化的广义框架

福柯触及了治理的基础秩序问题，但并未对治理问题的分析层次作进一步的讨论。诺思、威廉姆森和奥斯特罗姆等人从不同角度进行了细化。戴维斯和诺思区分了制度安排和制度环境，制度安排是经济单位之间进行合作/竞争时遵循的基本规则，而制度环境则是指政治、社会和法律层面基本规则的总和，是人们生产、交换和分配的基础。[①]奥斯特罗姆增加了一个集体选择层面的规则作为制度安排和制度环境的链接，将治理问题的分析层次拓展到了宪法的、集体选择的和操作的三个方面。[②]威廉姆森在此基础上，又将制度问题向社会基础层面作了一点延伸，将治理问题的分析层次划分为社会嵌入、制度环境、治理结构和资源配置。他认为社会嵌入和制度环境构成了社会运行的一阶秩序，治理结构和资源配置只不过是社会运行的二阶秩序和三阶秩序。[③]将这一框架拓展到乡村治理领域之后，可以呈现出乡村治理在不同层次的对应范畴（见表1–1）。

讨论乡村治理现代化时，人们直接关注的往往是资源配置问题，其中包括经济效率、治理模式和管理绩效等方面。对于资源配置效率原因的追索，通常会上升到治理结构层次，其中治理体制、权力关系问题是当前学界关注的重点。这里存在的一个比较明显的问题是，大量研究局限于乡村治理的二阶、三阶秩序层面进行思考，而制度环境、社会嵌入等一阶秩序则付之阙如。威廉姆森给出的一阶、二阶概念实际借用了数

---

① ［美］兰斯·戴维斯、［美］道格拉斯·诺思：《制度变迁与美国经济增长》，张志华译，格致出版社、上海人民出版社2019年版，第6页。

② ［美］奥斯特罗姆：《公务事物的治理之道：集体行动制度的演进》，余逊达、陈旭东译，上海译文出版社2012年版，第63页。

③ Williamson, O. E., "The new institutional economics: Taking stock, looking ahead", *Journal of Economic Literature,* Vol.38, No.3, 2000.

学概念，一阶变量确定基本趋势，二阶变量只是在此基础上的增减。当一阶变量对事物有明显影响时，二阶变量可以忽略不计；只有当一阶变量适宜且稳定，二阶变量才会发挥作用。①

表 1-1　经济治理分析框架在乡村治理中的拓展应用

治理层次	关键特征	变化频率	乡村治理对应范畴
社会嵌入	通常是难以测度的、自发的，比如非正式制度、文化传统等。	100—1000 年	技术变迁、人口布局、农民形态
制度环境	一阶秩序、博弈的正式规则，比如政治制度、产权制度、司法制度等。	10—100 年	市场体制、产权制度、空间布局
治理结构	二阶秩序、博弈实施的过程，比如政府治理、公司治理、交易契约等。	1—10 年	农政体系、治理体制、权力关系
资源配置	三阶秩序、具体的治理活动，比如价格和供需、激励相容性等。	连续变化	经济效率、治理模式、管理绩效

资料来源：Williamson, O. E., "The new institutional economics: Taking stock, looking ahead", *Journal of Economic Literature,* Vol.38, No.3, 2000；作者分析。

社会嵌入、制度环境是治理活动重要的平台因素，不过，社会嵌入和制度环境要成为特定社会治理活动的研究对象，必须经由政治经济分析将其转换为与某种社会治理活动有关的现象、过程和规律，也就是福柯所说的"可理解机制"。将平台因素转换为"可理解机制"的过程，也就是将平台因素与治理活动之间的耦合关系、平台因素与治理活动互动的秩序效应、秩序结构背后的政治经济约束等内容展现出来，从而探寻治理的基础秩序的过程。

乡村治理中所涉及的平台因素很多，不可能进行全面分析，只能选取其中最重要、现实意义最强并且具备可分析性的因素深入研究，从而把握住乡村治理现代化最主要的秩序来源。据此，笔者从不同的分析

---

① 参见盛洪：《为什么法治是"一阶宏观政策"？》，https://m.ftchinese.com/story/001085626?archive，2019 年 12 月 23 日。比如，在金融宏观调控中，通常把央行掌握的基础货币视作一阶变量，而把通过商业银行信贷调节带来的货币供应量变化视作二阶变量。

表 1-2　乡村治理的基础秩序分析框架

分析层次	因素特征	乡村治理平台因素	生成的秩序类型
社会嵌入	难以测度的、自发的，包括文化传统、群体特征乃至部分自然因素。这些因素变化非常缓慢，一旦形成便带有很强的稳定性和不可逆性，通常视作治理活动中的客观因素。	农民形态	合作秩序
制度环境	博弈竞合的正式规则，比如政治制度、产权制度、司法制度等。这些因素具有较强的稳定性，对治理活动具有长期和根本性影响。	产权制度	产权秩序
社会嵌入/制度环境	有些因素横跨社会嵌入和制度环境两个层次，其中一些方面变化非常缓慢，而另一些方面则受制度规则的影响较大。	空间布局	空间秩序

资料来源：作者参考 Williamson（2000）经济治理框架进行的再建构。

层次着眼，分别勘定了农民形态、产权制度和空间布局作为乡村治理主要的平台因素，并由此引申出基础秩序的核心论题与分析框架（见表1-2）。

第三节　乡村治理现代化的论题展开

依据上述框架，本节的安排是：第一部分讨论农民形态的变动与乡村合作秩序生成之间的关系；第二部分讨论产权制度改革与乡村产权秩序开放之间的关系；第三部分讨论空间布局优化与乡村空间秩序改进之间的关系。考虑到论述的完整性，将在每个部分的开头对不同分析层次下平台因素的选取依据、不同因素对应的秩序类型作出说明，这既是对分析框架的逻辑展开，也是对分析框架的逻辑补充。

一、农民形态与乡村治理

（一）农民形态与乡村治理的关系建构

从社会嵌入层面而言，治理的主体和对象首先是人，人的社会属性的变化是影响治理的本源性因素，不同境况下人的个体行为和集体行动的关系是影响社会秩序的中心线索。传统社会中，个体意识具有相似性，个人混杂在集体当中，社会秩序来自于共同意识基础上的机械整合；现代化过程中，随着社会分工的深化与拓展，个体具有了独立的特性，人们存在差异的同时又在很大程度上依赖他人、依赖社会，秩序来自于独立意识基础上的社会合作。①进一步说，现代社会中基本的社会现象就是分工以及它的对称现象——合作。②进入到乡村治理领域时，作为治理主体和对象的人具象化为特定角色类型的农民形态。农民形态是乡村治理中最基础的平台因素，不同政治属性和政治角色的农民共同介入乡村治理活动时会形成不同的合作秩序。

讨论农民形态与乡村治理的关系，首先要廓清农民的政治属性。在经典理论中，对农民政治属性的分析可以归入两个认识框架：一是"压迫—抗争"框架。蒂利通过对近代欧洲农民的考察总结出了竞争型、反应型和主动型三种主要抗争类型；③斯科特发现，农民利用不合作、偷懒、怠工等"弱者的武器"开展日常性抗争。④二是"控制—动员"框架。摩尔认为，乡村社会的商品化水平越低，农民越容易受到各方力量的动员，从而引发剧烈的社会革命。⑤上述两种框架所设定的具体政治情境虽然有所不同，但都是对小农社会条件下农民政治属性的分析，其立论都是基于传统小农这一社会基础展开的。

小农对应的英语是 peasant，该词的本义是种田人，但通常带有身份

---

① [法]涂尔干：《社会分工论》，渠东译，生活·读书·新知三联书店2000年版，第183页。

② [奥]米塞斯：《人的行为》，夏道平译，上海社会科学院出版社2015年版，第153页。

③ Tilly C., *From Mobilization to Revolution*, New York: Newbery Award Records, Inc., 1978, pp.143–171.

④ [美]詹姆斯·斯科特：《弱者的武器：农民反抗的日常形式》，郑广怀、张敏、何江穗译，译林出版社2011年版，第2—3页。

⑤ [美]巴林顿·摩尔：《专制与民主的社会起源》，王茁、顾洁译，上海译文出版社2013年版，第475页。

低下的意味；今天英语中提到农民的时候一般用 farmer 这个词，可以理解为农业工作者。①英国的身份农民消失较早，后来欧陆的此类农民多用法语描述。②法语中的 paysan（小农）同样带有身份色彩，现在提到农民时通常用 agriculteur 或 fernier 来表示。③"小农"的"小"，只是在翻译过程中为了传递词汇内涵而作的一种语言处理。从学理上讲，决定小农本质的主要不是其经营规模大小，而是其经济社会形态。小农的核心特征有两点：一是维持家计，二是依附性。恩格斯的"最低限度"论、恰亚诺夫的"家庭周期"论强调的都是小农维持家计生存的特征。传统小农社会的一个关键特征是以小农的产出和租税作为整个社会结构的基础，社会其他群体依赖小农供应的粮食和收入维系生存。小农这个概念，反映了剩余生产者和统治者之间的一种不平等的结构性关系，既包括小农对外部社会集团的依附，又包括农民社会甚至社区内部的差异所带来的依附关系。④在这一结构下，小农形态又是与专制统治互为表里的，小农形态构成了专制统治的基础，同时专制权力也在不断"驯化"着小农社会。小农形态下，人的头脑局限在极小的范围内，成为迷信的驯服工具和传统规则的奴隶，是故马克思才说其"始终是东方专制制度的牢固基础"⑤。传统小农的一个基本特点就是因循守旧、厌恶风险，平时极度隐忍、安于现状，但一旦被激发又可能随时投入猛烈的行动。⑥与此同时，专制权力努力将农民束缚、分散于小块土地之上，通过对生产形态、家户制度、村社体系的强化反复对小农实施"驯化"，一手不断增强对农

---

① [英]弗兰克·艾利思：《农民经济学：农民家庭农业和农业发展》，胡景北译，格致出版社、上海人民出版社 2019 年版，第 287 页（译后记）。

② [英]雷蒙·威廉斯：《关键词：文化与社会的词汇》，刘建基译，生活·读书·新知三联书店 2016 年版，第 392 页。

③ 李培林：《从"农民的终结"到"村落的终结"》，《传承》2012 年第 15 期。

④ Wolf, E. R., *Peasants*, New Jersey: Englewood Cliffs & Prentice–Hall, 1966, pp.10–13.

⑤ 《马克思恩格斯选集》第 1 卷，人民出版社 2012 年版，第 853—854 页。

⑥ [法]费尔南·布罗代尔：《十五至十八世纪的物质文明、经济和资本主义》第 2 卷，顾良、施康强译，商务印书馆 2017 年版，第 291—292 页。

民的总体性控制,一手又努力防范农民被"他者"组织动员。① 这是理解传统乡村治理的一个基本线索。

小农并不是一成不变的,小农的终结是不可逆转的历史潮流。在恩格斯写作《法德农民问题》的时代,欧洲小农就已经脱离了其古典形态,只是他们还占有着小块土地,恩格斯称之为"一种过了时的生产方式的残余"②。如今,农民已经出现了高度分化,农民形态早已经超越了小农形态的局限。新中国成立以来,农民形态经历了革命农民、公社农民、家户农民、流动农民的逐步演进,如今已经形成了市场化条件下专业农户与小农户并存的局面。现代农民与传统小农的差异主要不是经营规模上的,而是生产关系和政治文化意义上的。人类学的研究发现,城市化时代的农民早已从那种固守土地的、厌恶风险的小农逐步转变为寻求上升机会的人,要求低的希望扩大生产、增加收入,要求高的则希望进入城市、分享发展。③改革开放进程中农民为改变生计和命运,在现行体制框架内以一系列自主行为和改革行动冲破政策藩篱,不断创造新的改革经验。这是对农民政治属性经典模式的替代,也是传统分析框架难以解释的,有学者将之概括为"创造性政治"④。或许这并不能概括农民政治属性的全部意涵,可能带有较强的过程性阶段性特征。但由此延伸出的问题在于,小农形态已经不复存在,这意味着对农民政治属性以及农民与治理关系的认识框架必须作出深刻调整。

(二)农民角色分化及其政治效应

角色是现代化的指示器。现代化的每个环节均会形成新的适应性角

---

① 李发根:《观念与阐释:小农政治认知与转型期江南农民离村的叙事悖论》,《人文杂志》2019年第9期。

② 《马克思恩格斯选集》第4卷,人民出版社1995年版,第487页。

③ [美] 罗伯特·芮德菲尔德:《农民社会与文化:人类学对文明的一种诠释》,王莹译,中国社会科学出版社2013年版,第171—172页。

④ 徐勇:《农民改变中国:基层社会与创造性政治——对农民政治行为经典模式的超越》,《学术月刊》2009年第5期。

色，从这个角度讲，现代化可以视作社会中功能角色扩张和整合的结果。[①]现代农民的形态并不是整齐划一的，不同类型的农民在现代化进程中扮演了不同的政治角色。当前，市场条件下的专业农户和小农户可以进一步细分为三类，分别是专业农户、固化型小农户和过渡型小农户，这三类农民在乡村治理活动中分别扮演了新角色、传统角色和调整中的角色，乡村治理现代化的基础即在于如何统筹这三种角色。

第一类，专业农户。专业农户是专业化程度高、技术水平高、经营收入高的商品化农业生产者。专业农户凭借独立的经济决策参与市场分工，他们正在成长为乡村的在地富裕阶层，并通过独特的政治角色引领乡村治理的方向。首先，专业农户在长期的生产经营中具备了一定的独立能力、契约精神和公共意识，对于产权稳定、产业发展、生活便利等现代公共事务有参与意愿和参与能力。其次，专业农户面向的是广阔的市场分工和市场竞争，其主要收益来源于市场化经营活动，对于村庄庇护的依附性较弱，并不以获取或分享村庄资源作为公共参与的主要目标。再次，专业农户合作的首选对象是专业农户或者其他规范的公共组织和市场主体，由于农户之间异质性的存在，专业农户与上述群体的交换效率要明显高于小农户。

第二类，固化型小农户。固化型小农户是小农户中的老弱贫病群体，主要集中在脱贫监测户和边缘贫困户。固化型小农户生产劳动能力弱、经济收入低，但这一群体规模目前仍然庞大，而且是乡村社会的原住民和常住民，对其传统角色的把握对于实现乡村善治而言也是不可或缺的。首先，固化型小农户害怕被抛入商品经济的汪洋大海，政策上必须对其基本生计采取兜底措施。脱贫攻坚中通过综合措施解决了绝对贫困，考虑其长期生计的维持，适度容忍效率损失的产业帮扶和社会帮扶恐怕还要持续较长时间。其次，固化型农户缺少现代社会参与的意愿和

---

① ［美］阿普特：《现代化的政治》，陈尧译，上海人民出版社2010年版，第43—47页。

能力，仍然是伦理经济中的个体。对其采取参与动员未必会改善乡村治理水平，可能还会增加社会秩序的不确定性，优选方案是默认其政治参与状态，更多地让其分享治理改善成果。

第三类，过渡型小农户。除了固化型小农户以外，其余的小农户群体都可以看作过渡型小农户。他们或是专门从事小规模的家庭农业经营，或是在农业经营同时又在城乡之际从事一些兼业工作。无论哪种情况，过渡型小农户都有两个基本特征：一是具备正常劳动能力，二是未能实现充分就业。从长期看，过渡型小农户有两个发展方向，其中一小部分会逐步发育为专业农户，大部分则会逐步向城市转移。无论往哪个方向发展，核心都是将自身劳动要素与外部市场要素有机衔接，通过充分就业实现富裕和发展目标。从这个意义上讲，过渡型小农户已经从属于市场化生产的逻辑，但由于资本积累和分工介入程度不足，抗风险能力较弱。这一群体在乡村治理中扮演了一种调整中的角色，对于这部分农户而言，乡村治理的核心是要为其提供合理的市场衔接和风险分担机制，保障其向城市顺利转移或者成长为专业农户。如果任由其自然发展和自发行动，相当一部分也可能会发生阶层滑落，从而给乡村治理带来摩擦。

当前，商业化和富裕化解除了农民的抗争性属性，在现实的政治环境下也并未出现利益集团化的倾向，中国农民实际处于一种"弱政治"状态。正如汪晖所言，今天的农民已经不是一种具有主体性的政治力量，已经是生产劳动分工的客体，政治潜能已经不存在了。[①] 笔者认为这一说法更准确的表述应该是，作为一种革命动员意义上的主体性农民已经走向历史，今天农民已经开始向市场分工条件下的合作参与者这一新角色转型，其政治属性也依从于这一角色的规定性特征。总体而言，只

---

① 汪晖：《革命、妥协与连续性的创制——从辛亥革命看中国的短20世纪》，载叶敬忠主编：《农政与发展当代思潮》第1卷，社会科学文献出版社2016年版，第122页。

要从政策上对不同类型农户加以合理的引导、保护和支持，农民的行动秩序一定会彻底告别传统小农形态下的动员框架，向着分工基础上的合作秩序演进。

（三）合作秩序生成与乡村治理重心调整

对于乡村治理而言，农民形态是一个客观条件，只能把握和顺应其演化的基本趋势，而无法采取太多干预措施。尽管如此，我们仍然可以在当前的农民形态和角色特征这一约束条件下，探寻农民的互动组合衍生出乡村合作秩序的可能方案，从而明确乡村治理现代化的可能性空间。

第一，农民的公共性与民主自治的发育。改革开放以来农民发展的一个重要特征是，权利意识不断提升，但他们的个性和主体性的发展基本被限制在私人领域之内，结果是个人只强调自己的权利，而无视对公众或他人的义务与责任，从而带来了公共领域与私人领域的断裂。[①] 公共性的发育是人类社会发展中的"高海拔现象"，通常来说商业化程度越高、社会交往越频密的社会群体中公共性的发育会更充分、更成熟。与城市居民相比，农民的公共意识发育水平相对较低，即便是专业农户这种农民中的先进群体，其公共性和现代性放到全体社会中也是后进者。对于农民为主体的乡村社会公共性发育不能有过高的期待，乡村并不会因为村民自治实践的先发性而必然成为现代民主政治的策源地，引领社会主义民主升级探索的一定是城市居民，而且是发达城市的居民。村民自治制度的实践长期处于一种"半行政、半自治"的结构当中，而且行政集中化水平还有不断增强的趋势。推动农民的公共性成长和乡村民主自治的发育，真正的可行路径是收缩村民自治的管辖内容，将一部分全局性事务上收为公共行政事务，将自治的重心下沉到以安居为主要内容的生活领域，让村民在日常生活小事中学会社会合作和自我管理。村庄

[①] ［美］阎云翔：《私人生活的变革——一个中国村庄里的爱情、家庭与亲密关系（1949—1999）》，龚小夏译，上海人民出版社2016年版，第266页。

因其熟人社会基础结构的存在,"生活自治"发育或许会比城市更快、更深入。

第二,农民的异质性与村庄合作的可能。巴林顿·摩尔等人的研究认为农业精英的削弱是现代民主发育的一个必要条件。他们所说的农业精英实际是过去那种直接控制大量劳动力的农场主,比如德国的容克贵族、美国内战前的南方种植园地主。最新的研究发现是,由于农业机械化大幅提高了劳动生产率,农场不再需要直接控制大量劳动力,从而消解了农业精英反民主的经济动机;而农业商品化的发展则进一步促使现代的农业精英成为民主的支持力量。[①] 专业农户就是一种典型的现代农业精英,其扮演着推动乡村现代化的新角色。然而,当前农民群体存在非常强的异质性特征,不同类型的农户之间是存在张力的。由于角色特征的显著差异,专业农户与小农户之间完全对等意义上的合作或许是不可能的。正如"荀子假设"所指出的,合作双方强弱严重不对等的结果可能是"合作导致冲突""合作激化冲突"。[②] 如果要希望促成一定程度上的合作,可能的策略集包括:(1)容忍搭便车。在较长时间里,专业农户为主导的伦理共济对于社区治理的润滑仍然是有意义的。(2)体面的交易。通过合同生产等方式将小农户纳入现代经济轨道将是村庄社区合作的主要形式。

第三,农民的多样性与乡村治理的转向。在社会治理中,分析异质性时更强调群体内不同角色的交换与整合,而理解多样性则是为了给不同类型的群体提供差异化调节。传统乡村治理的主要思路是编户齐民、加强控制,而在现代乡村中因农民政治属性的转变而无需控制,因农民流动性的增强而无法控制,乡村治理的逻辑必须作出适应性调整。专业

---

① Samuels, D. J., & Thomson, H., "Lord, peasant ... and tractor? Agricultural mechanization, Moore's thesis, and the emergence of democracy", *Perspectives on Politics*, Vol.19, No.3, 2021.

② 赵汀阳:《坏世界研究:作为第一哲学的政治哲学》,中国人民大学出版社2009年版,第9—12页。

农户主要利益在农业产业链上，对村庄社区的依赖程度很低。针对专业农户，乡村治理的主要任务是提供以安居需求为主要内容的公共服务，并在可能的情况下为跨村庄的生产性合作提供必要润滑。真正对村庄社区具有较强依赖的是固化型小农户，因其低生产能力和高风险处境而高度依赖国家的兜底性保护。针对固化型小农户，乡村治理的主要任务是作为国家的代理人履行兜底保护责任。总之，面对农民形态演化和政治角色分化，必须尽快完成乡村治理重心的调整，实现对传统农民动员体系的替代，使治理体系与农民形态相适配。

二、产权制度与乡村治理

（一）产权制度与乡村治理的关系建构

从制度环境层面而言，产权制度在诸多制度中处于基础性地位，产权构成了社会的"制度基因"。当产权制度进入到社会治理领域时，从四个方面影响着秩序生成，从而带有了特定的秩序含义。一是产权的分配和再分配对发展能力和公正性具有初始影响；二是产权激励结构塑造了权利主体不同的行动逻辑；三是正式产权制度与非正式制度之间的匹配性带来了制度维护成本的差异；四是产权制度的确定性程度决定了风险管理的难易程度。在乡村治理领域中，最重要的产权制度无疑是土地产权制度。土地产权制度运行中产权单元的划分、产权的内部界定、产权调整的频率和方式、产权与治权的关系都会产生特定的秩序后果，从而对治理活动带来影响。产权秩序影响着共同体的经济能力和治理基础，特定的治理模式和治理形态的塑造很大程度上是产权秩序的产物。关于产权制度与乡村治理互动的实践逻辑，可以从两个方面来理解。

第一，国家治理塑造产权制度。产权制度是特定约束条件下人类活动的产物和国家治理有意为之的结果，是多方围绕个人效率和社会效率长期博弈形成的。早期国家是一种农业现象，农作物的类型直接影响了早期国家对人口和土地的控制强度。在各类农作物中，谷物最适于集中作业、税收评估、征收转运、地籍勘查以及储运和配给，于是谷物生产成为古典国家形成的一个重要诱因。国家为了维持统治就要不断强化对人口、土地、农作系统的整体性控制，最终驯化形成了形态各异的农庄系统和地权结构。斯科特将上述机制称作"谷物造就国家"和"国家的地景塑造"。①传统村庄的产权性质受到农业自然生态与社会生态双重驯化，谷物与农耕、定居与村落，既是国家及政治组织形成的根源，也是国家管制及治理的结果。②

第二，产权制度构造秩序基础。一方面，微观层面的产权变动会带来秩序调整。一个有意思的案例是，传统乡村中的书院、宗族等民间组织，利用产权交易将"私有产权"转化为代表公共利益的"法人产权"，从而消解了土地冲突。③另一方面，宏观层面的产权变革会带来秩序重构。马克思、恩格斯强调所有制对社会形态和国家形态的经济基础意义，但他们所关心的不是具体的产权归属或法律制度，而是作为财产关系的总和得到规定的、居于社会主导地位的政治经济安排。④中国革命正是以土地改革为核心重构乡村秩序，并以此为起点建构新的国家秩序的。改革开放以来，土地产权制度在中国乡村以农业基本经营制度的形式得到落实，经营制度又进一步决定了农村组织制度安排，这构成了乡村治理的基本架构。当代中国乡村的土地产权秩序正在从以政治产权为基础的秩序向以经济产权为基础的秩序转型，这构成了乡村治理现代化的产权基础。⑤

---

① ［美］詹姆斯·斯科特：《作茧自缚：人类早期国家的深层历史》，田雷译，中国政法大学出版社2022年版，第24—26、144—154页。

② 罗必良、耿鹏鹏：《乡村治理及其转型的产权逻辑》，《清华大学学报（哲学社会科学版）》2022年第3期。

③ 陈月圆、龙登高：《公共利益冲突中的产权交易与基层治理——清代狮山书院与山林封禁的考察》，《中国社会经济史研究》2021年第1期。

④ 《马克思恩格斯文集》第3卷，人民出版社2009年版，第18页。

⑤ 黄鹏进：《产权秩序转型：农村集体土地纠纷的一个宏观解释》，《南京农业大学学报（社会科学版）》2018年第1期。

（二）产权秩序转型及其政治效应

当代中国土地制度的演化是政治选择与制度费用共同作用的结果，其背后是产权的"政治构造"让位于"博弈构造"这一制度形成逻辑的转换。[①] 转型过程中，特殊的农村土地产权制度阻滞和过滤了社会基础变动所带来的导向效应，进而塑造了独特的产权秩序，成为乡村治理的一个特定参数。

第一，中国乡村正在从产权封闭秩序向产权开放秩序转型。在讨论传统集体所有制下的治理困境时，人们习惯援引"公地悲剧"这一经典理论，来强调公有财产制度中"人人所有又无人所有"带来的无序和冲突。实际上这一框架从来不曾与中国现实相吻合。哈丁讨论的公地悲剧是指开放进入的悲剧（tragedy of open access），这种没有规则约束下的资源滥用，是非常罕见的情况。[②] 即便在集体化时代的中国乡村，多数情况下面对的也是公共池塘资源问题而非公地悲剧。这一时期，公共池塘式的产权安排再配合以封闭管控，有效的自主组织和自主治理无法展开，集体及其成员间的激励机制不能相容，带来的是一种维护成本极其高昂的产权封闭秩序。随着改革的深入，农民家户土地权利不断得到强化，特别是农村土地"三权分置"改革之后，集体所有制下的土地产权基本实现了家户分立。这意味着，关于公共池塘资源条件下的秩序构造理论对于绝大多数中国乡村都已经失去了解释力，紧张型的产权封闭秩序开始向限定性的产权开放秩序转型。之所以称之为限定性的产权开放秩序，是因为在乡村场域中法律产权与经济产权存在非对称性，由此导致一系列的产权秩序冲突且难以通过交易调和，这是当前中国乡村产权秩序的一个基本认识。

第二，限定性产权开放秩序构成了乡村治理中冲突的基本来源。限

---

① 周其仁：《产权与中国变革》，北京大学出版社2017年版，第46页。
② ［美］奥斯特罗姆：《公共资源的未来：超越市场失灵和政府管制》，郭冠清译，中国人民大学出版社2015年版，第3页。

定性产权开放秩序的关键特征是存在一系列的模糊产权和模糊交易，任何产权持有者都不具有完整的剩余控制权，从而带来了难以避免的租值耗散。这不但会带来社会总收益的减损，也是乡村社会中大量微观冲突的制度根源。一是产权安排的冲突。家庭承包经营制度确立以来，全局性的承包已经搞了两轮，有大约一半的村庄还存在不同频率的土地调整，长期运行过程中反复出现的产权界定、分立、调整和管制，实际上造成了许多遗留问题延时爆发。随着"二轮"承包到期后的延包工作展开，一些历史积弊再次暴露出来。农村宅基地涉及的历史问题复杂、矛盾集中，确权工作推进迟缓，一些地方发放的产权证书无法成为解决宅基地纠纷的合法依据。二是产权认知的冲突。产权的实施受到意识形态、伦理道德规范、文化习俗、非正规集体行动等多方面的约束。[①] 前面三者可以概括为产权认知，产权认知又以非生产性的集体行动为中介影响产权实施。在乡村场域中，小农户与专业农户之间在产权认知上是存在张力的：一方面，小农户受乡土文化的影响，当就业无忧时认为专业农户流转土地是帮他们拓宽了收入来源，而当其就业不佳时又希望从自己原有的承包地上获得更多利益；另一方面，专业农户饱经市场化的洗礼，更强调契约精神和市场规则，往往不会认同小农户反复变动的利益主张。在特定场景下，这种认知的非对称性就可能引发冲突。2023年秋天，河南等地出现了小农户到专业农户经营的规模化农场中"哄抢"玉米和中药材的事件，引发了较大社会影响。此类事件原因复杂，但关于土地产权认知的冲突是一个核心因素。三是产权处分冲突。按照农村土地"三权分置"的逻辑，农地承包权和宅基地使用权是界定到家户的权利，但目前农户对于这两项权利都没有完整的处分权。法律上已经规定了上述权利的退出权，但很多地方已经开启的农村权益退出权改革还没有完全破题，产权的退出方和承接方无法形成有效的交易市场。部分地

---

① ［美］道格拉斯·诺思：《经济史上的结构和变革》，厉以平译，商务印书馆1992年版，第54—57页。

区存在的一些自发交易，受到政策松紧的影响较大，过去被默许的交易后续未必能获得国家的赋权和认可。这种状态如果不能尽快得到扭转，长此以往可能会引发新的土地产权冲突。

第三，限定性产权开放秩序已经不适应农业强国建设的需要。党的二十大提出了建设农业强国的战略目标，这是社会主义现代化强国建设的重要方面。农业强国在全球竞争中首先表现为农业产业强国，一般特征是农业竞争力居于世界前列，农产品在全球产业链条上占据强势地位。从内部来讲，农业强国建设的底层逻辑是农业农村现代化的均衡协调演进，实现这一目标的底部支撑是能够直接与现代国家建构动员相接榫的规模农场、现代村庄和专业农户。但由于目前产权秩序的并非完全开放，导致了农场规模受阻、村庄封闭运行和农户发育缓慢，这都已经与现代国家建构的需要不相适应。

（三）产权秩序开放与乡村经济基础再造

第一，提升土地产权强度，消解乡村治理中的产权冲突。土地确权仅仅是提升土地产权强度的必要不充分条件。全国承包地确权已经完成，但仍然有不少地方在调整土地；大部分地区已经完成了宅基地确权，但很多地方产权证书不能成为解决宅基地纠纷的有效依据。真正提升农村土地产权强度，需要根据不同产权类型专属社会价值和技术边界的移动来确定专门方案。要提升产权证书的公信力，给予产权以最大限度的司法保护。要注意的是，产权秩序是法律规定和集体选择共同作用的结果，农村土地产权冲突有一系列复杂的历史和社会根源。土地产权的司法保护绝非"一判了之"，而是应该在司法活动中针对不同情况下的产权纠纷提出合理的化解措施，达到息纷止争、案结事了的目的，最大限度发挥司法活动对社会秩序的改进意义。2023年11月，最高人民法院印发了《关于综合治理类司法建议工作若干问题的规定》，要求加强和规范综合治理类司法建议工作，更好发挥审判机关在国家和社会治理中的重要作用。相关要求如果能得到充分落实，将对解决土地产权冲突具有积极的引导作用。

第二,深化"政经分开"改革,重构乡村治理的政治经济秩序。从集体化时代沿袭下来的村庄"政经合一"体制存在一系列弊端,中央已经两次强调要开展村庄"政经分开"改革试验,核心内容是探索在村庄层面集体经济事务与村民委员会事务的分离。①实际上,村庄"政经分开"改革具有丰富的制度含义,集体经济事务与村民委员会事务的分离绝不仅仅是将两类组织分设就一劳永逸了。目前局限在经济发达村开展的改革试点受到诸多因素的约束,示范推广意义有限。推进村庄"政经分开"改革,至少涉及到在功能上将集体经济管理与社会治理体系功能分开、土地产权制度与户籍登记制度分开、农业产业政策与农村社会政策分开、行政管理与群众自治分开,等等。不同类型的村庄应根据实际制定"政经分开"的改革方案,避免在社会治理微观场域中公权(力)与私权(利)的相互干扰,从而重构乡村治理的政治经济秩序。

第三,推行集体资本重组,夯实乡村治理的经济基础。中国农村实行的是集体所有制,每个村庄或多或少都有集体经济成分,构建乡村治理现代化的产权秩序必须依赖这一制度基础。不过,当前集体经济的制度潜力尚未得到充分释放,农村集体经济弱质分散的局面长期没有得到扭转。近年来,中央反复强调发展新型农村集体经济,其中一个很重要的指导思想是"建立符合市场经济要求的集体经济运行新机制"②。2023年中央一号文件又进一步细化了相关要求,强调构建产权关系明晰、治理架构科学、经营方式稳健、收益分配合理的集体经济运行机制。对标上述要求,农村集体经济这一制度形态仍然存在较大的资源

---

① 2015年,中央办公厅、国务院办公厅印发《深化农村改革综合性实施方案》,提出探索剥离村"两委"对集体资产经营管理的职能,开展实行"政经分开"试验;2016年,《中共中央 国务院关于稳步推进农村集体产权制度改革的意见》强调,有需要且条件许可的地方,可以实行村民委员会事务和集体经济事务分离。这项改革各地在试点过程中叫法不尽一致,多数地方称作"政经分开"改革,也有的地方称作"股社分离""政经分离""经社分开"改革,等等。

② 习近平:《论"三农"工作》,中央文献出版社2022年版,第246页。

重新配置空间,其核心的制度含义是集体资本的重组及其与外部资本的再联合。具体的组织方式是多样的,比如可以考虑通过农工综合体、不动产投资信托基金(REITs)、社会企业等形式对县域乃至更大范围农村集体资产进行打包经营,从而充分释放其经济潜能。[①]过去分散的集体经济非但不能为乡村治理提供经济资源,甚至可能成为治理负担乃至冲突来源,经过重组改造的集体经济能够真正为乡村治理现代化提供一定的经济基础。

三、空间布局与乡村治理

(一)空间布局与乡村治理的关系建构

任何社会治理活动一方面要面向特定的人口,另一方面要面向特定的空间,人口、空间与治理的匹配是治理现代化的基础,这是从直观印象出发就可以作出的一个判断。在乡村治理中,作为人口布局、聚落形态、经济联系等因素综合反映的空间布局与治理活动之间的匹配性关系,构成了特定的空间秩序。空间秩序对治理效能的影响类似于组织学上的管理幅度和管理层级问题,即对于一个确定规模的组织而言,管理幅度和管理层级的相对变化是影响管理效能的一个技术变量。当然,空间秩序问题要比组织管理问题复杂得多。一方面,空间布局与治理尺度的关系十分复杂,挖掘其规律性特征殊为不易;另一方面,空间布局跨越多个分析层次,其受自然地理、历史基底、经济发展、规划区划等因素的综合影响。这是对空间秩序理论逻辑的一个初步认识。

在较强的自然演化条件下,特定的人地关系和生产条件会形成特定的居住形态,政府再据此选择适当的治理方式。古代社会,人口相对土地而言是稀缺品。《墨子·非攻》里说:"齐、晋、楚、越,若使此四国者得意于天下,此皆十倍其国之众而未能食其地也。是人不足而地有余也。"这

---

① 具体的模式和机制设计可以参见陈明:《共同富裕、资本重组与农村集体经济革新》,《南京农业大学学报(社会科学版)》2023年第5期。

种情况下,土地边际效用低而劳动力的边际效用高,于统治者而言占有人口比占有土地更重要。这时社会治理呈现出两个特点:一方面,人口相对稀疏,户均土地占有可以达到耕作能力上限,社会剩余较多,农民生活比较富足(当然是一种低水平富足);另一方面,农民在与政府的博弈中处于相对优势地位,政府出于周边竞争和维护统治的需要,大概率会采取休养生息政策。在地广人稀的情况下,"五口百亩之家"成为古代个体农户的经典形态,这类个体农户的空间展布为人口增长和社会绵延奠定基础。①

魏晋之际,中国历史走入了战争最为频仍的中古时期。此后一直到唐代以前,人口波动十分剧烈,常常因战乱导致流民遍野、人口锐减、土地荒芜。因应这一局面,这一时期国家治理层面实行的是土地还授制度,确保人地匹配;乡村治理层面,则呈现出坞堡、庄园等自卫形态。唐宋之际,中国地理空间固化与农业技术变革扩张同步出现,人地关系开始发生逆转,"五口百亩之家"的个体农户形态走到了尽头,小自耕农和佃耕农的聚居形态成为乡村社会的主体。明朝初年,通常意义上讲的传统小农社会基本形成。②此后,国家治理层面,仅在县级以上设立正式的政府组织,而在农村社会保留自治性的政治结构;乡村治理层面,以村庄作为基本的聚居单位和治理单元,并赋予地方精英以一定的治理权限作为政府的补充。可以说直到20世纪末,小农聚居的居住形态和以此为基础的治理形态都没有大的变动。传统社会中,农业生产方式、户均土地数量、余粮率等因素大致可决定人口布局进而勘定国家的治理形态。空间布局与乡村治理的内在勾连十分复杂,二者关系在实践逻辑上可以从以下三个方面初步理解。

第一,空间布局与国家规制。人类生产生活的空间布局变化当中,既有自律秩序,也有他律秩序。传统中国的聚落形态演化早期主要受地

---

① 孙达人:《中国农民变迁论》,中央编译出版社1996年版,第71—88页。
② [日]宫嶋博史:《东亚小农社会的形成》,朱玫译,《开放时代》2018年第4期。据日本学者考证,华北地区现存村庄中80%—90%始建于明代初年,为这一认识提供了较可靠的证据。

域社会自然分化和自律秩序的影响，秦汉时期普通民众的居住环境保留了自然村形态；但为了实现对农业再生产的干预，国家控制下的他律秩序也在逐步渗透。① 从秦汉至明清，乡村聚落形态演化的总体趋势是从立基于自然与经济需求的分散居住形态向立基于社会与政治需求的集中居住形态转向。②

第二，空间布局与产业演化。农业社会中，村庄是由"典型的农业和其他方面对土地使用而形成的"，生活在村庄的人数必定与一定的农业技术和农业组织方式下可利用的土地面积相一致。这一规律下的衍生结果是，农村聚落的房屋总是与农业生产场所相伴。③ 进入现代社会，农业和农民深度卷入社会化分工的经济体系，对乡村社区提供的交换和服务的依赖日益减少，乡村将逐渐失去或弱化以农业为基础的空间含义。④

第三，空间布局与治理单元。农业社会中，集村状态下乡村治理的基本单元是"村落共同体"，散村状态下乡村治理的基本单元是"地域区块"，集村散村混合状态下则会形成多样化的聚落联系和治理单元。⑤ 传统王朝通过一系列基层行政机构和辅助性组织实现对乡村的有效控制，具体的组织形式一直在随着乡村形态和规模布局不断变化。⑥ 随着现代化进程中城乡人口布局的变动，世界各国通常会采用"尺度跃迁"（scaling-up）等空间治理政策来实现地域空间、区划尺度和治理单元的

---

① ［日］池田雄一：《中国古代的聚落与地方行政》，郑威译，复旦大学出版社2017年版，第4—8页。

② 鲁西奇：《散村与集村：传统中国的乡村聚落形态及其演变》，《华中师范大学学报（人文社会科学版）》2013年第4期。

③ ［德］克里斯塔勒：《德国南部中心地原理》，常正文、王兴中等译，商务印书馆2010年版，第5、10页。

④ 毛丹、王萍：《英语学术界的乡村转型研究》，《社会学研究》2014年第1期。

⑤ 鲁西奇：《散村与集村：传统中国的乡村聚落形态及其演变》，《华中师范大学学报（人文社会科学版）》2013年第4期。

⑥ 萧公权：《中国乡村：19世纪的帝国控制》，张皓、张升译，九州出版社2017年版，第3—14页。

适应性调整。①

（二）空间秩序变动及其政治效应

实现人类社会的现代化，面临的一个基本问题是城乡形态的现代转型。一个世界性的规律是，随着城市化和乡村现代化的推进，传统城乡空间会逐步分化为城市、市镇和半稠密地带、乡村三类空间单元，一般把后面两者视作广义的乡村功能区。②"十四五"规划纲要提出，逐步形成城市化地区、农产品主产区和生态功能区三大空间格局。实际上，三大空间格局中又都同时包容了城市、市镇和半稠密地带、乡村三类单元，由此就构成了一个空间功能的二维矩阵（见表1-3）。

表1-3 现代城乡空间单元和功能特征

	城市	市镇和半稠密地带	乡村
城市化地区	超大城市、特大城市、大城市及部分中小城市。主要功能是发挥全国或者区域性中心节点功能，以人口和经济集聚辐射带动全域发展。	城市周边市镇等低密度居民点。主要功能是为城市居民提供第二居所、生态空间和休憩场所，以及满足少量城市通勤人口的日常居住。	设施农业、高值特色农业及少量大田农业生产基地。主要功能是为大中城市提供生鲜农产品，有效缩短食物"安全里程"。
农产品主产区	小城市和少量中等城市。主要功能是作为一个区域性分工节点，发挥内生集聚和延长产业链的作用。	中心市镇和村庄。主要功能是为农村居民居住空间，并农业关联产业提供集聚空间。	专业农庄及大田农业基地。主要功能是提供主要农产品生产供给，高度发达状态下会逐步逼近"农业车间"形态。
生态功能区	少量小城市。主要功能是承接生态功能区超载人口转移，并作为城乡互通的节点，提供基本公共服务。	村庄等小规模居民点。主要功能是为本地农村居民提供居住空间。	山地农业或草原牧业。主要功能是从事特色林果业、畜牧业生产。

资料来源：作者根据研究自制。

---

① 黄柔柔、洪世键：《"空间—权力"动态匹配：尺度跃迁视野下珠三角地方政区空间治理模式与变革展望》，《公共行政评论》2020年第4期。

② European Union, FAO, UN-Habitat, OECD, The World Bank, *Applying the Degree of Urbanisation: A Methodological Manual to Define Cities, Towns and Rural Areas for International Comparisons*, Publications Office of the European Union, 2021.

日本北海道的专业农庄（陈明 摄）

  专业农庄是现代农业生产的基本单元，也是农场主一家的生活单元。农庄内部的生产性建筑和住宅通过功能性布局形成一个院落。

随着现代化进程中乡村人口的减少和农业生产的集聚，如何以新的空间布局回应发展需求变得至关重要。空间布局与乡村治理耦合关系的变化会产生特定的秩序后果并可能衍生出政治效应。

第一，现代化条件下城乡空间分化的一般规律。如果假设劳动力等要素得以自由流动，现代化进程中人口布局将主要受到不同部门增加值及收入的影响，这意味着当城乡人口劳动生产率和收入大致相当时，将会出现城乡人口均衡。现代化条件下农业地头生产所需的劳动力大幅下降，农业生产将朝着家庭独立经营方向发展，在农业生产逻辑的导向下农庄——而不是村庄——将成为乡村区块的主要单元。① 城乡形态的分化会形成不同的人口聚落特征从而产生不同的治理需求，城市治理面向的是一个人口稠密、规模较大、群体多元、利益复杂的居民点的治理，乡村治理面向的则是人口总量小、分布稀疏、群体结构相对简单的居民点的治理。这一区别是决定城乡治理模式选择和治理形态分异的底层逻辑。

第二，乡村人口减少条件下空间重组的约束条件。在现实中，城乡形态演化不会是一个自然历史过程，而是受到一系列外部条件的约束。一是基底约束。所有原住民国家都是带着农业社会已经形成的国土空间布局进入现代社会的，中国的村庄星罗棋布、市镇形态各异，现代化进程中空间布局很难及时跟上人口布局变动。二是产业约束。现代化后城市首先发展起来，产业要素向城市聚集之后就形成了惯性，从而制约了市镇和半稠密区块的发展。市镇的专业化水平低是中国乡村发展的一个突出短板。三是政策约束。如果完全把空间布局交给自然演化，可能会是一个极其漫长的过程，这个过程本身就会制约现代化进程。城乡空间布局的政策调整，往往又受到宏观经济、就业形势、改革深度等复杂因素的影响，因此要制定一套稳定的空间重组政策实际是比较难的。

---

① ［法］阿·德芒戎：《人文地理学问题》，葛以德译，商务印书馆1993年版，第141页。

第三，空间单元、治理单元与产权单元的非对称性。上述一般规律与约束条件的综合作用下，带来了空间单元、治理单元与产权单元的非对称性，这是当前乡村治理的空间秩序所面临的一个基本问题。空间单元与治理单元的非对称性，主要表现为治理单元与人口布局变动不相适应、行政区划调整跟不上人口布局和空间布局变动、传统治理模式难以匹配特定空间单元中人口增减带来的压力。治理单元与产权单元的非对称性，主要表现为改革开放前形成的乡村产权单元与治理单元的一致性被打破，固化的产权单元不能满足城乡空间重组与治理重构的需要，带来了产权秩序与空间秩序的冲突。空间单元与治理单元的非对称性会对治理效能产生消极影响，而治理单元与产权单元的非对称性是现代社会中的一个常态，因此针对不同的非对称性问题要采取不同的政策干预。

（三）空间秩序改进与乡村治理单元优化

第一，以空间治理牵引乡村现代化进程。经济学上存在趋同假说、溢出效应等发展规律，但事实证明经济发展不会自然而然地弥合城乡发展鸿沟，其中一个关键阻碍因素就是空间区隔。实现乡村现代化需要引入一整套发展能力和条件组合，很重要的就是建立有效的空间治理机制。针对中国乡村实际，空间治理可以遵循以下步骤展开：一是根据空间特征确定规划单元。根据区域空间肌理和发展集聚特征，确定主体功能区、国土空间规划、经济社会发展规划等规划单元。二是根据空间单元划分政策单元。空间单元不仅作为空间规划的基本单元，还要作为政策瞄准的基本单元，产业政策、土地政策、基础设施和公共服务建设等方面的举措，都要基于特定的空间单元展开。三是根据空间单元重构治理单元。根据空间单元，对现有的乡村治理单元进行重构，调整社会治理的管辖尺度，在新的治理单元内统筹考虑党组织、自治组织、集体经济组织的设置，降低乡村治理的制度摩擦。

第二，加快推行县域城乡融合发展的治理策略。当前，中央已经确定了以县域为单元、以县城为中心的城乡融合发展方向，落实好这一战略部署，需要把握好以下重点方面：一是分类推进县城发展。根据县城所处的国土功能空间确定其主导性发展方向，发挥县城在县域经济中的牵引作用，按照"县乡联动、功能集成"的要求加强和改进乡村治理体系。二是实施市镇振兴计划。市镇和半稠密地带是乡村振兴的关键领域，市镇发展滞后是中国乡村现代化的关键制约因素之一。推进市镇振兴，要深入研究现代化过程中城乡空间布局和空间跃迁规律，通盘考虑交通区位、通道节点、产业基础、腹地人口密度和纵深等因素，真正发挥现代市镇连接城市、服务乡村的专业化节点功能。三是引导村庄空间转型。积极引导已经实质上具备城市功能形态的城中村、城郊村和经济发达村向城市转型；对于具备集聚提升条件和具有特色保护价值的村庄在乡村建设行动中进行重点倾斜；对于空心村和小规模村庄尽早纳入搬迁撤并计划，有序开展人口迁移和土地整理。

第三，根据空间布局推进乡村治理单元优化调整。基本思路是灵活调整治理单元，解决空间单元与治理单元非对称性问题，推行"政经分开"改革，切断产权单元与治理单元的内在勾连。根据空间布局特征，将现有的行政村体系重新划分为乡镇政府"派出机构"和"新自治体"，"派出机构"代表乡镇政府负责社会管理和公共服务，"新自治体"剥离全部行政辅助功能，专责开展村民日常生活领域自治。具体调整方案：现有行政村规模过大、人口集中的村庄，行政村一级组织转置为"派出机构"，内部以村民小组或更小单元设置"新自治体"；现有行政村管辖半径过大、居民点分散的地区，行政村一级组织转置为"派出机构"，以若干临近自然村组为单元设置"新自治体"；现有行政村规模过小的地区，在多个行政村之上设置"派出机构"，现有行政村转置为"新自治体"。

这一章是一个论纲性的内容，为了反映本书的全貌，对农民形态、产权制度、空间布局与乡村治理的关系进行学理建构和适度铺陈，更为详细的内容将在后面章节逐步展开。

第二章

农民形态与乡村社会基础之变

现代化是中国近代以来最深沉的历史使命。描述现代化进程可以有多个维度，从某种意义上讲，中国式现代化进程很大程度上就是由乡土中国向城乡中国、再向城市中国迈进的过程。与这一过程相契合，乡村社会同样面临着从传统向现代的转型。时至今日，中国有超过20%的人还在从事农耕，有超过30%的人仍然居住在农村，有超过50%的人还是农村户籍，即便是已经进城的人口，相当一部分也还没有脱离农民性的束缚。这也正是我们必须重视农业农村农民问题的原因。

一个可喜的现象是，典型农区的农民形态和乡村治理形态正在发生深刻变革。近年来，在典型农区一家一户的小块农田越来越难以见到，而代之以连片耕作的规模化农场；一户农民可以耕作几百甚至上千亩土地，不少农场跨越村庄甚至是乡镇；作为传统村庄内生秩序基础的小农逐渐式微，专业农户在乡村治理中的作用不断上升。这些现象使我们意识到：这里的乡村社会正面临基础结构之变，专业农户崛起与地权整合成为难以阻挡的潮流。这意味着中国乡村现代化的道路上，可能正在塑造一种乡村文明新形态。

第一节　农民形态演进与乡村治理的历史变迁

自新中国成立，党的农村政策就常常是一竿子插到底的，国家通过直达农民来影响乡村治理的特点非常鲜明，农民形态构成了乡村治理的基石。然而过去的一些研究中，农民往往是作为各种政治行动的承受者出现的，农民的主体性、能动性被有意无意地忽视了。在这样的视角下，乡村治理成了国家力量单方面塑造的一套治理体系，农民似乎成了在场的旁观者。其实，表面上看是国家和体制塑造农民，但在实践中农民也在塑造着体制和国家。分析新中国成立 70 多年来农民形态演进与乡村治理变革之间的互嵌与互动，既可以将之作为理解当代中国国家建构与发展的一个重要面向，又可以将之作为更大历史跨度中理解人的进步与社会整体发展内在逻辑的一条重要线索。

一、革命农民与乡村社会的重组

现代中国是在一个农民中国的基础上奠基的，现代化是中国人民近代以来孜孜不倦的追求。根据世界经验，后发国家要成功实现现代化，通常需要同时具备两方面条件：第一，以经济为中心的考察认为，传统社会立足于较低水平的相互依赖和高度的地方自足基础之上，因此在现代化起步阶段，国家既要具备非同寻常的集中手段，又要善于平衡各个层次上的权力和资源。[①] 第二，以政治为中心的考察认为，在传统社会里超越村庄范围的任何政治参与都只限于极少数人，因此在现代化进程中，国家既要能够广泛动员民众实现有效的政治参与，同时又要能够避免社会动荡和政治衰朽。[②]

清末以降，活跃在政治舞台上的各种力量都把国家现代化作为施政目标，但一直到新中国成立之前，各方努力都很难算得上成功。因为上述两方面条件本身就是一对矛盾体。在实际操作中，不仅两个条件之间存在对冲，政治和经济目标的内部也是矛盾重重。民国时期的"国家政权建设"中，将传统的地方权威纳入官制授权系统，结果导致了基层权威与社会利益的分离，造成国家对基层的治理能力大幅下降。[③] 在更糟的情况下，资源汲取过度，导致基层精英流失和基层社会劣化，这便陷入

---

① ［美］吉尔伯特·罗兹曼主编：《中国的现代化》，国家社会科学基金"比较现代化"课题组译，江苏人民出版社 2003 年版，第 428、443 页。

② ［美］塞缪尔·亨廷顿：《变化社会中的政治秩序》，王冠华等译，上海人民出版社 2008 年版，第 25—28 页。

③ 张静：《基层政权：乡村制度诸问题》，社会科学文献出版社 2019 年版，第 11—18 页。

了杜赞奇所说的国家政权建设"内卷化"境地。而面对一个绵延深远的乡土中国,外部动员力量一旦进入到广袤的乡村,即如泥牛入海,被乡村社会轻易地吸纳消解。梁漱溟感慨说,我们的两大难处,一是"高谈社会改造而依附政权",二是"号称乡村运动而乡村不动"。①总之,整个20世纪上半叶,国家始终难以同时实现资源汲取和社会动员这两个关键目标,当然也就谈不上现代化的前途了。

面对这一情况,中国共产党在即将全国执政之际,采取了不同于以往的动员手段,这便是以土地为中心的政治动员。具体而言:一是在制度层面上,以土地纲领建构革命领导权;二是在观念层面上,以土地均平重塑乡村秩序观;三是在组织层面上,以土地改革再造政治共同体。②经由土地改革之后,占据中国传统社会主流的小自耕农转型为革命农民,乡村社会发生了根本性的变化。

所谓革命农民,是指经由革命氛围的洗礼,思想认识、行为逻辑、组织方式都适应了革命化需要的农民形态。革命农民的特点可以用两个字来概括:一个是均,一个是动。所谓均,有两层意思:一是均平,二是均质。土地改革的直接效果就是"均贫富"——过去贫富不均的农民成为在财富占有上基本均平的个体;土地改革的深层次效果则是"等贵贱"——过去在乡村社会中高下有别的农民成为在社会地位上相对均质的个体。黄树民研究认为,1949年前后的土地改革对全体中国人进行相对均质化的改造方面起到了非常大的作用。③而所谓动,也有两层意思:一是心动,二是行动。传统农民是强烈的保守主义和宿命主义者,在近代革命中比"翻身"革命更难的是农民的"翻心"动员。青年毛泽东就

---

① 梁漱溟:《乡村建设理论》,上海人民出版社 2011 年版,第 402 页。
② 陈明:《土地政治论》,当代中国出版社 2019 年版,第 196—218 页。
③ 黄树民:《林村的故事:1949 年前后的中国农村变革》,素兰、纳日碧力戈译,生活·读书·新知三联书店 2002 年版,第 17—19 页。

曾放下豪言:"欲动天下者,当动天下之心,而不徒在显见之迹。"① 在土地改革中,基层工作组通过诉苦、批斗等方式重构了农民的观念和认识,激发了农民热烈的革命情绪,是谓"心动"。"翻心"之后的农民很好地承接了"政权下乡""政党下乡"的政治需要,支持新政权破除了传统乡村中的精英结构和统治关系,建立起了新的组织体制和治理秩序,心动转化为行动。

长期以来,人们对于1950年代土地改革的功过得失,评说不一。最主要的批评在于决策者对当时土地分配不均的程度严重高估。近年研究发现,依据1949—1952年土改的普查数据估算,土地改革前,农村前10%的富裕阶层占有的土地,在南方大约为25%—30%,在北方则不超过20%。这样看来,农村土地分配不均的程度并没有想象的严重。② 这一批评不无道理。但也需要指出,土地改革几乎是近代民主革命中所有国家尤其是后发国家的普遍现象,这在很大程度上与特定的历史背景有关。从这一背景出发去看,土地改革的政治意义远远大于其经济意义。

近代革命,可以说是"得农村者得天下"③。1936年,毛泽东在延安对美国作家斯诺说道:"谁赢得了农民,谁就会赢得了中国,谁解决土地问题,谁就会赢得农民。"④ 中国共产党之所以领导中国革命走向成功,正是因为在复杂纷繁的因素中,抓住了农民这个核心;在农民问题上,又抓住了土地这个根本。后来杜润生评价说:土地改革是"农民取得土地,党取得农民",其历史意义在于"彻底推翻乡村的旧秩序,使中国

---

① 毛泽东:《致黎锦熙信(1917年8月23日)》,载中共中央文献研究室、中共湖南省委《毛泽东早期文稿》编辑组编:《毛泽东早期文稿》,湖南人民出版社2013年版,第73页。

② 龙登高:《中国传统地权制度及其变迁》,中国社会科学出版社2018年版,第146页。

③ [美]塞缪尔·亨廷顿:《变化社会中的政治秩序》,王冠华等译,上海人民出版社2008年版,第241页。

④ [美]洛易斯·惠勒·斯诺:《斯诺眼中的中国》,王恩光等译,中国学术出版社1982年版,第47页。

借以完成20世纪的历史任务:'重组基层'"。①面对传统时代一个分散化、离散化的乡村社会,在新中国的国家政权建设中,国家权力直接触及农民个体,通过对农民的改造促成了乡村社会的重组。由此,让后发国家实现现代化的两个基本条件——资源汲取和社会动员——有所着落。

人的发展进步是最为复杂的、最为缓慢的过程。在短短几年里,依靠国家强制力所型塑的革命农民当然不具有稳定性。作为国家政治整合中一致性建构的产物,革命农民只能在某个时点上存在,而不可能成为一个持续的状态。实际上,革命农民塑造的完成之日,实际上也就是农民分化重新开启之时。当然这一过程非常缓慢。在新中国建设历程中,革命农民不但支撑了新中国成立之初乡村社会的改造,还直接服务了国家的集体化战略。而且,其行为惯性一直延续下来,影响了后续几十年里的乡村治理结构和乡村发展进程。

二、公社农民与"政社合一"的乡村体制

新中国成立之初,党的领导集体包括毛泽东本人都认为需要经过一个比较长的新民主主义阶段才会向社会主义阶段过渡。1950年召开的一届全国政协二次会议上,毛泽东说:"将来,在国家经济事业和文化事业大为兴盛了以后,在各种条件具备了以后,……就可以从容地和妥善地走进社会主义的新时期。"②但短短三年之后,1953年6月的政治局会议上他便强调"确立新民主主义社会秩序"、"由新民主主义走向社会主义"和"确保私有财产"等提法和口号都是有害的。③就在这一年,中国大规模启动了统购统销和农村集体化进程。1958年6月,毛泽东在河南新乡七里营和河北徐水发现了人民公社,并提出了"人民公社好"的著名口号。他说:"我去河南调查时,发现嵖岈山这个典型,得了卫星公

---

① 《杜润生自述:中国农村体制变革重大决策纪实》,人民出版社2005年版,第20页。
② 《毛泽东文集》第6卷,人民出版社1999年版,第80页。
③ 《毛泽东年谱(1949—1976)》第2卷,中央文献出版社2013年版,第116页。

社的一个章程,如获至宝。"① 同年8月,《中共中央关于在农村建立人民公社问题的决议》发布,人民公社的大幕徐徐拉开。

建立人民公社的第一步,便是将传统的家户农民改造成公社农民,这是一个历史上从未有过的新变化。公社农民的标准称谓是"社员",此时的农民形态归纳起来说就是:私有产权被终结,自由迁徙被禁止,家庭经营被解构,横向联系被阻隔。

第一,土地归公,终结私有产权。1955年夏天,集体化运动达到了高潮,全国范围内初级社已经基本建立起来,许多地方开始由初级社向高级社推进。"高级社实现了土地和主要生产资料的集体所有制……取消了土地分红,统一组织生产与交换,实行按劳分配。"② 初级社农民尚可保留土地的所有权,只是让渡出土地的使用权,而高级社则意味着连同土地所有权都要交给合作社。

第二,身份固化,禁止自由迁徙。新中国成立以后,政府多次发布过限制农民迁徙的文告或者政令。1952年11月26日的《人民日报》发布了《应劝阻农民盲目向城市流动》的文告,1953年4月17日政务院发布《关于劝止农民盲目流入城市的指示》,过了不到一年,内务部、劳动部发文重申贯彻这一指示。③ 可见,限制和控制农民的流动是那个阶段一以贯之的政策主张,公社时期政府通过户籍、粮本、就业等执行了上述政策。张乐天说:"地缘在公社中变成了'画地为牢'(某农民语)的桎梏,只要生存在这片土地上的人,就只能握有农村户口,就注定只能从事农业劳动。"④

第三,集体核算,解构家庭经营。在毛泽东的思想深处有这样一种

---

① 李锐:《庐山会议实录》,河南人民出版社1999年版,第139—140页。
② 张乐天:《告别理想——人民公社制度研究》,上海人民出版社2012年版,第54页。
③ 周其仁:《城乡中国》(上),中信出版社2013年版,第46—47页。
④ 张乐天:《告别理想——人民公社制度研究》,上海人民出版社2012年版,第197—198页。

认识:"在农民群众方面,几千年来都是个体经济,一家一户就是一个生产单位,这种分散的个体生产,就是封建统治的经济基础,而使农民自己陷于永远的穷苦。克服这种状况的唯一办法,就是逐步地集体化。"① 在这一思想指导下,农业集体化形成了对传统家户经营的否定和替代,农民家庭只保留了最基本的血缘和亲缘意义。公社体制下,传统的农民家庭经营边界被打破,农民被划分到水稻、蚕桑、蔬菜、畜牧等各个专业组当中,实行"共同劳动、记工记酬、集体核算"。

第四,指令管理,阻隔横向联系。公社体制下,农村的生产、分配、消费、社会活动等都是在各级政府的指令下运行,在公社内部则沿着公社—生产大队—生产队—农民这一链条进行管理,建立起由政府到公社再到农民个人之间的纵向联系。② 这一体制切断了人与人之间的横向联系,人们的经济活动、交往空间、行动领域都受到限制。

这一时期实行的是"政社合一"的乡村体制。所谓"政社合一",是指公社同时是社会主义中国在基层社会的政权单位、经济单位和社会单位,下面的生产大队和生产队是这一体制向更基层社会的复制和延伸。集体化时代整个国家成为一个以再分配经济形态为中心的总体性社会,③ 人民公社是这一体制下乡村社会的一个基层执行单元。这一体制的内在逻辑是:(1)国家和集体之间是委托—代理关系。集体受国家的委托对基层社会进行全方位的管理特别是完成统购统销任务,集体实际是国家政权建设中的一个具体执行者。集体的自主权很低,不但对所谓的集体土地没有处置权,甚至连"吃饭"这样的事都需要中央直接"指导"。仅1960年9月,中央就连续发布《中共中央关于压低农村和城市的口粮标准的指示》《中共中央转发陕西省曹家庄生产队食堂节约粮食

---

① 《毛泽东选集》第3卷,人民出版社1991年版,第931页。
② 徐勇:《乡村治理的中国根基与变迁》,中国社会科学出版社2018年版,第71页。
③ 应星:《农户、集体与国家:国家与农民关系的六十年变迁》,中国社会科学出版社2014年版,第10页。

的经验》，对各地口粮标准进行规定并要求各地总结推广一个村庄食堂的经验。①（2）集体和农民之间是汲取—分配关系。集体负责汲取农民的生产剩余上缴国家，并同时完成社区内的资源分配。"中国的集体经济是在计划经济体系下生成，并服从和服务于整个计划经济体系的。由此可见，中国农村集体经济原生形态是集体经济+国家计划，从而也是一种依附性奉献式经济。"②

以上便是我们今天经常提到的城乡二元结构中乡村一头的图景。这一景象很难让人觉得美好。公社体制所存在的经济低效、管理困难、特权盛行等问题已经得到广泛讨论。除此之外，从社会历史意义上着眼，公社体制还存在以下问题：

第一，公社一方面对农民束缚严密，另一方面对农民的保护又显得不足。束缚与保护是共同体的两面。传统村社共同体当中，农民依附于共同体及其人格权威，受到皇权秩序、宗法关系的束缚，但同时享受着共同体生存伦理、均平秩序的保护。但在公社体制中，共同体对农民的束缚前所未有，但对农民的保护却并不充分。那个时代工人通常被称为"国家职工"，但几乎从未听说农民被称作"国家农民"。事实也确实如此。工人在低工资水平上完成生产上缴时，最起码还享受到了国家的粮食、医疗、住房等方面保护（尽管是低水平的），但农民只有上缴生产剩余的义务，却几乎没有享受国家福利的权利。

第二，公社试图改造小农的本性，违背了人类进步的基本规律。公社体制对农民的改造，甚至比土地改革更为彻底。土地改革尚且部分地利用了小农自身的小私有特性，而集体化是建立在彻底改造小农这一基础之上的。公社体制下实行土地归公及其国家化，在一定程度上是以抑制甚至消灭农民的个人性、私有性——其实也就是独立性——为条件

---

① 《中共中央文件选集（1949年10月—1966年5月）》第35册，人民出版社2013年版，第16—17、46页。

② 徐勇：《乡村治理的中国根基与变迁》，中国社会科学出版社2018年版，第71页。

的。①但这一努力事与愿违,不但未能实现对小农的改造(事实上也不可能),反而抑制了小农自主进步和农业社会向现代社会自然演化的可能性,结果是迟滞了而不是加速了社会的进步。

第三,公社靠管制力量进行维系,保持稳定的政治成本高昂。公社体制本身缺少存续的内生动力,只能靠管制力量进行维系,管制一旦放松,体制就有突破之虞。整个集体化时期,仅大规模的包产到户风潮就有过四次,其他如农民平时的出工不出力、扩大自留地等记载更是屡见不鲜。在公社体制下,用解决公共品供需问题的办法处理竞争性物品生产问题,且在公共领域并未建立识别多数人与少数人的政治机制,这只能是一种社会政治成本高昂的"紧张型稳定"。②

这样一种体制注定是难以长久运转下去的。改革开放之后,农村实行了土地家庭经营,没过几年人民公社就全面解体了。但需要注意的是,乡镇层面的"政社合一"体制在改革开放后结束了,村庄层面的"政经合一"实际上一直保留到今天。今天,我们无论是研究乡村问题还是推进乡村振兴,都要时刻保持对人民公社时期各种经济社会问题的清醒认识,对一些直接或变相改变家庭承包经营、退回旧的集体经济体制的思潮和做法时刻保持警惕。

三、大国小农与乡村治理格局的演化

"大国小农"是中国的一个历史传统和基本国情,也是国家—社会关系反映到乡村场域的一个基本图景。这个图景在公社时代曾经遭遇了改造和中断,改革开放之后,在新的历史条件下得以重新确立。改革开放以来 40 多年的时间里,农民经历了家户农民、流动农民到市场农民的形态变迁,"大国小农"的内涵也在发生与时俱进的变化。

---

① 徐勇:《现代国家、乡土社会与制度建构》,中国物资出版社 2009 年版,第 123 页。

② 党国英:《农村改革的逻辑》,《华中师范大学学报(人文社会科学版)》2018 年第 5 期。

第二章　农民形态与乡村社会基础之变

(一) 家户农民与乡政村治体制确立

"家户制"是中国乡村社会的底色。在农业生产中,家户经营是一种高水平制度。当今世界上农业最发达的几个国家,也都是实行家庭农场经营。中国早在数百年前就已经形成了稳定的家户经营制度,自明清以来,核心家庭就是中国乡村社会最主要的产权单位、生产单位和治理单位。但这一制度基础在集体化时代遭受严重的扰动,农村改革首要就是重建被破坏的家户制度。

改革刚启动时,土地承包经营的形式是多样的。正式文件中更强调责任制,并没有对家庭经营的地位作出特殊强调。杜润生回忆,刚开始时,包产到户、包干到户、联产计酬、专业承包或小组承包等各种形式层出不穷。在多种经营方式可供选择的情况下,出现了统一经营向分户经营转变,包产到组向包产到户转变,包产向包干转变。[①] 改革启动后的几年里,家庭经营与联产承包制逐步完成了"政策嫁接",家庭联产承包责任制才作为一项正式制度确立下来。土地家庭承包经营制度的确立意味着中断了数十年的家户小农传统得以恢复——当然是扬弃之上的恢复。

土地的家庭经营瓦解了公社体制存续的根基。公社是一套"政社合一"的组织,在集体化时代其在经济方面的主要功能就是组织生产并完成统购统销,实行家庭承包经营之后,这一经济功能已经失去意义。如果说此时公社毕竟还承担着政治和行政功能,在集体化时代作为其功能延伸的生产大队和生产队则一时间失去了行动方向,很多地方出现了基层组织瘫痪和治理真空。这时,广西宜山、罗城一带的农民为维护社会秩序,产生了一批村民"自组织",有的叫"村委会",还有的叫"村管会"、"议事会"或者"治安领导小组"。"这一新的基层组织形式出现以后,立即得到正在考虑如何解决随着经济体制改革而建立新的基层组织

---

① 《杜润生自述:中国农村体制变革重大决策纪实》,人民出版社 2005 年版,第 121 页。

体系问题的中央决策层的重视。"①1983 年，中共中央、国务院印发《关于实行政社分开建立乡政府的通知》，明确实行"政社分开"，要求设立乡政府和乡党委，并明确"村民委员会是基层群众性自治组织，应按村民居住状况设立"，后来常说的乡政村治概念便是由此而来。1987 年《中华人民共和国村民委员会组织法（试行）》颁布，村民自治制度和村民委员会组织具有了法律依据，乡政村治体制正式确立。直到今日，这仍旧是中国乡村治理的基本体制。

（二）流动农民与乡村治理秩序变动

历史上家户农民的行动空间是固化的，生于斯、长于斯，绝大多数人一生都不会离开自己熟悉的土地。革命时代和公社时代的农民也是固化的，二元体制限制了他们的流动。农村改革给了农民以身份自由，自由带来了农业的发展，农业发展之后一部分农民便得以从土地上解放出来从事工商业活动。顺应这一大势，政府进一步放宽了农民流动的自由；传统的家户农民多了一重流动的特性，成为流动农民。以今天的目光回望，这一举措可以说重构了整个国家的经济机会版图。不过，早期的农民流动带来的却是一种不稳定状态。这一时期乡村治理秩序变动主要表现为以下三个方面。

第一，社会秩序波动。大量农民出于对获利机会的追逐频繁往来于城乡之间，导致的结果是：乡村资源大出大进、乡村秩序大开大合。直接原因是，离开乡村的多是乡村精英和青壮年等最具活力的群体，这部分人的流出一方面造成了乡村知识、资本、凝聚力的耗散，另一方面也使得边缘人群得以抬头，不稳定因素有了更多活动空间。而问题的根本在于，一方面流动农民看似挣脱了土地的束缚，实际上没有走出农业社会的局限，这些人在城乡之间的流动引发不少社会问题；另一方面从村庄传统共同体解体到现代性因素的进入需要一个过程，在乡村社会结构换挡期难免出现一些"成长中的烦恼"。

---

① 徐勇：《中国农村村民自治》，生活书店出版有限公司 2018 年版，第 23 页。

第二，人口外流盲动。世纪之交，"三农"问题映入人们视野，其中最严重的便是农民税费负担问题。当时农民除了要缴纳农业税、特产税等正式税赋之外，还必须缴纳用于乡镇和村庄运转的"提留统筹"以及各种名目的"集资摊派"，用老百姓的话说是"头税（正式税费）轻、二税（提留统筹）重、三税（集资摊派）是个无底洞"。在沉重的税费负担之下，一些人为逃避税费离村进城，而这部分人的出走意味着他们原应缴纳的税费负担要均摊到留下的人头上，直接增加了留村农民的压力，由此导致了"人口外流—负担加重—加剧外流"的恶性循环。

第三，土地秩序扰动。与当时沉重的税费负担相伴生的还有一个严重问题，即"二轮"承包时部分农户为了减轻税费负担全部或部分地放弃了承包地，这个比例全国平均在10%左右。2006年国家全面取消农业税后，人口盲目流动问题很快迎刃而解，可土地问题的性质却出现了新变化。农业税取消后，"二轮"承包时放弃了承包权的农户多方努力希望获得承包权，但多数农户的努力并无结果。这部分农户之所以能够暂时接受现实是因为他们指望着本轮承包到期后能够按人头进行土地调整，他们实际上是在等待。10%的比例看似不高，但放到全国看绝对数量不算小，"二轮"土地承包到期时，如何在政策衔接中处理好这部分人的诉求，是一个重要问题。

流动农民体现出不同于传统农民的特征，进而重新型塑了不同于传统时代的乡村社会。当然，无论是流动农民还是乡村秩序波动都带有明显的过渡性特征，随着工业化城市化进程的推进，农民的专业化和市场化水平进一步提升，乡村治理形态也随之进入了新的历史时期。

（三）市场农民与乡村治理结构分化

随着城市化进程的推进，产业分工和市场经济要素逐步向乡村社会渗透，传统农民在流动性的基础上又增加了经济性和独立性的因素，流动农民逐步发育为市场农民。市场农民的特点是具有了独立的经济核算意识，能够在广阔的城乡市场中作出有利于自己利益的决策和选择。城中村、城郊村和经济发达村的村民，具有融入市场转而从事工商业的便利,这些村庄的农民较早也较为彻底地脱离了农业,这些村庄的土地大多也早已转为建设用地并获得了政府认可。还有一部分农民居住在生态功能区等本不适宜人类生存的地方,他们当然有更强的驱动力向外迁移。从中国乡村全局来看,以上两部分农民只是少数,大部分的农民居住在典型农区。

典型农区在区位上离城市较远,但耕地规模大、耕作条件好,以粮棉油糖等主要农产品生产为主。这里的农民希望走出乡村分享城市化的红利,同时又不肯放弃家乡的土地,因此在本世纪的头10年里,典型农区村庄出现了大量的"半工半耕"农户。所谓"半工半耕",是指以家庭代际分工为基础,年轻的家庭成员进城务工赚取收入,年老的家庭成员在乡务农提供基本保障。[①]但从发展趋向来看,"半工半耕"并不是一个稳定状态,这部分农户在朝着三个方向演化:(1)一部分家庭在城市定居并具有体面收入,部分家庭成员留乡务农的经济意义趋于消失,最终这个家庭将整体退出农业领域甚至离开农村。近十年来,未经营耕地的农户以平均每年12.57%的速度增长,反映出的退出农业趋势已经比较明显(见表2-1)。(2)一部分家庭在城市获得稳定收入,但因为经济或其他原因家中年老成员未能随迁进入城市,于是留守家乡成为小农户。但这部分人口农业生产的商品化水平比较低,最多满足自己的粮食需求,耕种更多是一种行为习惯。(3)一部分家庭的土地经营规模逐渐扩大,专业化水平不断提升,逐步发育为专业农户。根据农业农村部公布的数据资料测算,自2010年以来,经营规模在10—30亩的农户数量呈现小幅波动,规模在30—50亩的农户数量缓慢增长,而规模在50亩以上的农户数量有显著增长(见表2-1)。一个合理的解释是,市场小农已经有强烈的经济核算意识,50亩以下的粮食种植难以实现一家2口人的充分就业,在经济理性驱使下他们要么放弃农业经营,要么向更大规模的专业农户方向发展。也就是说,10—50亩规模的农户实际是小农户

[①] 贺雪峰:《论中坚农民》,《南京农业大学学报(社会科学版)》2015年第4期。

和专业农户之间的过渡状态，不具有长期稳定性。

表2-1　不同土地经营规模区间农户数量变化（2010—2020年）

规模区间	未经营耕地		10—30亩		30—50亩		50亩以上	
年份	2014	2020	2010	2020	2010	2020	2010	2020
户数（万户）	1577	3209.6	2825.2	2922.9	609	700.8	273.4	451.7
年均变化（%）	12.57		0.34		1.41		5.15	

数据来源：农业部农村经济体制与经营管理司、农村合作经济经营管理总站编：《全国农村经营管理统计资料》（2010年、2014年）；农业农村部政策与改革司编：《中国农村政策与改革统计年报》（2020年）。

以上分析更多着眼于农民形态演进与村庄内部阶层分化之间的关联，而当城市化与市场化发展到一定阶段后，微观尺度上的村庄内部阶层分化将转变为宏观尺度上的村庄类型分化。今天我们所面对的早已不是一个均质的乡村，不同类型乡村的特征相去甚远，乡村现代化的路径也会有所区别。对于城中村、城郊村和经济发达村而言，乡村振兴主要是处理好这些村庄的"过渡性"问题，使其顺利融入城市；在生态功能区，大部分村庄必将走向消失，乡村振兴主要是在这一大势下实现一部分特色村庄的活化和复兴。典型农区是乡村振兴的主战场，市场小农、专业农户等农民形态主要都是针对这一地区而言的。未来典型农区必须考虑在人口大幅减少、专业农户崛起、土地连片经营的条件下，城乡格局和乡村治理体系如何作出适应性调整的问题。

第二节　人口流动、地权变动与农民形态演化趋势

改革开放以来的40多年间，中国的农村人口经历了20世纪80年代"离土不离乡"、90年代"离土也离乡"和进入21世纪以来"离土不回乡"三个阶段的转变。在过去的20年间，农村人口大规模进入城市经济部门，为农村人地关系的重新配置提供了条件。值得注意的是，21

世纪以来农村人地关系的重构并不是一个整齐划一的过程,而是经历了若干阶段性的变化。通过这些变化,可以发现乡村社会基础结构的流变与趋势。

一、人口外流、地权分散与乡村失序

20 世纪 90 年代以后,城乡间人口流动逐渐加快,到 20 世纪末,农民"离土不回乡"的局面已经开始形成。随着人口外流趋势的逐渐增强,农村人地关系也在发生悄然转变。首先,乡村人口稳步减少。乡村人口占总人口比重从 1978 年的 82.08% 减少到 2000 年的 63.78%,平均每年减少约 0.8 个百分点。其次,农民对土地的依赖开始减弱。一方面,劳动力的农业就业份额明显下降,1978 年农业就业份额为 70.5%,到 2000 年时首次下降到 50%。另一方面,农村居民收入有了不小的结构性变化,其中经营性收入比重逐步降低,从 1985 年的 74.4% 下降到 2000 年的 63.3%;而工资性收入的比重逐步提升,从 1985 年的 18.1% 上升到 2000 年的 31.2%。[1] 相比于改革初期,此时人地关系已经发生了松动,据典型调查,2003 年时土地流转的比例已达到 9%。[2]

但这一时期土地资源的重新配置不是在产权明晰和契约交易的基础上开启的,而是由于农民不堪重负逃离土地倒逼形成的。彼时承包地仍旧带有很强的责任制色彩,农民耕种土地就必须承担缴纳税费的义务。由于农村税费负担过重,许多农民外出务工经商往往带有逃避负担的性质,因此对土地的处理比较随意,有的甚至索性弃耕。外出农民的土地通过以下三种方式进行了流转:一是转包给亲邻耕种,但这种转包非但没有报酬,还要倒贴税费;二是低价长期转让给少地家庭或者无地移民;三是直接撂荒,这种情况村集体通常会采取措施将土地流转出去,尽可能弥补税费损失。

---

[1] 国家统计局编:《中国统计年鉴》(有关年度)。
[2] 刘守英:《中国的农业转型与政策选择》,《行政管理改革》2013 年第 12 期。

这样的流转方式显然既难以带来效率也谈不上公平。当时的研究即发现，土地流转后的经营并没有显现出明显的规模经济效益。[①]一种解释是虽然发生了土地流转，但户均经营规模仍旧太小。[②]除此之外，还可以增加一种解释，即上述无论哪一种方式的流转，由于土地产权不明晰，而且流转双方也未经过慎重选择，土地很难向资源配置效率高的主体流动，不少流入土地的农户也是应付了事。还有一个严重问题是，到"二轮"承包时，部分农户为了减轻税费负担全部或部分地放弃了承包地，这个比例平均在10%左右。全面取消农业税以后，很多人又伸出手来要土地，直到今天仍旧是一个不小的麻烦事。这一时期的所谓土地流转非但没能带来土地利用效率的提升，反而造成了地权离散，这给后续的土地资源优化配置带来了不利影响，甚至还引发了不少的土地冲突。

人口外流与地权离散在乡村交汇后造成了对传统乡村秩序的冲击。人们通常认为，只有随着国家工业化城市化的推进，农村人口大规模向城市转移之后才能带来农业农村现代化。但事实证明，前者或许是后者的必要条件但绝非充分条件，乡村人口外流首先带来了阶段性的秩序衰落。

好在乡村文明并没有失控。随着外流人口城市历练的加深和现代性因素对乡村的渗透，城乡两头的人们都在不断走向成熟，乡村失序的社会土壤在逐步消除。加之国家及时调整了农民的税费、补贴等政策，世纪之初一度被认为十分严重的"三农危机"在发展中得到了化解。

二、资本下乡、地权流动与乡村重构

2004年开始，国家陆续推出了粮食直补、农资综合补贴、良种补贴等农业支持保护政策；2005年，中央决定建设社会主义新农村；2006年，

---

① 罗必良：《农地经营规模的效率决定》，《中国农村观察》2000年第5期。
② 张忠根、史清华：《农地生产率变化及不同规模农户农地生产率比较研究——浙江省农村固定观察点农户农地经营状况分析》，《中国农村经济》2001年第1期。

又全面取消了农业税。农村迎来了新的发展机遇，农民的生存境遇有了很大改善。这一阶段城市化推进和人口外流的总体趋势没有变，相比于上一阶段，人口流出和非农就业增加的速度都有所提升。

这一时期出现了农民进城与资本下乡相伴前行。资本下乡本身是一个中性概念，如果从调整国民收入分配格局和资本流向、让资本参与乡村发展的角度讲，是具有正面意义的。但在实践中，由于"资本"对农业的盲目进入带来了诸多问题，让这一概念一度充满了负面色彩。这些问题至少包括：（1）土地经营规模过大导致规模不经济。一些公司没有相关经验和基础就盲目进入农业领域，而且一下就租种成千上万亩农田并大量雇工耕种，农业生产中的信息响应不及时、随机决策不到位、监督成本高昂等问题接连出现，"资本"在农业生产规律面前碰得头破血流。（2）投资客破产跑路伤及农民利益。一些公司热衷于投资蔬菜、花卉、中药等经济作物，认为这些产业比较效益高。但资本密集型农业受市场因素影响大，发生价格波动后很多投资人无力支付租金选择跑路，最终受损的还是农民。（3）以农业规模经营之名行圈占土地之实。一部分人流转土地后并不踏踏实实投入农业生产，而是把目标聚焦到套取财政支农资金上，还有一部分人试图通过与地方政府的合谋来操盘土地转用或者征地拆迁，以获取暴利。

在上述问题背后，最本质问题其实并不在于"资本"与农民之间的地权争夺，而是往往有权力因素裹挟其中。这期间的几年里，地方政府和村级组织十分热衷于引进工商资本流转土地，有时甚至不惜与"资本"结盟共同谋取利益。究其原因，无外乎以下几点：一是完成招商引资任务，积累晋升资本；二是方便向上争取项目，向企业转嫁运作成本；三是双方存在一些带有灰色性质的利益交换。[①] 在此类地权争夺中，农民的利益难免受到损失。调查中，西南某省一位农民说他们村的土地

---

① 张良：《"资本下乡"背景下的乡村治理公共性建构》，《中国农村观察》2016年第3期。

以每亩200元的价格由村集体统一流转给了一家企业,而周边同等级土地的流转价格一般为400—500元。当我问及村民价格如此之低为什么要流转时,他们说:"干部让转,别人都答应,你一户几户不答应没有用的。现在反正在外面打工嘛,这个地也种不到。"由于当时农地的产权强度不高,农民或多或少存在"公地"认识,因此很多农民在并非完全自愿的情况下流转出了土地。

资本下乡与地权争夺在乡村交汇后排挤了专业农户的生存空间,进而影响到了乡村治理格局的优化。村庄土地被大规模流转之后,小农户基本退出了农业生产环节,其中有劳动能力者外出务工,而一部分没有劳动能力者则难免沦为贫弱阶层的命运。受资本下乡和地权争夺冲击最大的是专业农户阶层。专业农户通常由具备一定知识、技术、资本的小农户通过不断参与市场分工、扩大土地经营规模发育而来。早期的专业农户多是由村庄内部产生的,是村庄治理中的"中坚力量"。[1] 大规模土地流转中,大部分专业农户的土地也被一并流转,只有很少的一部分能够保留自己的土地。失去土地对于专业农户的打击巨大。首先是收入大为降低。笔者在中部某省的调查中了解到,一位专业农户自有土地6亩,又转入了24亩,每年的净收益能够达到3万元。而村里2010年搞了统一流转之后,他只能拿到自己6亩地的租金,约5000元。失去土地让他们必须重新选择职业。一部分专业农户成为大规模农场的代管户或者分包户,而大部分人只得另谋出路。更为根本的是,专业农户在生产经营和参与市场分工中培养起来的独立性、公共性、商业意识也被一起淹没。而这对于村庄治理乃至整个中国乡村社会的转型而言,恰恰是最为来之不易的。

那一拨资本下乡的大潮过后,大量"资本"主动退出了种植环节甚至是农业领域。如果以今天的眼光来看,当时一批资本下乡项目的失败有着复杂的原因:一是存在特定的技术和规模约束。比如说,当时农机装备的智能化还处于起步阶段,农业所需的劳动力还很多,这意味着超

---

[1] 杨华:《农村土地流转与社会阶层的重构》,《重庆社会科学》2011年第5期。

过一定规模的农场就必须分包或者雇工，这就自然会面临农业上的监督难题，导致垂直效率的大幅降低。二是土地市场发育也不成熟。当时的土地流转无论从规范性还是便利性上较今天都有很大差距，很多时候土地流转中夹杂了上述的寻租与共谋行动，导致了社会成本的增加。三是当时资本下乡一个很大的问题是资本的规模还不够大。这不仅指直接的田间生产投资规模，包括生产部门、研发部门、流通部门的整体投入都不够大。如果资本足够庞大，可以直接借鉴农工综合体的模式，通过大资本介入形成纵向一体化结构，这对于农业基础弱质分散的国家来说倒不失为建设农业强国的一条战略通路。讲这个过程的意思是说，我们要辩证认识那一拨资本下乡的失败而非盲目批评资本下乡。在现代化经济体系中，农村的土地、生态、人口都具有资本化特征，"资本"本身带有中立性的特征，关键看如何发挥作用。要真正实现乡村振兴，恰恰是要实现农村资本与各类外部资本的有机结合，通过资本重组真正把乡村经济纳入现代专业化分工体系。当然，如何在新的时代条件下推进农业农村领域的资本深化，又是另一个问题了。

三、专业农户崛起、地权整合与乡村振兴

近年来，城乡融合发展的速度进一步加快，乡村人口大幅度向城镇转移，乡村人地关系深入调整，农业农村总体格局发生深刻变化。

第一，城乡人口布局出现重大调整。2000年以来，乡村人口比重、乡村劳动力比重、农业就业份额都发生了大幅度下降，三项指标平均每年下降都超过1个百分点，与改革开放前期相比明显加快（见表2-2）。而且，我国的城镇化率很可能被低估。如果按照国际通行标准（比如人口稠密区，DID）我国很多所谓乡村地区应该视作城市，目前统计口径中的乡村就业人员还有很大比例应该被计入城镇就业人员。①

---

① 党国英、吴文媛：《城乡一体化发展要义》，浙江大学出版社2016年版，"自序"第2页。

第二，农村土地流转规模稳步扩大。2010年以来，农村土地流转速度大幅提升，目前全国承包耕地流转规模已超过总面积的三分之一，平均每年增加2个百分点（见表2-3）。在典型农区这一趋势更为明显，上海、江苏、黑龙江等省份流转规模已经超过50%，安徽、湖北、湖南等省份也已经达到40%，远高于全国平均水平。

表2-2 城乡人口布局与就业结构（1978—2022年）（单位：%）

	指标	1978年	2000年	2012年	2022年
（1）	第一产业增加值占GDP比重	27.7	14.7	9.1	7.3
（2）	乡村人口比重	82.1	63.8	46.9	34.8
（3）	乡村就业人员比重	76.3	67.9	51.6	37.4
（4）	农业就业份额	70.5	50	33.5	24.1
（5）	（4）/（3）	92.4	73.6	64.9	64.4

数据来源：国家统计局编：《中国统计年鉴》（有关年度）。

表2-3 农村承包地流转情况（2010—2020年）

指标	2010年	2012年	2014年	2016年	2018年	2020年
流转规模（亿亩）	1.87	2.78	4.03	4.79	5.39	5.32*
流转比例（%）	14.2	21.2	30.3	35.1	33.9	34.1
50亩以上大户数量（万户）	273.4	287.5	341.3	376	413.8	451.7

数据来源：农业部农村经济体制与经营管理司、农村合作经济经营管理总站编：《全国农村经营管理统计资料》（2010、2012、2014、2016年）；农业农村部农村合作经济指导司、农业农村部政策与改革司编：《中国农村经营管理统计年报》（2018年）；农业农村部政策与改革司编：《中国农村政策与改革统计年报》（2020年）。

* 2020年主管部门调整了土地流转的统计口径，不再将转让、互换纳入流转的范畴，表内数值按统计年报实际登载数计算。如果考虑与以往年份的可比性，将转让、互换纳入一并计算，则2020年流转面积为5.65亿亩，流转比例为36.2%，上升趋势比较明显。

第三，农业产业格局发生显著变化。一是第一产业GDP比重大幅降低。1978年第一产业占GDP比重为27.7%，2009年首次跌破10%，2022年已经下降到7.3%。二是农业产业链不断延长。1978年以来，农业总产值与农业增加值比值呈现出先期增长、趋于平稳的趋势，意味着农业产业链延长和分工深化进入到一个相对稳定阶段。三是农业生产分工不断深化。以三种粮食作物为例，租赁作业费占直接费用的比例从1978年的20.06%上升为2016年的41.40%，这几年稳定在40%左右，反映出农业生产环节内部分工的深化（见表2-4）。四是乡村经济多样性不断增强。1978年时，农业就业占到乡村就业的90%以上，也就是说当时的乡村劳动力主要是从事农业。近些年，这一比值持续下降，2022年时已经降低到64.4%（见表2-2）。也就是说乡村人口中很大一部分只是居住在乡村，但并不从事农业，这意味着乡村经济多样性的增强，同时也是乡村经济走向发达的一个重要标志。

表2-4 农业产业链延长和分工深化（1978—2020年）

指标	1978年	2000年	2010年	2016年	2020年
（1）农林牧渔业增加值（亿元）	1027.5	14934.6	39619	62451	81103.9
（2）农林牧渔业总产值（亿元）	1397	24915.8	67763.1	106478.7	137782.2
（2）/（1）（%）	1.36	1.67	1.71	1.7	1.7
（3）直接费用（元/亩）	24.38	153.33	303.93	415.03	451.22
（4）租赁作业费（元/亩）	4.89	50.66	113.19	171.84	179.96
（4）/（3）（%）	20.06	33.04	37.24	41.40	39.88

数据来源：第一产业GDP和总产值来自国家统计局：《中国统计年鉴（2021）》；直接费用、租赁作业费来自国家发展和改革委员会价格司编：《全国农产品成本收益资料汇编》（2007、2011、2021年），1978年、2000年数据来自《全国农产品成本收益资料汇编》（2007年）回溯统计。

注：农林牧渔业总产值的统计只有当年价数据，考虑（1）（2）之间的可比性，农林牧渔业增加值也采用当年价格数据。

在上述变化之下的一个综合判断是，专业农户崛起成为必然趋势，与专业农户崛起相伴而生的则是地权整合。随着乡村劳动力向城市的转移，人们不再以农为生，束缚在小块土地上的人口得以解放，土地逐步向经营能力强的农户集中，其主体发育为专业农户。截至2020年底，全国经营规模50亩以上的专业农户数量达到451.7万户，根据笔者测算，其中 85% 以上集中在典型农区 11 个省份。按照原农业部公布的数据，平均每个专业农户耕种的面积在 100 亩以上。[①] 照此估计，全国由专业农户耕种的土地达到 4.51 亿亩，占承包地流转总面积的 85%。在典型农区这一比例还会更高。在东北、华北和长江中下游地区，一个农户耕种几百亩地是平常之事。笔者调查的江苏省淮安市洪泽区一个村庄，全村 4160 亩耕地，土地流转率 100%，其中 90% 集中在 6 个专业农户手中。可见，未来专业农户将成为典型农区乡村社会的主体力量。

第三节　专业农户崛起与乡村社会基础变动

一、农业产业集中度与农户分化

人们关于中国农民形态的讨论长期是建立在"小农经济"仍然是中国乡村经济的主体、小家庭农场是中国农业发展方向这一认识基础上的。这一判断存在很大问题。分析乡村现代化问题，首先要正确认识农民分化及其结构性潜能。

专业农户尽管在数量上占比还很低，但是已经成为中国农业的主体力量。依据第三次全国农业普查数据，目前有农业经营人员 2.07 亿户、3.14 亿人，据笔者估算，其中专业农户数量大约为 1935 万人，占比只有 6.2%。但从产能上看，农业产业集中度不断攀升：养殖业中，不超过 1% 的专业农户（场）完成了超过 50% 的产能；种植业中，如果综合考虑土地经营和社会化服务，不超过 5% 的专业农户完成了超过 50% 的产能。一个特征化事实是：农业和农民已经出现了明显的"二八分化"，专业农户已经成为中国农业的主体力量。[②]

---

① 参见《农业部：全国承包耕地流转比例已超过三分之一》，http://www.xinhuanet.com/politics/2016-11/17/c_1119933443.htm。

② 陈明：《中国乡村现代化的政治经济学引论》，《学术月刊》2021 年第 9 期。

内蒙古兴安盟的黑土地(陈明 摄)

广义的东北地区(包含东北三省和内蒙古东部四盟市)耕地大约占到全国的30%,留在乡村的主要是专业农户,人少地多的规模化大农场形态逐步显现。未来这里的乡村治理体制要顺应生产形态和乡村形态变动作出适应性调整。

第二章 农民形态与乡村社会基础之变

未来的农业，从生产方式上说是商品性家庭农业生产，承载生产的组织形态是家庭农场，从事生产的农民形态是专业农户。三者是三位一体的关系，专业农户是家庭农场等经营单位背后的人格化代表。专业农户是指专业化程度高、技术水平高、经营收入高的商品化家庭农业生产者。其中既包括直接从事农林牧渔业规模化、集约化生产的专业户，也包括从事农业生产性服务业的专业户。当前，从数量上看小农户还具有绝对优势。但从土地经营角度看，直接由专业农户经营的土地大约 5 亿亩，享受专业农户生产托管的土地面积达到 16 亿亩，也就是说绝大部分耕地实际是由专业农户直接或者主导经营的。换言之，小农户的外在形式虽然还保留着，但其内在的生产经营形态已经发生根本性转变。未来，随着老年人自然生命的终结和儿童成年进入城市，小农户数量势必出现断崖式下降；而在非农就业机会和相对收入等市场信号的引导下，专业农户数量还会大幅度上升。可以预见，二三十年之后中国农业生产将主要由专业农户承担，他们是乡村振兴的中坚力量。

党的十九大提出"实现小农户和现代农业发展有机衔接"之后，不少人援引小农理论来论述这一问题。实际上，小农户是与小农有着本质区别的历史范畴。小农户只强调经营规模小、务农收入低，并不包括传统小农理论所强调的维持家计和依附性特征，更与身份等级等因素无关。十九大报告的官方翻译中，将小农户译作 small household farmers，从这个翻译已经可以看出小农户与小农有着本质区别。现在所谓的小农户并不是一个独立的"户"，小农户大多是老弱贫病等留守成员，他们本身不是一个独立的家庭，而是某个家庭的一部分。这个家庭的主要劳动力和主要收入都在城市，留守成员的生活主要依靠城市汇回工资。那种主要劳动力身体健全、举家留村，靠小规模土地经营获取低水平务农收入的家庭，已经很难见到。就其主体而言，大多所谓的小农户不是真正的务农者。一些农户没有将承包地流转出去，看上去是在自己耕种，但实际上，他们的耕作主要依靠的是社会化服务体系，留守成员主要发挥简单的看护和核算功能。现在所谓的小农户本质上是城市化的滞留人群和后备梯队。传统的小农理论已经完全不能套用到小农户身上。

此外，小农户不是一个均质的整体，其内部结构需要认真解析。按照统计，当前还有大约2亿小农户，大体可以划分为三个部分，每部分各占三分之一左右：一是老龄人口，他们务农主要是出于劳动惯性，基本没有商品化生产，甚至不以维持家庭口粮需求为目的；二是妇女儿童等留守群体，他们的劳动性质与老龄人口类似，劳动生产率甚至更低一些；三是务农小农户，这部分才是人们通常说的小农经济的主体部分。当前小农户存在的两个特征化事实是：（1）统计意义上的小农户大多不是一个完整的"户"，而是城市化人口的部分留守家庭成员，可以视作城市化的后备梯队；（2）小农户群体表面上在务农，但其有效劳动时间远远达不到充分就业，这部分人口实际长期处于失业半失业状态。

农民形态分化的历史条件下，要重新认识不同类型农户的社会历史作用。专业农户是农业现代化的人力资本基础。农业现代化的本质是生产要素的重新组合，其中的关键逻辑是资本替代土地和劳动。张培刚指出了其中三个主要过程：一是改变生产要素的组合比例，二是趋向于降低资本的价格，三是提供越来越有利的条件使资本可以替代劳动。总之，要不断提高资本的替代弹性。① 目前，专业农户与小农户之间数量与产能倒挂，使资本替代弹性的提升受到极大约束。通过小农户与专业农户的有机衔接能够一定程度缓解这一问题，但只能作为过渡性安排，从长期演化看，带动小农户的组织成本很可能大于组织收益，难以实现长久均衡。总之，从人力资本积累、资本形成、发展潜力、治理功能上看，作为中国乡村现代化主体力量的都必然是专业农户。

小农户是城市化与经济增长的人口基础。2023年，全年新出生人口只有902万，中国的总和生育率自20世纪90年代以来就处于1.5左右，

---

① 张培刚：《农业与工业化》，商务印书馆2019年版，第205页。

已经长期低于2.1的替代水平，中国已经进入人口负增长时代。中国第一次人口红利终将消失而且不可能再现，开启第二次人口红利，必须扩大中等收入群体，特别是促进边缘群体向中等收入群体转化。①这项工作包括以下方面：（1）促进有效就业，主要是促进农村低龄老人、妇女等留守群体实现有效就业；（2）提升教育质量，既包括义务教育也包括继续教育、职业教育等方面；（3）促进农业转移人口举家市民化，减少城市化过程中家庭分离情况。可以看到，扩大中等收入群体规模主要的增长点是在乡村。现在的小农户群体是中国未来数十年城市化与经济增长重要的人口储备，这个群体的走向将在很大程度上决定未来中国劳动力释放的潜力，不过其在乡村社会中与专业农户之间是存在张力的。

在较为充分的市场竞争条件下，专业农户逐步替代小农户是一个不可逆转的趋势。小农户对国家秩序建构具有基础性意义，专业农户对中国农业发展具有长远性意义。过渡阶段必须处理好农民政策中效率、公平与稳定的关系，针对专业农户宜效率优先、针对小农户宜公平兜底，但不宜过分强调对某一类农户的特殊保护，避免农民议题"政治化"。

二、专业农户：中国乡村现代化的中坚力量

2017—2022年，笔者对江苏、黑龙江、安徽、湖南、河南、吉林、山东等7个省份从事粮食生产的400户专业农户（经营规模在100亩以上）进行了典型调查，同时做了400份其他农户（经营规模在30亩以下）调查作为对照，描述性统计结果如表2-5所示。

---

① 蔡昉：《如何开启第二次人口红利？》，《国际经济评论》2020年第2期。

表 2-5 专业农户与其他农户的特征比较

指标内容	专业农户	其他农户
(1) 产业兴旺相关指标		
被调查对象平均经营规模(亩)	325	16.2
准备扩大耕作面积的农户比重(%)	61.2	22.8
土地流转的平均地租(元/亩)	590	476
(2) 生态宜居相关指标(%)		
废弃宅基地面积占村庄居住区比重	14.1	9.5
空置住房占全部住房的比重	23.8	15.3
(3) 治理有效相关指标(%)		
主动开展生产合作的比例	72.9	19.3
修缮过农田水利设施的比例	55.5	16.8
主张根据人口变动调地的比例	3.9	40.4
主张土地承包期在30年以下的比例	16.9	38.4
主张土地承包关系长久不变的比例	85	39.8
(4) 生活富裕相关指标		
户均年收入(万元/年)	8.9	2.6
年平均从事农业劳动时间(天)	305	61

数据来源：笔者 2017—2022 年对江苏、黑龙江等七省进行的问卷调查。

下面，结合本次调查以及访谈资料，对专业农户的群体特征及其在乡村振兴中的作用进行分析。具体表述从乡村振兴五个方面的目标分别展开。

(一) 专业农户是产业兴旺的主体力量

产业兴旺的本质是农业竞争力的提升。农业竞争力提升的核心内涵是经济效率的提升带来的成本降低，而这又有赖于土地经营规模的扩大和农业分工的深化。调查表明，专业农户在这方面已经有了很好的基础。

1. 土地经营规模持续扩大。调查发现，在粮食生产中如果按照百亩左右连片耕作，耕地面积能够提升 5% 以上，且专业农户能够以较低的价格雇用人工、购买农资和社会化服务，粮食综合生产成本能够降低 20%—30%。笔者调查的专业农户所经营的平均规模达到了 325 亩，而且有 61.2% 的专业农户具有继续扩大经营规模的愿望，专业农户为主的粮食生产竞争力将大大增强。

2. 农业专业分工不断深化。人们的一个常识是土地规模经营带来了农业经济效益的提升，而很少注意到规模经济并非经济增长的根源，分工水平与专业化程度的高低才是决定经济增长的关键。① 在市场环境下，农业生产的土地经营、区域分工、服务环节的专业化都不断增强，处于分工链条不同位置的专业农户互相配合并反复促进分工深化，带来生产效率不断提升。

3. 企业家精神逐步生成。家庭农场是一个独立完整的商业单元，专业农户其实不是在务农，而是在经商。独立的商业活动让他们学会适应市场经济环境，熟悉生产关系的方方面面，具有更强的契约精神和风险意识。很多专业农户思维活跃、创新意识强，对于品种、生产组织、经营管理都有着独到看法，已经可以说是农民企业家了。

（二）专业农户是生态宜居的引领力量

生态宜居本质上是人与自然关系的和谐。乡村空间中的人与自然关系包含三个尺度，分别是：城乡尺度、农田尺度、村庄尺度。三个尺度上人与自然关系都趋于合理，乡村才能真正实现生态宜居。

专业农户在农田生态的改善上发挥引领作用。2018 年，笔者对某南方省份重度污染耕地的治理效果进行调查，结果显示，经营规模在 50—300 亩的家庭农场治理措施落地效率最高，小农户普遍难以严格按照技术规程完成治理工作。另据研究，土地耕作面积在 3 公顷以上的农户有建立生态循环系统的合作意愿；500 公顷的土地耕作面积，能够建立有效的生态循环链条，形成相对完整的生态化农业循环单元。② 国家农业综合开发区域生态循环农业项目中，要求项目覆盖农田面积不低于 1 万

---

① Young, A., "Increasing returns and economic progress", *Economic Journal*, Vol.38, No.152, 1928.

② 党国英：《乡村振兴要尊重社会经济发展基本规律》，《国家治理》2018 年第 14 期。

亩。①综合上述情况，可以判断专业农户的土地耕作具有更强的环境友好性质，特别是要建立低成本、高效益的现代生态循环农业体系，必须依靠专业农户。

当前，由于城乡界定政策不合理，典型农区有关的环境保护政策难以做到精准定位，生态补偿机制落实存在困难。在村庄尺度上，欧美国家不少村庄是由居民共同出资建设，政府会给予部分防灾和基础设施补贴。我国典型农区村庄废弃宅基地和空置住房的比例很高，进城农户的土地退出权得不到落实，这部分闲散住房和土地无法处理，限制了专业农户发挥作用的空间。

（三）专业农户是乡风文明的接应力量

乡风文明本质上是人与人关系的和谐。乡风内涵十分丰富，大到风俗习惯、精神状态，小到邻里关系、家庭风气，都可以归为乡风的范畴。所谓乡风文明，可以理解为上述各个方面都沿着正确的价值方向运行。

典型农区是人口净流出地区，人口密度降低、利益关联减弱、富裕程度提升，本身就会带来乡村中邻里纠纷的减少。特别是前些年比较严重的婚丧嫁娶中比彩礼、讲排场的风气有了很大好转，主要原因是人口减少条件下炫耀和攀比的社会基础已经不复存在。同时，随着乡村共同体的解体，作为传统乡村文明示范力量的各类"精英"阶层也逐步瓦解，目前留在乡村的主要是专业农户和一部分留守人群以及贫困人口，其中专业农户势必成为乡风文明的接应力量。

专业农户以土为生、以农为业，将要长期居住在乡村。为了构建一个人际和谐、稳定有序的村庄环境，他们一定会努力做到讲信修睦、与人为善，并且会努力维护这种风气。作为村庄强势力量的专业农户如果倡导文明乡风，相对弱势的留守和贫困群体自然更无理由反其道而行

---

① 参见农业部办公厅、国家农业综合开发办公室：《关于印发农业综合开发区域生态循环农业项目指引（2017—2020年）的通知》（2016年9月）。

之。要实现乡风文明，一靠引导、二靠涵养，但在根本上还有赖于作为个体的人的成熟独立和人际关系的现代转型。

（四）专业农户是治理有效的凝聚力量

治理有效本质是乡村公共事务的良序运行。过去在人口外流过程中，很多村庄一度陷入了传统社会联系解体而现代社会联系尚未建立起来的低度社会关联状态。[①] 随着专业农户崛起，建立现代社会联系的条件也开始具备，大量村庄将有望走上乡村善治之路。专业农户介入乡村治理活动往往通过以下三个途径。

1. 开展生产合作。调查显示，专业农户主动开展生产合作的比例超过三分之二，远高于对照调查中 20% 左右的比例。因为要建立基于协商与契约的现代合作，需要参与者为之支付一定的交易成本。对于小农户来说，目光向外，收益偏低，这种合作十分困难，许多村庄陷入空心化、原子化，原因也就在这里。但专业农户因为生产规模大、利益密集，具有强烈的合作需要，将自发形成村庄合作的基础力量。武汉市黄陂区出现了专业农户的"十户联盟"，共同购买农药、维护权益，开展资金互助、技术共享，协调农机使用、农技试验。有一次买到了假种子，十户联合起来维权，很快就获得了赔偿。[②]

2. 兴修农田水利。前些年饱受诟病的农田水利设施失修问题[③]得到了显著改善，专业农户功不可没。调查显示，专业农户中曾经修缮过农田水利设施的比例占到 55.5%，在对照调查中这个比例只有 16.8%。笔者访谈过若干专业农户，他们都表示曾经自投资金或者争取项目，改善农田水利设施。有一位农户说："我现在耕种的土地是政府复垦的，流转给我的时候不仅土是生的，里面还能扒出砖头。我花了三年时间才把这些地整理个大概，真正要达到周边高产田标准还需要几年。"

[①] 贺雪峰：《新乡土中国》，北京大学出版社 2013 年版，第 11—14 页。

[②] 贺雪峰：《种田大户刘玉友样本》，https://www.yicai.com/news/5418016.html。

[③] 吴毅：《村治变迁中的权威与秩序——20 世纪川东双村的表达》，中国社会科学出版社 2002 年版，第 270—271 页。

3. 提供社会化服务。小农户的长期存在是我国农业发展面临的一个基本现实。据农业农村部统计，我国现有2亿多农户，户均土地经营规模7.8亩，其中绝大多数经营耕作面积在10亩以下。因此，党的十九大着重强调在实施乡村振兴战略中要"健全农业社会化服务体系，实现小农户和现代农业发展有机衔接"。在现实操作中，实现小农户与现代农业发展有机衔接的手段主要是在不改变土地使用权的情况下，通过土地托管、联耕联种等手段实现统种统收、统销统结，有效提升小农户的生产经营效率和抗风险能力。而这一过程主要是依托专业农户完成的，他们通过分工深化基础上提供规模化的生产服务，使小农户进入农业分工体系并且分享分工效益。

（五）专业农户是生活富裕的先导力量

生活富裕本质是劳动生产率提升和劳动力充分就业。过去乡村的贫困与农民普遍性的就业不充分直接相关。过去小农户"三个月种地、九个月休闲"，全年有效劳动时间不过50个工日的情况下，如果能够与一年工作250天乃至更多的城市人收入相当，那才真是咄咄怪事。

调查发现，专业农户的年均收入达到8.9万元，这个数字不但比小农户高出许多，和中小城市居民比也不算低。专业农户的致富一是靠充分就业，他们年工作时间要达到300天以上；二是靠劳动生产率提升，通过专业化生产方式的引入，资本和技术进步成为农业发展的主要因素。

专业农户致富的社会价值在于其在地性。过去，致富与进城几乎是一对紧密关联、互为表里的现象，而留在农村几乎成了贫穷的代名词。但专业农户的利益来自于农耕，这一根本特性决定了他不可能远离乡村和土地。富裕与在地的关联让专业农户在带动其他村民致富、参与社区贫困救济方面具有重要优势。一方面，专业农户可以通过雇工为周边村庄提供更多的就业机会，也可以通过新的商业模式的引入为乡村发展创造更大的收益空间。另一方面，专业农户发挥着政府与贫困户之间的中介作用，很多地方政府通过引导专业农户与贫困户之间建立稳定的利益联结机制，有效实现了脱贫目标。

三、专业农户崛起预示的乡村社会之变

专业农户的崛起是一连串事件。专业农户崛起与土地经营规模的扩大当然具有直接联系,但其反映的内在逻辑是典型农区人口布局的变化和专业分工的深化。一方面,人口逐步向城市转移,乡村人口大幅减少,专业农户成长为乡村发展的中坚力量;另一方面,专业农户深度卷入产业分工,成为广阔市场的一个生产经营单元,农民收入和专业化程度普遍提升。在此条件下,典型农区的社会基础、治理逻辑和产权秩序将会发生质地之变,这里的乡村振兴具备了坚实基础。

（一）社会基础之变

经过几十年的演化,当前典型农区的一个基本格局是:具有在城市谋生能力的人群基本上都已经进城定居或者稳定务工,而常住农村的主要是专业农户和老弱贫病等留守群体。专业农户经营着规模化农场,甚至要跨越几个村庄;留守群体散居在各个村庄当中,依靠小块土地以及扶贫救济勉强度日。这一景象很难让人觉得美好,人口布局开始倒逼城乡布局。一方面,留守群体通常没有足够的技术资本支撑来完成有效的生产活动,他们只能获得最基本的生存保障而很难过上尊严体面的生活。另一方面,村庄存在大量的房屋空置和土地浪费,且耕地的细碎分割已经与专业农户的生产需求不相适应。需要澄清的一个问题是,小农户看似数量庞大,但绝大多数小农户实际是不下地的,小农户的土地要么流转给专业农户,要么交给农业社会化服务组织托管或者代耕。从表2-1数据可见,2020年已经有超过3200万小农户放弃土地经营,2014年以来这个数字按照平均每年12.57%的数量在增长。可以大胆地估计,再过10—20年,随着农村老年人自然生命的终结和留守群体有序向城市迁移,中国小农户的数量将会急剧减少。据此可以作出一个重要判断,即专业农户未来将成为典型农区的主要居民,一个专业化的乡村社会正在形成。

专业农户饱经市场化的洗礼、崇尚公共性的社会,比之传统小农,

他们具有更强的生产经营能力、更加充分的就业、更令人满意的收入。专业农户凭借着集约高效的生产劳作率先成长为乡村在地富裕阶层，产业兴旺和生活富裕在他们身上正在成为现实。而产业兴旺、生活富裕又是乡风文明、治理有效的基础和前提。专业农户不但参与治理、引领乡风，而且他们在改变着乡村治理的内涵。专业农户崇尚公共性社会，一个例证是调查中只有3.8%的专业农户主张根据人口调整土地，85%以上的主张土地承包关系长久不变。这意味着，他们不希望公权过多介入私人领域，原因是专业农户的收入主要来自于开放的市场竞争，他们倾向于通过市场交换来满足利益需要，而不再依赖于村庄的庇护。这是专业农户之于典型农区乡村振兴的独特意义。

（二）治理逻辑之变

乡村治理的目标是建构乡村秩序、实现乡村发展，其本质上是乡村公共事务的协调过程。传统乡村中，面对共同生产、安全防卫、村容环境、纠纷调解、宗族祭祀、扶危济困等公共事务，个人通常要服从于集体的需求，而且通常需要一个人格化的权威来行使权力。这时，个人是依附于共同体而存在的。而专业农户不同于传统小农，他们深度卷入市场分工体系，收入主要依赖自主经营和市场竞争，不需要借助宗法关系来维持生存和寻求保护。这决定了他们具有更强的独立性和自主性，对于公共事务有更强烈的参与意愿和参与能力。

可以预见的是，典型农区将朝着以下方向演化：农业生产力将进一步提升，农村人均收入将在一个时期内持续提高，直至接近或达到城市平均水平，乡村人口持续减少，村庄规模将出现较大幅度收缩。随着乡村人口减少和市场分工渗透进乡村社会，传统意义上的公共事务将逐步收缩或者转型：一部分内容将随着人口的疏解而逐步消失，比如纠纷调解、宗族祭祀；一部分内容将转化为专业农户之间的自主合作，比如共同生产、村容环境；还有一部分将转化为政府在更广范围内提供的公共服务，比如安全防卫、扶危济困。专业分工深化及其带来的治理效应将进一步显现，专业农户之间的生产合作会成为村庄社区合作的起点和纽带。传统乡村社会关系趋于解体,城乡二元结构的空间基础将不复存在,乡村治理现代化有望实现。

(三)产权秩序之变

当然,专业农户的发育也面临一系列现实困境。按照完全成本计算,中国农业实际上处于亏损状态。只不过小农户通常不计算自身劳动的机会成本,加上国家大量的项目补贴,掩盖了实际上的经济状况。在小农时代这样或许还可以勉强维持,但是专业农户面对高昂的生产成本,持续生产能力将受到明显影响。当前,制约专业农户发展的瓶颈还是土地制度。根据调查,存在三个比较突出的问题:一是地租过高。笔者调查的专业农户平均地租价格为每亩590元,这个价格是美国平均地租的5倍以上,甚至远远高于土地稀缺的荷兰和日本。更麻烦的是,规模经营地租比本村小规模土地流转价格高出约20%,地租价格竟然出现倒挂。二是租期太短。调查中,有80%的专业农户土地租期不超过5年,且地租多是一年一付,这与美国动辄70年甚至99年的土地租期不可同日而语。三是谈判困难。随着规模扩大,很多专业农户出现了跨村甚至跨乡镇的土地经营,很多时候当地农民会有组织地抬高价格或者提出苛刻要求,经常因为一地谈判的失利影响规模连片作业。土地制度能否做出适应性调整,是影响专业农户未来发展走势的关键。

土地权利体系的生成与演化是特定约束条件下人类社会活动的产物,不同的社会构造会塑造形态各异的地权结构。[①]在传统社会,生产力水平和社会资源总量都很低,为了维持群体生存人们不得不部分让渡自己的土地权利来维持整个共同体的生存安全。这也就是为何传统乡村中会存在着大量族田、墓田、学田等各类公田以及限制土地交易的复杂规则。目前,传统规则并没有完全褪尽,特别是村社成员权被现行土地制度继承下来,过去一些年不少专业农户在生产中受到小农户的滋扰即与此有关。比如:(1)流转土地的种植结构调整受到土地转出者制约;

---

① [日]加藤雅信:《"所有权"的诞生》,郑芙蓉译,法律出版社2012年版。

（2）留守小农户常常抢占田埂道路种植蔬菜；（3）农资和农业社会化服务通常被迫向本村（镇）供应商采购；（4）农场范围内村民（尤其村干部）家中红白喜事通常要去随礼；等等。出现上述问题，一个十分重要的原因在于，部分村民仍旧把土地看成是村社公共物品，认为专业农户靠农业生产致富后需要部分让利。这种"吃大户"思想本质上反映的是现代土地权利和市场体系认识的缺失。不过，情况在逐渐好转，笔者最近的调查显示类似问题越来越少。更重要的是，国家在农村土地"三权分置"框架下将承包权与经营权分开，本质上是将成员权与物权分离。这样权利分割之后的意义在于：突出强化了土地经营权的产权强度，带有成员权属性的承包权含金量会大幅下降，专业农户的土地经营权将朝着长期化、稳定化乃至物权化方向发展。

第三章

产权制度与乡村经济基础再造

人类行为和社会治理活动很大程度上是制度的函数。在链接人与社会治理的多样化的制度安排中，产权制度具有特殊重要的意义。许成钢提出了"制度基因"概念，他回归到产权原初的财产的最终控制权涵义，认为产权是制度演变的起点，企业制度、市场制度、金融制度、法律制度都是从产权制度衍生出来的。[①] 乡村现代化进程中社会基础变动和治理体制调整，很大程度上受到产权制度的调节和影响。治理活动与产权制度关系密切，土地产权制度是乡村社会治理的基础性规则。产权制度会影响人的行为、资源配置和经济绩效，还会影响国家在产权保护和实施中的手段和成本，从而形成特定的产权秩序。

　　从国家治理层面看，初民社会中土地归部落集团控制，部族依靠战争维护土地权利，产权与秩序实际是一体两面的关系；近代以来，能够按照生产性逻辑布局土地产权制度的国家，实现了经济的长期增长，较为顺利完成了现代化进程。从乡村治理层面看，当生产力低下时，大量人口聚集在小块土地上，因为资源总量的绝对约束，人们为了生存难免要建立人与人、人与共同体之间的依附性关系；随着工业化、城市化进程的推进，大量人口离土又离乡，如果能够按照人地关系和生产性逻辑的变动重新布局土地产权制度，专业农户支撑的商业关系将逐步取代依附关系，一个现代化的乡村社会有望成为现实。

[①] 2021年6月18日，许成钢以"产权与制度基因"为题在清华大学产业发展与环境治理研究中心举办的"青木昌彦经济学论文奖系列高端讲堂"进行了专题演讲。文字稿参见许成钢：《产权与制度基因》，"大势看财经"公众号，2021年12月22日。

第一节　农村土地制度改革与国家治理逻辑转换

40多年的农村土地制度改革历程，折射出国家治理层面的逻辑转换。在激励逻辑上，表现为生产性激励向治理性激励的转换；在制度逻辑上，表现为经营性制度向财产性制度的转换；在政治逻辑上，表现为管控型政治向回应型政治的转换；在秩序逻辑上，表现为产权封闭秩序向产权开放秩序的转换。

一、激励逻辑：从生产性激励到治理性激励

中国改革的一项重要经验在于：在推动工业化的过程中，坚持以生产性激励为导向来开展制度安排，保证了制度变革与生产力发展相匹配。[1]农村土地制度改革早期轨迹鲜明地体现了这一逻辑。

（一）生产性激励的成效

所谓生产性激励，是指改革过程能够顺应生产力发展趋势，着眼于市场主体诉求和经济发展要求开展制度设计，最大限度激发市场活力和发展动力。农村土地制度改革的目的是不断提升农业全要素生产率和市场竞争力，早日实现农业农村现代化。在过去40多年当中，这一总体目标被具体化为若干阶段性目标，改革的过程实际上也就是顺应目标需求，提供或强化改革动力的过程。

最初改革的目标就是解决温饱问题。1978年，全国农民人均纯收入只有133元，全国粮食产量仅6000亿斤，人均口粮只有300斤出头，2.5亿农村人口处于半饥饿状态。改革措施推行短短几年之后，情况就发生了显著的变化。"1979—1984年，按可比价格计算，农业总产值年均增长7.6%，加上农产品提价，农民人均纯收入年均增长15%，大部分农民

---

[1]　房宁、张茜：《中国政治体制改革的历程与逻辑》，《文化纵横》2017年第6期。

安徽凤阳小岗村（陈明 摄）

1979年是小岗村实行大包干的第一年，在遭遇罕见大旱的情况下，仍然取得了丰收。依据大包干纪念馆数据，这一年：

粮食总产量13.3万斤，相当于1966—1976年均产量的4倍；

油料总产量3.5万斤，相当于此前20年产量的总和；

交售粮食6.5万斤，自合作化以来第一次向国家交售余粮；

交售油料2万斤，超过任务的80倍；

人均收入400元，是1978年的18倍。

解决了温饱问题。"① 以上成绩主要来自农民劳动与土地投入的增加，这是政府对农民放权的结果。这一时期，生产性激励表现为政府对产权管制的放松。

1984年以后，农业生产增速放缓，有不少人开始对家庭承包经营制度提出怀疑。对于这一问题，林毅夫后来作过比较深入的分析，归纳起来原因大抵两条：其一，前面几年的增长是超常规的，是多年积累的生产力集中释放的结果，到1984年前后制度红利基本释放完毕；其二，粮食比较效益下降和市场机制不完善，造成了农民投入结构的调整。② 这些情况，在今天看来是比较清楚的，但在当时各方认识却难以达成一致。杜润生回忆说：此后几年里，一遇生产波动，就有人提出是制度徘徊，认为要废止改革。③ 田纪云说，"有人甚至一心想把农民重新拉回到一大二公道路上去"④。我们党顶住了逆流，同僵化的思想观念进行了坚决的斗争。这一时期，生产性激励表现为对家庭承包经营和市场化改革方向的坚守。

1990年代以来，农业生产中要素投入结构变化，资本替代劳动的趋势明显，此后的改革主要是为农业规模经营和资本深化创造条件。相关改革可以分解为以下若干环节：第一，推出一系列稳固家庭经营防范土地频繁调整的政策，确保了土地投资和生产行为的长期性。第二，以相对宽松的农地非农化政策，加速了工业化和城市化进程，创造了大量农业外就业，为农业人口减少和前期资本积累创造条件。第三，赋予农民承包经营权的基础上开放土地流转市场，为农业规模化经营畅通渠道。第四，进一步限制集体对土地的干预并保护土地经营者的权益，助推专

---

① 李周：《农村经济体制改革进程》，《中国金融》2018年第7期。
② 林毅夫：《制度、技术与中国农业发展》，格致出版社、上海三联书店、上海人民出版社2008年版，第63—85页。
③ 《杜润生自述：中国农村体制变革重大决策纪实》，人民出版社2005年版，第221页。
④ 田纪云：《回顾中国农村改革历程》，《炎黄春秋》2004年第6期。

业农户和职业农民崛起，为中国农业竞争力上升培育中坚力量。这一时期，生产性激励表现为始终聚焦农业生产力发展需求，及时推进制度变革，为乡村现代化持续助力。

（二）治理性激励的出场

生产性激励是改革的原初逻辑，但却不是唯一逻辑。发展到一定阶段，生产性激励基础上必须叠加更多的社会性、政治性因素才能形成新的有效激励。这也是世界不少后发国家的通行经验。笔者把多重因素叠加后的改革激励结构称为治理性激励。

21世纪以来，国家对农民的赋权与反哺逐步增加。2006年农业税全面取消，自此之后农不养政；2007年颁行的物权法赋予农民承包经营权以"用益物权"地位，既明晰了农地产权边界又赋予了农民财产权利。作为兼具经济意义和社会意义的改革，取消农业税、颁行物权法是从生产性激励到治理性激励转换的标志性事件。

随着城市化步伐的加快，越来越多的农民离土进城，农地承包者与经营者渐趋分离。一些人认为这样似乎不利社会公平，亦影响农业现代化，遂主张对进城农民的承包地进行集体流转或无偿收回，总之"进城农民要退地"。然而，实际政策并没有照此逻辑推行。国家不但通过农地"三权分置"进一步巩固了承包者的权利，而且在2018年修改的农村土地承包法中明文禁止"以退出土地承包权作为农民进城落户的条件"。

国家确实推行了"农村土地承包经营权自愿有偿退出"改革试点。但需要注意的是，这项改革在核心目标上，定位于赋予农民更加完整的土地权利，而不仅仅是提升土地的利用效率；在制度设计上，将承包地退出权明确为一项权利，而不是一项义务；在操作路径上，强调依法、自愿、有偿，而非上述的集体流转或无偿收回。

上述主张只注意到了改革的经济目标而忽视了改革的政治目标。现阶段，农村土地制度改革早已不是一项单纯的经济体制改革，而是一场带有全局性、政治性意涵的改革行动。改革的目标不仅是落实农民的土地产权、提升中国农业竞争力，同时要落脚到破除城乡二元结构、增加人民群众的获得感这一政治目标上面。这才是农村土地制度改革的"大道理"。

从整体上看，治理性逻辑包容了生产性逻辑，前者实际上是后者的升级版。未来改革中应该有越来越多有利治理、实现善治的社会性、政治性因素被包容进来。

二、制度逻辑：从经营性制度到财产性制度

关于改革开放以来农村土地制度的内涵一直存在激烈争论，关键的分歧在于农地制度究竟是经营性制度还是财产性制度。这一问题不能一概而论，农地制度的属性是一个历史范畴，在40多年的改革历程中不断发生着丰富和转换（见表3-1）。

表3-1　改革开放以来不同阶段农地制度的内涵

时间	文件名称	制度内涵
1982年1月	1982年一号文件	坚持社会主义集体化的道路，土地公有制是长期不变的，集体经济要建立生产**责任制**也是长期不变的。
1983年1月	1983年一号文件	分散经营和统一经营相结合的经营方式下，分户承包的**家庭经营**只是合作经济中一个经营层次。
1984年1月	1984年一号文件	稳定和完善联产承包**责任制**，在**家庭经营**的基础上扩大生产规模。
1985年1月	1985年一号文件	联产承包**责任制**和农户**家庭经营**长期不变。
1986年1月	1986年一号文件	完善统一经营与分散经营相结合的**双层经营体制**。
1986年4月	民法通则	土地的**承包经营权**受法律保护。
1987年1月	把农村改革引向深入	土地联产承包**责任制**，是合作经济内部的责任制形式。
1993年11月	关于当前农业和农村经济发展的若干政策措施	稳定、完善以家庭联产承包为主的**责任制**和统分结合的**双层经营体制**。
1998年10月	中共中央关于农业和农村工作若干重大问题的决定	长期稳定以家庭承包经营为基础、统分结合的**双层经营体制**。切实保障农户的**土地承包权**、**生产自主权和经营收益权**。
1998年8月	土地管理法（修正案）	农民的**土地承包经营权**受法律保护。

续表

时间	文件名称	制度内涵
2002年8月	农村土地承包法	国家实行农村土地承包经营制度。国家保护集体土地所有者的合法权益，保护承包方的**土地承包经营权**，任何组织和个人不得侵犯。
2007年3月	物权法	农村集体经济组织实行**家庭承包经营为基础、统分结合的双层经营体制**。土地承包经营权人依法对其承包经营的耕地、林地、草地等享有占有、使用和收益的权利。
2008年10月	中共中央关于推进农村改革发展若干重大问题的决定	赋予农民更加充分而有保障的**土地承包经营权**，现有**土地承包关系**要稳定并长久不变。
2012年11月	党的十八大报告	坚持和完善**农村基本经营制度**，依法维护农民**土地承包经营权**、宅基地使用权、集体收益分配权。
2013年11月	中共中央关于全面深化改革若干重大问题的决定	加快构建新型农业经营体系，赋予农民对承包地占有、使用、收益、流转及承包经营权**抵押**、**担保**权能。
2016年10月	关于完善农村土地所有权承包权经营权分置办法的意见	实行**所有权**、**承包权**、**经营权**分置并行，不断健全归属清晰、权能完整、流转顺畅、保护严格的**农村土地产权制度**。
2017年10月	党的十九大报告	巩固和完善**农村基本经营制度**，保持**土地承包关系**稳定并长久不变。
2021年1月	中共中央 国务院关于全面推进乡村振兴加快农业农村现代化的意见	坚持**家庭承包经营**基础性地位不动摇，有序开展第二轮土地承包到期后再延长30年试点，保持农村**土地承包关系**稳定并长久不变。

资料来源：改革开放以来农村土地制度改革部分关键文件。

上表中黑体字呈现出制度变迁的关键概念，从中可以看出农地制度的变迁既有变易性又有衔接性，目前形成了一个复合性的制度结构。针对这一结构，有几个问题需要作深入讨论。

（一）改革开放以来，农地制度属性发生了怎样的变化？

农地制度改革是以"责任制"的名义开启的。从表3-1可以看出，"责任制"这一概念最后一次正式出现在中央文件中是1993年。

1986年的中央一号文件出现了一个新概念——"双层经营体制"。这个概念在此后沿用了很久,一直到 2007 年,还将"家庭承包经营为基础、统分结合的双层经营体制"作为一项条款写入了当年颁行的物权法。从法学角度看,承包经营关系是发包人和承包人之间的合约关系,本质上是一种集体内部分工分配的权利义务关系。[①] 如果从这一角度出发,似乎是把农地制度当作经营性制度来看待的,只是在具体表述上出现了微妙变化。

颇具意味的是,几乎是在经营体制、经营制度概念成熟的同时,"土地承包经营权"这一权利概念也在同步生成。1986 年的民法通则、1988 年的土地管理法、2002 年的农村土地承包法、2007 年的物权法都在不断强化土地承包经营权的财产权属性。而且,1998 年以来中央历次三中全会都对赋予农民更加充分的土地承包经营权作出了要求。也就是说,对制度内涵的表述出现了两套平行话语。

从名义制度上讲,将农地制度视作经营性制度和财产性制度都能找到权威依据。但从制度实际运行情况看,基于以下依据,可以有力地将土地承包经营权推定为物权或者说财产权。

首先,土地承包经营权是法定权利而非合同权利。家庭承包经营权的期限、范围和权利义务等内容都是由物权法、农村土地承包法等法律所规定的,土地承包合同只是完成法定程序的一个必备要件,合同本身没有规定权利内容的效力。

其次,土地承包经营权的取得不以所有权人的意志为转移。按照相关法律规定,土地虽然为集体所有,但这一所有权的具体实现形式是将其承包给农户经营。作为土地所有权主体的村集体只有发包土地、合法监督的权利。除此之外,村集体并无其他对土地的特殊干预权利。

再次,土地承包经营权受侵犯时享有物权的救济措施。按照相关法

[①] 陈甦:《土地承包经营权物权化与农地使用权制度的确立》,《中国法学》1996 年第 3 期。

律规定，当农民的土地承包经营权受到损害时，可以获得的法律救济不仅包括损害赔偿，而且还包括衡平法上的救济措施，比如返还原物和恢复原状。[①] 而后者是典型的物权救济。

总的来说，改革之初的制度安排看作一种经营性制度应该是没有争议的，任谁也不会把完成合同订购任务的"责任"当成是财产。但是现今土地承包经营权已经是一种不折不扣的财产权，相应地农地制度也应该被看作是财产性制度。

（二）经营体制、基本经营制度、土地承包关系、承包经营权这些概念之间是什么关系？

明确了农地制度的定位，仍旧不能回答另一个问题，就是为什么会有经营性和财产性两套平行话语的出现。回答这一问题，就需要对经营体制、基本经营制度、土地承包关系、承包经营权这些概念的内涵、层次和相互关系作深入剖析。

第一，基本经营制度是对以往经营体制表述的替代。党的十七大以前，官方表述是"农村集体经济组织实行家庭承包经营为基础、统分结合的双层经营体制"。党的十七大上，"坚持农村基本经营制度"首次出现在了党代会报告中，党的十八大进一步强调"坚持和完善农村基本经营制度"。习近平总书记在2016年视察小岗村的讲话中指出："在大包干等农业生产责任制基础上形成的农村基本经营制度——以家庭承包经营为基础、统分结合的双层经营体制，成为农村改革的重大制度成果，成为我们党农村政策的重要基石。"[②] 由此可以明确，"农村基本经营制度"的内涵就是"家庭承包经营为基础、统分结合的双层经营体制"，并且前者已经正式替代后者，成为官方表述。

第二，经营制度主要是政治话语，土地承包关系稳定并长久不变是执政党的政治承诺。多年来，经营制度通常只有一两句话的总体表述，

---

① 韩俊主编：《中国农村土地问题调查》，上海远东出版社2009年版，第51页。
② 习近平：《论"三农"工作》，中央文献出版社2022年版，第198页。

并无更多细化安排。作为一项制度来说，这样的架构显然不够完整。一个合理的解释是所谓经营制度并不是一套完整的制度体系，而是执政党的政治主张，至于紧随其后的土地承包关系稳定并长久不变实际是执政党作出的政治承诺。作为政治主张和政治承诺，并不需要条分缕析，其具体内涵可以经由法律和政策体系来阐述。

第三，土地制度主要是法律表达，稳定土地承包经营权是党执政意志的法律实现。通过法定程序将党的主张转化为国家意志是我国国家治理的重要形式。经营制度是农地制度的一个基本框架，它无法独立运转，经营制度落地必须依靠配套的土地制度。同样，稳定土地承包关系作为一项政治承诺，也必须依靠一定的具体制度来落地，这个具体制度就是关于土地承包经营权的制度安排。

综上分析，现行农地制度实际是一套政治和法律的复合结构，要从多个层次去理解。经营体制、经营制度、承包经营关系实际上是政治话语，并非单纯的经济语言、法律概念。而在宏观政治话语之外，还有细化的法律安排，这就是以土地承包经营权为中心的一系列土地制度。土地制度的政治话语要依靠法律制度来落地，土地制度的法律安排要以政治话语为遵循，这是中国土地制度的特殊构造。

三、政治逻辑：从管控型政治到回应型政治

包产到户不是一夜之间的发明，农民对于分田单干的追求从来没有中断过。在改革开放以前，"包产到户"已然经历了"三起三落"。基层呼声如此强烈，但却为何长期难以推行呢？这是因为土地与所有制关系密切，在中国特定制度环境下土地制度改革必须有大的政治环境为后景支援，否则是难以推行的。从农村土地制度改革的进程中，可以发现我国从管控型政治到回应型政治的这一政治形态的历史性变化。

（一）管控型政治及其突破

管控型政治是介于运动型政治和回应型政治之间的一种政治运作方式。管控型政治条件下，政治推动着社会，制度改革的每一步都需要

政治背书，虽然不再追求大鸣大放式的动员，但政治活动要控制和约束经济社会进程，经济社会活动于现行政策规定无依据的，要受到过滤和规制。

管控型政治环境下，改革破冰是殊为不易的。1979年3月、1980年1月，国家农委先后召开了七省三县座谈会和人民公社经营管理会议，都是研究责任制问题。当时的改革探索是在最高领导层没有背书甚至没有默许的情况下展开的。1980年9月，中央召开各省（区、市）第一书记座谈会，会上围绕农业生产责任制问题展开了激烈的争论。福建、江苏、黑龙江几省的书记反对包产到户，而贵州省委书记池必卿、内蒙古党委书记周惠、辽宁省委书记任仲夷等表示支持。会上在黑龙江省委书记杨易辰讲话时，贵州省委书记池必卿插话：你走你的阳关道，我走我的独木桥。当时形势之严峻恐怕是今天的人无法想象的。

在这样的形势下，改革之所以能够破冰前行，所依靠的核心策略即是绕过管控，这里面蕴含了相当大的政治智慧。其中，有三条基本经验值得深入总结。

一是渐进式的分散决策打破了改革的坚冰。陈锡文后来说，在当时改革操作中，有一种叫作"可以，可以，也可以"的分散决策法。这说的是1980年各省（区、市）党委第一书记座谈会之后，中央印发了《关于进一步加强和完善农业生产责任制的几个问题》，其中明确："边远山区和贫困落后的地区，长期吃粮靠返销，生产靠贷款，生活靠救济的生产队，群众对集体丧失信心，因而要求包产到户的，应当支持群众的要求，可以包产到户，也可以包干到户。"事实上，明眼人都可以看出这意味着为改革开了口子，或者说已经在默许改革的探索。后来的几个一号文件都沿用了这种做法，最大限度地搁置争议，给地方的改革探索留出空间。"可以，可以，也可以"为代表的渐进式分散改革方式，为中国改革打开一扇窗，也显示出那一代人为从体制缝隙中开拓一点点空间所付出的艰苦努力。

二是去政治化的表述有效凝聚了改革共识。到了1980年代，责任制早已不是什么新鲜事物,这一概念提出的意义并不在于其中有多么大的制度创新,而在于其在当时条件下最能够为各方所接受。这主要由于:其一,责任制回避了所有制,有效淡化了改革的意识形态意蕴;其二,责任制更强调义务性,有效削减了部分人对农民个体主义的疑虑。"当这种非正统的实践被官方所认可时,他们不可避免地减弱了僵化的意识形态在中国的影响,拓宽了政治思想的疆域。"①

三是有意的制度模糊分散了改革的风险。直到今天,中国的土地制度中仍存在不少的模糊漏洞甚至是"空制度",这被荷兰学者何·皮特称作"有意的制度模糊"。他认为:"中国的农村改革之所以会取得成功,关键在于中央政府经过审慎的考虑之后,决定将本该成纲成条、没有任何歧义的农村土地产权制度隐藏在模棱两可的迷雾之中。"②表面上看,这样做容易带来不确定性进而引发规则冲突,但是在更深刻的政治层面,这种做法在特定时期里淡化了分歧、规避了风险,实际上是一种"生存性智慧"。

(二)回应型政治及其限度

在过去的 40 年里,中国的政治运作方式已经发生了巨大的变化。回应型政治替代管控型政治成为主导的运作方式,农村土地制度改革获得了更好的政治环境支援。所谓回应型政治是指国家顺应经济社会需求,主动调适自己的政治行为,对各方面的利益加以整合,针对经济社会的演化趋势因势利导,使其朝着有利发展和稳定的方向前进。③从农村土地制度改革这个缩影当中,可以勾勒出回应型政治的生成逻辑。

第一,农民的自主权得到了充分尊重。在管控型政治条件下,政治运作带有强烈的"国家本位"。联产承包责任制强调农民对国家的义务

---

① [英]罗纳德·科斯、王宁:《变革中国:市场经济的中国之路》,徐尧、李哲民译,中信出版社 2013 年版,第 219 页。

② [荷]何·皮特:《谁是中国土地的拥有者?——制度变迁、产权和社会冲突》,林韵然译,社会科学文献出版社 2008 年版,第 5 页。

③ 徐勇:《现代化进程的节点与政治转型》,《探索与争鸣》2013 年第 3 期。

和国家对农民的约束。当讨论到延长承包期问题时,就有不少反对意见,有人就说"把责任制变成租赁制,不符合原来宗旨"[①]。但在回应型政治条件下,"国民本位"成为政治运作的中心要义。党的十五届三中全会通过的《中共中央关于农业和农村工作若干重大问题的决定》指出,农村改革二十年的基本经验第一条就是"必须承认并充分保障农民的自主权,把调动广大农民的积极性作为制定农村政策的首要出发点。这是政治上正确对待农民和巩固工农联盟的重大问题,是农村经济和社会发展的根本保证"。

第二,意识形态的范围和内涵发生根本性转变。一是意识形态作用方式转变。在管控型政治下,意识形态主要是控制政策;而在回应型政治下,意识形态主要是论证政策。所有制优劣问题让位于制度有效性问题,人们把精力集中于在中国特色社会主义制度下,什么样的具体制度更有效这类务实的问题上面。二是经济意识形态和政治意识形态的分离。意识形态的束缚减少,除了带有底线性的意识形态(比如公有制),其他内容的敏感性在降低。经济体制改革不会再随意地被上纲上线或是触碰到政治红线。三是改革本身成为一种意识形态。改革未必一定带来正确结果,改革本身也可能有失败和错误,但不改革一定是不正确。这种观念已深入人心。

第三,市场和社会成为政治行动和转型的推动力量。近年来中央推行的农村土地"三权分置"改革折射出了回应型政治的运作逻辑。过去十几年里,大量农民从事非农产业,早已将土地流转出去。但他们又不愿也不能放弃自己与集体之间的承包经营关系,只能将一定期限的土地经营权流转出去。也就是说,在实践中早就出现了承包权和经营权的分离。面对这样一个既成事实,官方在长期观察以后通过正式文件作出政策层面的总结规范,将农地的所有权、承包权、经营权分置并行。看似

[①] 《杜润生自述:中国农村体制变革重大决策纪实》,人民出版社2005年版,第157页。

波澜不惊,实际上改革红利已经在过去十几年释放出来,官方意见正式出台是对过去改革红利合法性的认可。在国家顺应民意,对民间创新现实给予承认的过程中,也让执政党获得了更为广泛的合法性。

但是,当前政治的回应性带有明显的限度。首先,相比于市场和社会行为,国家政治回应的时效性不足。在土地制度领域,政府改革已经普遍落后于社会实践,上层改革已经明显滞后于地方探索。其次,顶层设计与社会需求不能准确接榫,国家政治回应的契合性不足。甚至,部分改革试点中出现了与原初设计不符的"非意图结果"。当前中国正处于大变革大调整时期,提升政治回应的适应性能力是下一步深化改革的关键。

四、秩序逻辑:从产权封闭秩序到产权开放秩序

改革开放以来,我国实现了从产权封闭秩序向产权开放秩序的转变,这为乡村治理现代化提供了重要的基础。一是给农民松绑,为城市化大幕的开启创造条件;二是给土地松绑,为土地资源高效配置奠定基础;三是给秩序松绑,建立了激励相容的社会稳定系统。在产权封闭条件下,尽管乡村社会也具有某种"秩序",但由于组织和成员间激励不能相容,这注定是一种维护成本极其高昂的"紧张型秩序"。可以说,土地产权秩序的开放是中国乡村发展的门阶条件。如果没有这个前提,乡村社会的效率、平等、稳定都无从谈起。然而开放的过程还远远没有完成,土地制度中存在的痼疾和人们的思想束缚都还没有完全解除,由此形成了一种限定性的产权开放秩序。由于土地产权秩序的过滤和屏蔽,社会基础变动所引发的治理需求变动难以顺畅传导到治理体制上面,形成了乡村治理现代化的"瓶颈"和"梗阻"。

第一,集体成员退出权缺失,城市化进程本应带来的人口布局调整受到限制。现在的集体经济组织,既不能自由进入,也不能自由退出。相比于改革之前,城镇化率上升了40多个百分点,城乡人口布局发生了重大变化。但进城农民即便已经登记为城市户籍,仍然难以有偿退出

在农村的集体成员权益，这就给进城农民在农村留下了一个尾巴。虽然多部法律都规定了进城农民可以"依法自愿有偿"退出各项集体成员权益，但长期以来这项制度只停留在文本层面，缺少真正的操作空间。由于这个尾巴的存在，一方面，进城农民不能将原有权益变现，迟滞了其融入城市的步伐；另一方面，留乡农民也不能扩大集体权益的份额，既不利专业农户崛起，也不利集体经济真正壮大。

第二，"政经合一"体制保留了产权秩序的政治解决机制，给乡村社会稳定留下隐患。改革开放后，虽然取消了乡镇层面的"政社合一"体制，但是村庄一级的"政经合一"体制传递至今。在一个成熟的经济体中，产权问题通常归入私人事务范畴，产权调整一般通过市场交易解决。但在"政经合一"体制下，公共事务和私人事务没有明确边界，特别是集体土地制度与村民自治制度搅和在一起，土地问题不仅不是一个经济问题，也不是一个法律问题，而是成了一个政治问题。在经济发达村庄，什么人可以获得股东资格，又可以享受多少分红，向来不是依据投入和贡献确定，而是由政治角力解决。在典型农区村庄里，一部分人依据农村土地承包法主张承包期内不调整土地，另一部分人则主张将人口增减带来的土地不均认定为法律规定的"特殊情形"，需要依据村民委员会组织法通过"民主"讨论解决。无论哪种情况，都无确定的规则，全凭政治博弈角逐胜负。村庄政治的背后往往是各种势力的对抗，无论何种力量占据优势，政治稳定都有破坏之虞。

第三，产权制度调整相对于社会基础变动的滞后，已经引发了关于土地问题的新的意识形态冲突。诺思指出：（1）当产权实施与一个社会中的主导性的产权意识形态相一致时，维护这种秩序的成本是比较低的；（2）如果人们经验与意识形态的矛盾积累到足够量级，会引发意识形态的改变。① 当前乡村社会中专业农户和小农户的关系一定程度上即贴

---

① ［美］道格拉斯·诺思：《经济史上的结构和变革》，厉以平译，商务印书馆1992年版，第58—63页。

近这一逻辑。改革初期人们大多认为土地是集体的，自己只是拿来用，因此对于土地权利的认识普遍比较模糊。随着专业农户崛起，他们逐渐发现租期过短、地块频繁变动都不利于土地长期投资，于是对于增加土地产权强度有了明确的期望。特别是农村土地"三权分置"改革之后，他们的意愿愈发强烈。而与之对照，绝大多数小农户的认识还停留在过去。两者事实上已经服从不同的土地产权意识形态。一些专业农户流转土地后（特别是跨村镇流转）常常受到当地小农户的滋扰即与此有很大关系。长远看，如果采用消极等待而不下决心深化改革，二者之间冲突的扩大恐怕难以避免。

自然演化形成的产权安排，具有较强的自适应和自学习能力，通常会随着社会基础的变动自发调整。但人为建构的土地所有制体系具有较强的阻滞和过滤功能。如何依据不同类型村庄的社会基础变动，在坚持集体所有制的前提下通过产权改革塑造合适的土地产权秩序，进而顺利导入现代化的治理体制，实现社会基础与治理体制的适配，是中国乡村治理面临的一个特殊问题。

改革开放 40 多年，中国农村土地制度改革又站在了历史的十字路口。随着经济体制改革走向深水区，改革实践与原有的制度体系、话语体系发生了激烈碰撞，概念范畴模糊和话语体系混乱已经成为阻滞改革深化的重要原因。20 世纪 80 年代农村土地制度改革之所以能够取得巨大突破，一个基本经验便是通过基层探索合法化、法外空间制度化来不断推进改革。在这个过程中，划定底线、射住阵脚之后，减少意识形态的争论至关重要。

第二节　土地产权制度改革的政治经济逻辑解析

当前，加快完善社会主义市场经济体制的改革方向已经明确，党的十八届三中全会以来，中央围绕农村土地制度改革作出了若干重大部署，涉及到基础性制度、土地要素市场发展、土地规划管理体制以及配套改革等多个方面。但多年过去，农村土地制度改革总体上没能取得重大进展，全局性改革尺度普遍滞后于地方实践。① 究其原因：一方面，改革缺少充分的理论支援，关键认识上学术界与决策层没有形成很好的对话机制；另一方面，质疑改革的思潮和声音一直未曾中断，造成了对改革深化的阻碍甚至抵制。比如，"土地承包关系长久不变""增人不增地、减人不减地""农村集体产权制度改革"等政策早已被实践所证明、为中央所认可，但就是有学者一再提出质疑，指陈其不符合传统公有制的规定性特征。比如，有观点认为农民集体土地所有制既是农民集体享有土地所有权的法权制度，又是农民的社会保障制度，为了保障每个集体成员的生存就必须允许在承包期内进行土地调整。② 也有观点认为，集体产权的股份合作制改革，是把"公有制"变成了"共有制"，而后者遵循的是私有产权规则。③ 还有观点认为农村集体产权制度改革解构了这一制度背后的社会主义公有制意识形态，使人们对于集体土地产权的认知与界定发生了混乱，从而导致了农村地权冲突的大规模爆发。④ 凡此种种，不一而足。

实际上，许多质疑之声根本经不住深入推敲。这些观点之所以会造成影响，主要还是因为学术界对改革所牵涉到的一些政治经济问题没有给出很好的解释。当前，从理论上阐释清楚公有制的本质内涵和现代公有制的本质特征，从而建立一种所有制与产权在法律层面、经济层面通约的合理方式，对于改革全局而言都是十分必要的。

---

① 参见党国英、陈明：《五年来土地制度改革的进展与评估》，载彭森主编：《十八大以来经济体制改革进展报告》，国家行政学院出版社2018年版，第89—146页。

② 韩松：《农地社保功能与农村社保制度的配套建设》，《法学》2010年第6期。

③ 桂华：《产权秩序与农村基层治理：类型与比较——农村集体产权制度改革的政治分析》，《开放时代》2019年第2期。

④ 黄鹏进：《农村集体产权的意识形态逻辑及其解构——兼析当前农村地权冲突的深层原因》，《中共杭州市委党校学报》2018年第2期。

一、马克思主义公有制的概念廓清

（一）所有制理论的基本轮廓

所有制问题贯穿马克思主义的始终，《资本论》中的论述可以视作马克思主义所有制理论的成熟形态。在《资本论》中，马克思为所有制变迁所勘定的基本轮廓包含了"两个否定"：个人的、以自己劳动为基础的分散的私有制转化为资本主义私有制，这是第一个否定；以社会的生产经营为基础的资本主义所有制转化为社会所有制，是否定的否定。① 分散私有制对应的是传统的小生产，既排斥生产资料的积累，也排斥协作，排斥生产过程的分工，排斥社会生产力的自由发展。② 这其实就是我们通常说的传统小农社会的主要特征。而社会所有制，是在资本主义成就的基础上，在协作和对土地等生产资料共同占有的基础上，重新建立个人所有制。③

如此一来，准确理解马克思所说的社会所有制和个人所有制就成了科学认识所有制理论的关键。看到"个人"二字，很多人不免就会望文生义，将个人所有制与私有制混为一谈。很多人只注意到马克思在《共产党宣言》中说"消灭私有制"，但并没有注意到他同时强调"共产主义的特征并不是要废除一般的所有制，而是要废除资产阶级的所有制"④。实际上，马克思说的个人所有制是在生产力和人的能力高度发展条件下个人同时占有劳动和资本，又能够根据自己的意志对各种生产要素进行自由组合的生产方式，是对资本主义私有制的否定和扬弃。而所谓社会所有制，是以重新建立的个人所有制为起点，进而在社会生产和交往的整体构造中得到规定的所有制形式。

进一步讲，所有制并非是个别的财产关系的反映，也不是所有权或

---

① 马克思：《资本论》第 1 卷，人民出版社 2004 年版，第 874 页。
② 马克思：《资本论》第 1 卷，人民出版社 2004 年版，第 872 页。
③ 马克思：《资本论》第 1 卷，人民出版社 2004 年版，第 874 页。
④ 《马克思恩格斯选集》第 1 卷，人民出版社 1995 年版，第 286 页。

者产权制度的集合,而是在社会生产与交往的整体性构造中得到规定的、居于一个社会主导地位的政治经济安排。它反映了特定历史阶段社会经济形态的本质。正如马克思所说的:"把资本变为公共的、属于社会全体成员的财产,这并不是把个人财产变为社会财产。这里所改变的只是财产的社会性质。它将失掉它的阶级性质。"[①]而在实际运用中,马克思主要是希望以此为基点来分析总体性的社会关系和政治关系,而非着眼于具体的权利关系、财产关系。这就是为什么蒲鲁东高喊着"所有权就是盗窃!"[②]来批判资产阶级的私有权,而马克思仍旧要批判他的原因。

(二)现代公有制的再认识

西方经济理论中,认为公有制就是在一个组织或合作关系中,财产权利没有界定到任何成员,而归属于特定的组织或者集团;成员没有财产的排他性使用权,没有转让权,在有限定的情况下,不可能从使用公共财产中获得净收入。[③]传统的社会主义经济理论又认为生产资料公有了,劳动者就自然而然地成了生产资料的所有者,也就成为生产过程的主人,在经济上获得了自由和解放。但是如果从公有制条件下劳动与生产资料两要素财产权利相互关系的实际情况去分析观察,这样的认识同样站不住脚。[④]显然,上述两种认识都不符合经典马克思主义的设想,其认识上的舛误是由于西方经济学不能与马克思主义政治经济学很好地通约所造成的。其中的根本问题在于将所有制直接等同于财产所有权,并进而将公有制等同于广义的共同所有权。如果这些认识是正确的,那么马克思关于"社会所有制""重建个人所有制"等问题的论述将变得全

---

① 《马克思恩格斯选集》第1卷,人民出版社1995年版,第287页。
② [法]蒲鲁东:《什么是所有权》,孙署冰译,商务印书馆1963年版,第40页。
③ 《新帕尔格雷夫经济学大词典》第1卷,经济科学出版社1996年版,第548—550页。
④ 孙浩:《劳本归劳动者的全要素所有制:走出公有制迷信的误区之二》,中国发展出版社2013年版,第99页。

然没有意义。

所有制就其现实形态而言是指生产关系的总和，在人与人关系上表现为对他人劳动的支配。马克思认为，资本主义私有制条件下，劳动者不但失去生产资料，劳动本身也成为商品，进而服从于资本的统治和支配，这种资本统治劳动的所有制形态具有非公正性。但要注意，要改变私有制条件下的非公正性进而建立公有制社会，并非是简单地从制度上变资本雇佣劳动为劳动雇佣资本、变私人财产权为共同所有权就能够实现的。

在生产力不够发达的时候，劳动者的劳动并非均质的存在，经济活动中为了降低交易成本，必然要对劳动者进行区分。这是经济活动的自然技术性质决定的，也就意味着在生产力不够发达时资本统治劳动有其必然性。随着生产力的结构性变迁，劳动要素的专用性得到加强，劳动相对资本的质量和地位上升，将逐步实现劳动者对自身劳动的掌握，并借此实现劳动对资本的支配，从而重建个人所有制。当上述过程接近理论上的极值时，各种生产要素就可以实现自由组合，真正意义上的公有制——社会所有制——也就成为现实。

（三）社会所有制的实现路径

如果把资本主义私有制视作走向现代公有制的起点，把重建个人所有制基础上的社会所有制视作现代公有制的目标，这二者之间的规范性路径大致包含以下方面：（1）生产过程方面，恢复劳动者对自己劳动的所有权，不断扩大劳动者对于资本的控制权，变资本雇佣劳动为劳动支配资本；（2）产权关系方面，变资本主义的私有制为劳动者所有制，也就契合了马克思所说的"共产主义并不剥夺任何人占有社会产品的权力，它只剥夺利用这种占有去奴役他人劳动的权力"[①]；（3）人的发展方面，在社会化大生产中通过分工的扬弃不断供给自由、建构平等，从而实现人的自由全面发展。

马克思所勘定的所有制演化路径是在资本主义生产力高度发展基础

[①]《马克思恩格斯选集》第1卷，人民出版社1995年版，第288页。

上向社会主义过渡。他未能预料到的一个重大历史关节是无产阶级政党率先在经济相对落后的国家掌握政权，并建立了公有制的经济体制。从建立方式上讲，现行的公有制形式不同于过去一切所有制形式：在此之前，居于主导地位的所有制都是生产力发展向生产关系映射的一个客观结果，而现行公有制形式是在宪制层面确立下来的一套政治经济安排，这一形式建立时其背后的生产力支撑是不够的。这也就是邓小平同志为什么会说"现在虽说我们也在搞社会主义，但事实上不够格"[①]。这种情况下，就会出现一个公有制的宪制安排（共同所有权）条件下发展公有制生产关系（社会所有制）的命题。宪制安排层面的公有制的意义在于发挥对于生产关系塑造的能动作用，不断扩大和强化经济活动中的社会所有制范畴，促进社会形态更快地朝着正确方向演进。

在这一体制下，国家所有制只是社会主义初级阶段的一种过渡性安排，集体所有制更是国家所有制的一种例外性安排。[②] 二者都不是公有制的必然形式，更不代表社会主义公有制本身。因此，现代公有制所对应的法律形态也就不局限于特定形式的、固化的国家所有权和集体所有权，一切具有平等联合、劳动解放、共同所有、利益共享特征的经济形式都符合现代公有制的标准，甚至是更贴近经典马克思主义中社会所有制的本质特征。

二、所有制与产权：一个概念辨析

目前，各方质疑之声反映了人们对公有制的理解存在一系列理论上的舛误。这些舛误可以归纳为一套公式化的认识，即：（1）社会主义

---

① 《邓小平文选》第3卷，人民出版社1993年版，第225页。

② 1982年修订宪法时一些委员提议规定城乡土地一律为国家所有，当时主持此事的彭真、胡乔木等人表示赞成全部土地国有，但农村土地国有"震动太大"且"没有实际意义"，最后全国人大决定先规定城市土地属于国家所有，再用渐进办法解决农村土地国有化问题。参见许崇德：《中华人民共和国宪法史》，福建人民出版社2003年版，第665—666页。

=公有制；（2）公有制=共同所有权；（3）共同所有权=国家所有权－集体所有权；（4）国家所有权/集体所有权都不能改变制度初创时的范围和内涵。实际上，所有制是马克思主义政治经济学的特有概念，与传统的法律理论、经济理论无法直接通约。将所有制与产权、公有制与共同所有权混为一谈是带来上述错误认识的理论根源。厘清所有制与产权之间的区别，对土地制度改革的层次与性质作出界定，是讨论土地产权制度改革的前提。这一问题学术界有过一些研究，但不少说法似是而非，并没有形成不言自明的公共知识。这里笔者根据论述需要对二者的逻辑关系作一梳理，力避繁冗、力求简明。

第一，什么是所有制？所有制是马克思主义政治经济学的中心概念。在马克思的德文原稿中，所有制一词对应的母词是 Eigentum。在马克思之前，这一概念已经为启蒙思想家所广泛使用，在他们那里这一概念主要是指财产权。马克思并没有简单沿用这一概念，而是在不同语境中赋予了其所有制与所有权两种不同的含义，并且在某些情况中通过复合词对其想表达的涵义予以强化，比如以 Eigentumsrecht 一词来专指所有权，而以 Eingentumsverhältnis 一词来表示所有制关系。① 这样一来，便产生超越于财产权、所有权的所有制概念。马克思强调："对财产关系的总和，不是从它们的法律表现上即作为意志关系来把握，而是从它们的现实形态上即作为生产关系来把握。"② 生产关系的总和构成社会的经济基础，有法律的和政治的上层建筑竖立其上并有一定的社会意识形态与之相适应。③ 在很多时候，马克思用所有制来指称生产关系的总和，甚至在一定程度上包含了人与人之间的统治—服从关系。在实际运用中，马克思、恩格斯提出所有制概念主要是希望以此为基点来分析总体性的社会关系和政治关系，而非着眼于具体的财产关系。马克思在《德意志

---

① 李永杰、靳书君：《马克思主义所有制术语的汉译与概念生成——以〈共产党宣言〉汉译为线索》，《北京行政学院学报》2018 年第 1 期。
② 《马克思恩格斯文集》第 3 卷，人民出版社 2009 年版，第 18 页。
③ 《马克思恩格斯选集》第 2 卷，人民出版社 1995 年版，第 32 页。

意识形态》中论述前资本主义所有制形式时，主要分析不同所有制下的支配关系和统治形式，①恩格斯将家庭、私有制和国家的起源作三位一体的论述，②都支持了上述判断。

第二，什么是产权？产权是西方经济学概念，在制度经济学和法律理论中运用最为广泛。一般来说，产权可以理解为不受他人干预地利用物品某些属性而受益或受损的权利。③在产权理论中，人们拥有的并不是资源本身，而是使用资源的一个权利束。"拥有土地"通常意味着可以耕作、出售，但无权随意丢弃或者强迫别人购买。④英语中用来表达产权关系的单词 ownership 常常被我们翻译为所有制，实际上其用来表达马克思所有制概念的意味并不充分，比较准确的翻译应该是"产权制度"，充其量译为"所有权"。在产权理论中，财产是指具体的权利或权益，而并没有超越于这些涵义的纯粹财产。国家或私人所有的概念有些含混不清，对资源的某些权利可能是国家所有的，但另一些权利可能又归属个人所有。⑤在欧美等法治成熟国家，并非简单以"公有制""私有制"来划分土地权属关系，土地实际被规定为法人所有或自然人所有。即便是归自然人所有的土地，也要受到大量法律规范的限制，自然人所拥有的只是使用土地某些属性的权利。⑥一些文献中常出现的"××国家实行土地私有制"，恐怕来自人们"概念附会"之后的误读。

第三，如何理解所有制与产权的关系？限于篇幅无法过多展开，

---

① 参见《马克思恩格斯选集》第 1 卷，人民出版社 1995 年版，第 68—71 页。

② 参见《马克思恩格斯选集》第 4 卷，人民出版社 1995 年版，第 1—179 页。

③ Demsetz, H., "Toward a theory of property rights", *American Economic Review*, Vol.57, No.2, 1967.

④ Alchian, A. A., & Demsetz, H., "The property right paradigm", *The Journal of Economic History*, Vol.33, No.1, 1973.

⑤ Alchian, A. A., & Demsetz, H., "The property right paradigm", *The Journal of Economic History*, Vol.33, No.1, 1973.

⑥ 党国英：《农村集体经济制度研究论纲》，《社会科学战线》2017 年第 12 期。

对于本书分析而言需要把握以下几点：（1）所有制是一个政治经济学术语，而产权是一个经济术语、法律术语。马克思、恩格斯一再强调这种区别。恩格斯在批判蒲鲁东、米尔伯格等人时，曾经指出他们"歪曲了经济关系，办法是把这种关系翻译成法律用语"①。（2）在人类历史上，产权结构与所有制形式不完全一致的情况并不罕见。在一个社会中，主导性的所有制规定着社会经济基础的主要特征，也规定着整个社会形态的主要特征。但在这个社会里，一定还存在着其他的产权形式。②马克思曾经说过，在古典古代的公社所有制下仍然存在奴隶制，而且私有制也开始发展起来。只不过他强调，它们是以一种从属于公社所有制的形式发展起来的。③我国在改革开放以来的一大理论创新，就是确立了公有制为主体、多种所有制经济共同发展的基本经济制度，通过所有制与产权的理论界分，解决了深化改革的合法性问题。（3）在具体实践中，所有制除了通过产权来体现，还可以通过社会制度和政治制度予以维护和巩固。在当代中国马克思主义话语中，我们说公有制、私有制时，实际是说一个社会主导性的生产关系，这既体现为具体的产权安排，又体现为政治领导权归属。在社会主义初级阶段，后者的特征可能更为明显。党的十九大就明确提出，中国特色社会主义最本质的特征是中国共产党领导。（4）马克思、恩格斯的"集体"概念是指作为自由人的生产者所组成的共同体，他们理论中并不存在剥夺了个人所有权的集体所有制。④将公有制直接落定为集体所有权是特定历史阶段和认识空间下的产物。

有了上述认识基础，有助于帮助我们认清中国农村土地制度改革的

---

① 《马克思恩格斯选集》第 3 卷，人民出版社 1995 年版，第 203 页。
② 艾思奇主编：《辩证唯物主义与历史唯物主义》，人民出版社 1962 年版，第 252—254 页。
③ 《马克思恩格斯选集》第 1 卷，人民出版社 1995 年版，第 69 页。
④ 苑鹏：《对马克思恩格斯有关合作制与集体所有制关系的再认识》，《中国农村观察》2015 年第 5 期。

层次和边界，就不会像有些人那样动辄以触动所有制为名去质疑改革、否定改革。

三、法理上的"共同所有"：总有、合有与共有

当前土地产权制度改革争议的焦点是多种不同形式的共同所有权是否符合集体所有制的制度规定性。破除产权制度改革理论上的迷思，有必要深入分析不同形式的共同所有权的法理意义，并对其政治经济含义进行延伸讨论。

广义的共同所有存在三种制度形态，分别是总有、合有与共有。三种制度形态在制度内涵、设立方式、共有人关系、份额规定和财产继承方面具有一系列区别（见表3-2）。表中列举的制度特征，只是该制度的抽象特征或者说"理想型"。现实中，一项制度可能会兼具不同制度形态的多项特征，这时对其制度类型的界定需要抓住其本质特征，不可能追求面面俱到。

表3-2 总有、合有、共有制度的比较[①]

概念称谓		总有	合有	共有
	德文	Gesamteigentum	Eigentum Zur Gesamten Hand	Miteigentum
	英文	Collective Property	Joint Tenancy	Tenancy-in-Common
	中国内地（大陆）	集体所有	共同共有	按份共有
	中国香港	—	联权共有	分权共有
	中国台湾	—	公同共有	分别共有

---

① 在中国大陆的法律实践中，通常把合有称作共同共有，把共有称作按份共有，本书的叙述中为了照顾到三种制度形态比较的方便，采用法律理论中总有、合有与共有的说法。总有制度在大多数国家和地区已经消失，随着合有与共有转换机制的确立，二者的区别在很多国家和地区也已经不太重要。但由于中国土地制度的特殊性，对这种区分的刻画仍然具有重要的现实意义。

续表

	总有	合有	共有
制度内涵	个人依据成员权享有对共有物的利用和收益权，不具有处分权和分割请求权。	个人享有限制性很强的、对潜在的持有份额的处分权，全体达成一致的情况下可以请求分割。	个人享有对其所占份额的处分权，并具有对共有物的分割请求权。
设立方式	简单社会、共财社区	设立合伙制法人；共有物事实上难以分割。	设立公司法人。
共有人关系	个人被团体所吸纳，个人享有约定的组织成员权。	通过财产的集体纽带建立人与人的结合连带关系。	具有共同的经济目的，但互相之间不具有连带约束性。
份额规定	不存在份额	潜在份额	明确份额
继承规则	成员权灭失	转移给合有人或继承人	转移给继承人
是否允许解体	否	是	是
制度实例	中国农村土地集体所有制的原初形式；日本传统村落共同体的入会权制度。	产权制度改革后的土地集体所有制；共同继承财产；夫妻共同财产。	股份公司、现代股份合作组织

资料来源：米山隆：《総有の本質について——入会権と相続財産に及ぶ》，《奈良法学会雑誌》1997 第 1 期；［日］加藤雅信：《"所有权"的诞生》，郑芙蓉译，法律出版社 2012 年版；共同所有的形态（共有・総有・合有），https://www.c21-motibun.jp/reading/2207/。

1. 总有制度。总有制导源于中世纪的日耳曼村落共同体，这种制度在传统社会中普遍存在，但近代已经比较少见，包括其起源的德国也已不再沿用。古典的总有制度中，存在成员对所有权的"双重分割"：一方面是所有权的质性分割，管理、处分等支配权在团体和个体间分割，完全归于作为"实在综合人"的团体；另一方面是所有权的量性分割，使用、收益等经济权能在个体成员之间按约定进行分享。[1] 在后来的发展中，这一制度出现了两个分支：其一，随着日耳曼人入侵罗马，日耳曼法为罗马法所吸纳，总有团体在概念上转变为法人，总有

---

[1] 吴豪人：《殖民地的法学者："现代"乐园的漫游者群像》，台大出版中心 2017 年版，第 103 页。

在法理上转变为法人所有。[①]其二，由于总有制度与日本传统村落共同体中的入会权非常相似，日本学者在引介后以此作为入会权的一个法律渊源。

2. 合有制度。合有制来自日耳曼家族共同体。按照日耳曼家族法，遗产是一个独立的特别财产，属于继承人全体所有，继承人不得自行分割，是为合有，或称"合手共有"。这一制度随着诺曼征服进入英格兰，为后来的普通法所继承吸纳。在英国封建制度中，合有制度在防止骑士保有地产分割方面发挥了很大作用。合有制度在基本法理上被解释为"生存者的联合所有权"，其规定合有者中的生者对死者名下地产享有权利，不因继承、转让等而被分割。[②]但这一解释并不是一成不变的。到了现代，合有的核心内涵主要是单个成员不能自行分割，在全体成员达成一致情况下可以解体重组。正因为有了与时俱进的变革，合有制度才没有像总有制度那样走向衰落，而是在现代社会开出了新枝。由继承关系而来的制度形态尔后扩展到婚姻关系，夫妻之间的共同财产也被视为合有；后来，并无身份关系的个人也可通过合同契约创设合有财产关系，比如合伙制法人。

3. 共有制度。共有制是最为常见的一种共同所有制度形态。这一制度下，多数人依据所持有的份额共同享有对某物的所有权，每人的份额可以理解为"部分的所有权"，与完整的所有权只有量的区别，而无质的不同，共同所有人可以任意处分自己持有的那部分份额。比如，股份有限公司就是典型的共有制组织，一部分综合了股份制和合作制特征的股份合作组织也可以视作是共有制。

建立什么样的共同所有产权关系，是由团体成员投入产出核算的难易程度决定的。早期的简单社会中，个体离开集体则不具有独立生

---

① 史尚宽：《物权法论》，中国政法大学出版社2000年版，第174—175页。
② 王铁雄：《集体土地所有权制度之完善——民法典制定中不容忽视的问题》，《法学》2003年第2期。

存能力，集体成员的投入产出完全是混合的，因此只能建立总有关系；在律师事务所、私募基金等机构中，不同类型投入产出不易核算，于是要建立合有关系；在股份公司或者现代社区中，投入产出可以明确核算，则可以建立共有关系。本质上讲，物品的产权属性是由其自然技术性质决定的，物品的法律规定性要以其自然技术性质为基准，而不能人为强制设立。从总有、合有到共有，共同所有人之间的团体结合性逐步减弱，个人自主性逐步增强。现代经济条件下，在需要设立共同所有权的情况下，为了减少制度摩擦，一般会优先选择建立共有制度。

从法理意义上讲，国家所有（各级政府法人所有）和共同所有（包含总有、合有与共有）都可以视作公有制的范畴。而早期的社会主义探索中，通常只承认国家所有和集体所有（总有）是公有制的经济形式，除此之外一概视作私有制。这种做法不但混淆了政治经济意义和法理意义上的公私关系，而且直接无视物品的自然技术性质，给经济活动的正常运转带来了一系列麻烦。我国始建于20世纪60年代的农村土地集体所有制，是以总有制为制度范本的，要在市场经济条件下探索土地集体所有制更为合理的实现形式，就面临着从总有制向合有和共有转型的一系列法理认识的更新。

第三节 土地权属制度的制度形态演化

一、农村土地权属制度的生成逻辑

（一）农村土地集体所有制是一项政治选择

农村土地集体所有制是一项政治选择，是社会主义公有制在乡村社会的具体制度安排。这一制度并非是中国共产党建政之际一夜之间确立的，而是经过了一个复杂的演变过程。1949年制定的《中国人民政治协商会议共同纲领》中，只提到了"封建半封建的土地所有制""农民的土地所有制""社会主义性质的经济"等概念。1954年宪法提及了集体所有制，但这是合作社所有制的一个抽象表述，所指对象主要是城市劳动者集体。1962年"人民公社六十条"的颁行是土地集体所有制实际确立的标志。当时规定的人民公社中"三级所有、政社合一"的体制实际上是土地集体所有制最初的实践形态，这可以视作中国农村土地集体所有制的制度渊薮。

然而，作为一套政治选择的土地集体所有制并不仅仅或者说不主要是以土地的集体所有权为支撑的。结合历史环境看，其初始内涵主要包括以下方面：（1）国家和农民之间的革命同盟关系。其内在逻辑是，党领导人民取得革命胜利并实行土地改革，在国家工业化过程中农民也应当服从大局，共克时艰。（2）国家和集体之间的委托代理关系。其内在逻辑是，集体受国家的委托对基层社会进行全方位的管理特别是完成统购统销任务，集体实际是国家政权建设中的一个具体执行者。（3）集体和农民之间的汲取分配关系。其内在逻辑是，集体负责汲取农民的生产剩余上缴国家，并同时完成社区内的资源分配。在这一制度链条中，制度上规定土地归集体所有（事实上并没有处置权）主要为了服务于上述国家—集体—农民关系建构的需要，而集体所有制则是这一整套制度在所有制层面的一个制度总结。

这一逻辑主要来自于制度设计者，而非三方之间的契约关系。从世界范围看，一个国家的所有制安排与确立之际的历史情势和主导力量有关。由于历史认识的局限和政治利益的左右，最终被选择的未必是一个效率最高的制度安排，制度甚至未必从一开始就有着明确的内涵。但一如前述，所有制关系到总体性的政治关系和社会关系，规定了一个社会的基本制度形态。因此要十分注意的是，一种所有制安排一经选择，其所表达的就不再是一种具体的财产关系、土地关系，而是与国家政权和治权相勾连成为一种位格性的存在，所关涉的是一个国家政治经济体制中的根目录问题。面对这样的问题，任何的政治共同体都会极端谨慎。我们在改革中坚持土地集体所有制不动摇有着深刻的政治考量。

(二)农村土地制度是政治话语与法律话语的复合结构

本章第一节中已经分析过,改革开放以来农村土地制度经历了经营性制度向财产性制度的演进,并且形成了一套政治话语与法律话语的复合结构。为了完整理解土地权属制度形态演化的全貌,有必要从宪法结构和发展方向上对这一问题进一步解析。

第一,宪法中的经营体制和土地权属实际是两个层次的问题。有学者认为农村土地承包经营权的物权化与宪法规定的农村土地集体所有制相悖,以此质疑物权法与土地管理法的"合宪性",并认为改革中出现了"经营制度"向"财产制度"的异化。[①] 在笔者看来,这一观点非但没有正确理解所有制与产权的理论关系,而且对宪法结构也没有作认真分析。1982年以来,宪法中对于所有制和土地所有权都是分两条进行表述的,笔者在此对 2018 年修改后的宪法文本进行分析。宪法第八条规定"农村集体经济组织实行家庭承包经营为基础、统分结合的双层经营体制",第十条规定"农村和城市郊区的土地,除由法律规定属于国家所有的以外,属于集体所有"。可见,在宪法结构中是先规定了经营体制,尔后才规定了土地权属。这意味着,经营体制是产权归属的前置环节。如果再结合宪法文本作进一步的分析,可以发现宪法第八条中经营体制的规定实际是第六条所有制规定的进一步延伸,而此后的第九条、第十条则是分别规定了矿藏、森林等自然资源和城乡土地资源的所有权。宪法兼具政治性和法律性,经营体制(作为所有制的延伸拓展)体现的是政治性,而土地权属则体现的是法律性。也就是说,经营体制和土地权属在宪法结构中是两个层面的问题。因此,所谓"经营制度"向"财产制度"的异化是一个伪命题,物权化的土地承包经营权是在现代民法逻辑下的具体权利创设,既不影响集体的土地所有权,更无损集体所有制。

---

① 桂华:《中国土地制度的宪法秩序》,法律出版社 2017 年版,第 1—10、195—196 页。

第二，经营体制是政治话语，土地权属是法律话语。中国土地制度实际是一套政治和法律的复合结构，要从多个层面去理解。随着改革推进，早期的"联产承包责任制"逐渐发展为"以家庭承包经营为基础、统分结合的双层经营体制"，这一内容后来被概括为"农村基本经营制度"。经营体制和经营制度都是一种政治话语，本质上是执政党的政治主张；而"保持土地承包关系稳定并长久不变"，以及党的十九大提出的"第二轮土地承包到期后再延长三十年"则是执政党作出的政治承诺。在此之下，包括农村土地集体所有、土地承包经营权等概念都是法律话语，是所有制有关的一系列总体性关系进入经济系统的制度安排。

第三，土地制度的两套话语表述需进一步明晰化。由于对土地制度两套话语逻辑脉络认识的不彻底，很多文件对这个问题的处理就显得有些纠结，其中甚至包括一些中央名义印发的高位阶文件。比如，《中共中央关于全面深化改革若干重大问题的决定》中，在标题层面有意回避了土地制度字眼，而将其分散在"加快构建新型农业经营体系"、"赋予农民更多财产权利"和"建立城乡统一的建设用地市场"几个部分当中。更为甚者是2018年中央一号文件，将"巩固和完善农村基本经营制度""深化农村土地制度改革"并列，前者内容主要是农地，后者内容主要是建设用地，农地和宅基地的"三权分置"也分别划归这两部分。这就难免让人费解，同样是土地，为什么建设用地就是土地制度改革，农地就是经营制度改革？为避免歧义，未来相关表述中需要对土地制度的两套话语作出明确区分，而不再依据土地类别来确定内容安排。具体而言，可以将"经营制度"和"土地制度"作为并列标题，在内容安排上，经营制度部分主要谈基本经营制度、土地承包关系等政治性议题，而土地制度部分谈具体的土地产权制度改革。至于经营体系实际是一个经济活动的组织问题，应当独立于这两部分之外单独阐述。

（三）深化农村土地权属制度改革的逻辑起点

集体化时代那种通过直接政治手段塑造的土地集体所有制存在两个问题：其一，就是为人所熟知的，这套制度不利于调动劳动者的积极性，存在制度的低效闭锁；其二，宪法中所规定的公有制、国家所有制、集体所有制都是生产关系层面的总体性概念，并不能直接转换为民法层面的权属概念，更无法直接与经济活动中的产权理论相衔接。改革开放40多年来，农村土地集体所有制的内涵和实现形式早已发生了深刻变动，主要的改革步骤都是在围绕着"集体"做文章。

第一步是集体内部经营关系的调整。当时决策是，稳定集体所有制、不动集体所有权以保证政治稳定，通过家庭承包经营对共同生产体制的替代来调动农民积极性以提升效率。但实际上，这一改革很快就突破了集体内部关系的范畴，倒逼产生了国家—集体—农民关系的重新调整。这已然是对集体所有制内核的一种重构。

第二步是集体及其成员间产权结构的调整。主要做法是，通过权利创设来明确土地集体所有制的实现形式，在坚持土地集体所有权的同时以"两权分离"和"三权分置"深化产权结构改革，赋予农民更加完整的土地权利，并通过提升土地产权的强度来引导人们的经济行为。

当前上述改革仍在发挥作用，而且存在巨大的改进空间，但仅仅依靠这些措施来推进农村土地制度深化改革，动力已然显得不足。继续深化农村土地制度改革的逻辑起点在于，与数十年前相比，城乡关系和人口布局已经发生了历史性巨变，尤其是在典型农区，无论是集体还是其成员，早已是一个模糊不清的存在。要进一步深化改革，包括推动此前的经营关系和产权结构改革能够继续发挥作用，都必须迈出改革的第三步——"集体"自身及其成员边界的调整。目前以20世纪60年代初建农民集体时农村居民的居住所在地为标准来划分"集体"的做法，已经到了政策执行的尽头。[①] 这一认识要形成可操作性方案，还要对"集体"及其成员权问题作深入讨论。

---

① 孙宪忠：《推进我国农村土地权利制度改革若干问题的思考》，《比较法研究》2018年第1期。

二、"集体"及其成员权问题再认识

(一)"集体"的前世今生

深化土地制度改革,必须对"集体"的性质与变迁有深刻认识。集体是一个十分抽象的表述,既可以将之理解为一个无组织形态的"成员组合",又可以将之理解为一个有组织形态的"共同体"。大体来说,人类社会的"集体"经历过三种类型:(1)传统村落中基于地缘相近、血缘相亲构成的"集体"。这种"集体"与村庄范围不一定重合,其组织形态也不明确,支持其存续的是宗法支配关系和束缚保护机制。(2)通过政治手段人为创造的集体组织。苏联的集体农庄、我国以前的人民公社是这类"集体"的典型代表。这类"集体"一般具有明确的组织形态。(3)人们基于利益与合作关系自愿联合形成的"集体"。典型的如欧美国家普遍存在的农业合作社。这类"集体"初创时可以是非组织形态的,但在后续运作中为了与法治和市场体系接轨,通常要注册为特定的组织。

中国近代的民主革命中,通过土地改革及相配套的一系列政治手段彻底解构了传统村落共同体。而在20世纪50年代的农业集体化运动中,又再次通过政治手段强力构建人民公社这一"人造集体"。现行"集体"的出现是一个偶然事件。今天村庄一级的集体组织,实际是1962年重建生产大队时以自然村落的居民为成员组建的。这种范围确定通常只能用于公共组织比如地方政府的建立,而作为经济组织这种设置本身不具有无可置疑的正当性与合理性。改革开放以后这种"人造集体"在法理上终结,特别是乡镇层面的公社彻底解体,转置为一级政府,但事实上村庄层面上"政经合一"的集体制度至今存在。

然而在实践过程中,农村集体从组建那一天开始就"一变再变"。

一是虚实之变。宪法规定农村土地属"集体所有",这里"集体"的全称应该是"劳动群众集体"或者索性称为"农民集体"。这又是一个所有制层面的概念,难以找到明确的行为主体。这一制度安排并不是在公有制意识形态指导下，经由严密的制度设计形成的，而是在人民公社解体之后不断填补制度空档过程中各方博弈产生的结果。多年来的改革中，这一虚置的"集体"所承担的权利正在逐步转移给"农村集体经济组织"这个实体组织。换言之，"农民集体"正在转型为"农村集体"。

二是构造之变。2002年颁行的农村土地承包法规定了"承包期内，发包方不得调整承包地"。这项经验来自贵州湄潭的改革试点，通俗说法是"增人不增地、减人不减地"。尽管到今天为止，全国有三分之一左右的村庄仍旧存在规模不一的土地调整，但这一规定的制度意义仍旧不可估量，因为其改变了"农村集体"的构造原则。正如刘守英所说："按照新的制度安排，土地虽然依旧是集体所有的，但这个'集体'却仅仅包括原有成员，而不再天然地属于从理论上讲可能无限新增的人口。"在他看来，这"触动了集体所有制的根本"。[①]

三是质地之变。经过多年发展，特别是在典型农区，今天的村庄早已不是初建时那个均质的"集体"。从人口布局看，城镇化率已经从20世纪60年代的不到20%上升到如今的近70%，大量农民早已离村进城。另据相关调查，各地现有空心村的平均比重在10%以上（见表3-3），这个数字已经刨除了完成整体搬迁和集中居住的村庄。从经营方式看，农村土地经营结构也发生了重大变化。截至2020年末，全国家庭承包经营耕地流转面积5.32亿亩，占家庭承包耕地总面积的34%。截至2020年，专业农户（经营50亩以上大户）数量达到451.7万户，如果按照平均每户100亩计算，全国由专业农户耕种的土地达到4.51亿亩。面对上述趋势，一个核心问题就是离村者不再需要"集体"保护，但退出机制不畅，原有权利处于"沉睡"状态；务农者渐渐向大规模的专业化农户集中，原有"集体"给不了实际的支持，而专业农户的联合机制亦难以建立。

---

① 刘守英：《中国土地问题调查：土地权利的底层视角》，北京大学出版社2017年版，第27页。

表 3-3 部分省份空心村比重（2018 年）

省份	福建	云南	宁夏	吉林	上海
比重（%）	16	11.5	9.6	10.6	14

数据来源：各地主管部门的相关调查报告。
注：各地在调查中，通常把常住人口低于户籍人口 50% 作为空心村标准。

通过以上分析可以看出，"集体"本身是变动不居的。"虚实之变"动属性，"构造之变"动原理，"质地之变"则呼唤着新时代"集体"范围、边界和功能的调整。前面两种变化的发生，就是基层实践探索得到国家制度层面的认可后发生的，足见官方对于"集体"变动的态度是开放的。能否在新的条件下实现"集体"的再造，催生制度层面的变革，关键要看是否能够探索出符合发展需求的新经验。

（二）"集体"再造可能模式的探讨

在近些年各地的实践中，"集体"的再造主要有以下四种模式。

一是产权重分模式。当前各地正在普遍开展的集体产权股份合作制改革是这种模式的典型。农民在 1956 年带产入社时所占份额是可以核算的，但经由"大集体"时代的熔铸，这种原始份额已经不具有计算意义。在这一轮改革，主要是根据成员资格认定及相关赋值，变"共同共有"为"按份共有"，赋予集体成员对于集体资产的股权。这实际可以看作"构造之变"的延续，因其同样改变着"集体"的构造原理。产权重分对解决城中村、城郊村和经济发达村的"集体"及其成员关系问题意义重大。

二是村企重构模式。这一模式主要发生在"超级村庄"当中。"超级村庄"是指那些经济发展比较突出，但仍然沿袭集体化组织方式实行"党政社企"合一体制的村庄。这些村庄的共同特征是多年前就在村庄这个基底之上发展出了庞大的村庄企业（集团）。"超级村庄"再造"集体"的一个通常手段是，由"村办企业"向"企业办村"转变，很多村庄褪变成为企业职工的一个居住社区。其内在逻辑是，通过"村企转换"，

西北地区的空心村（陈明 摄）

随着城市化不断推进，各地都出现了不少空心村。空心村带来的一个直接问题是，"集体"本身消解之后，集体所有制和集体经济何去何从、如何安顿。这不但是中国乡村面临的重大现实问题，同时也在倒逼中国特色土地制度的理论更新。

逐步弱化企业（集团）中村庄"集体"的痕迹，从而使原有村民的成员权变得模糊，同时通过对私人资产的限制和控制以强化企业的不可分割性。这类村庄中"集体"的意识形态灌输十分强烈，但村民对"集体"的认识却十分淡薄，大多认为企业实际是属于领导家族的。[①] 尽管实现了经济快速发展，但这些村庄从社会历史意义上讲几乎倒退回了一种初民社会形态——财产共有与强权的结合体[②]。这本质上是一种"权力支配财产"的社会形态。

　　三是社区重建模式。全国各地普遍推行的新型农村社区建设或者农村相对集中居住属于这种模式。在前些年，为了折换一点土地指标，很多地方掀起了"撤村并居"运动，这是社区重建模式的起源。近几年，热火朝天的建设之后，地方政府逐渐趋于冷静，开始根据人口布局情况有步骤地开展新型社区建设。但这一模式仍旧存在的一个关键问题是，新型社区往往是原来若干个"集体"的新集合，这种未考虑成员需求的集中难以避免地会带来治理上的种种麻烦。

　　四是城乡重组模式。这一模式是上述社区重建模式的改良版，在石家庄都市区城乡一体化规划中作出了探索。石家庄周边乡村的一个典型特征就是"小镇大村"，镇区规模普遍偏小，主要集中在4000—6000人之间，大于1万人的镇区仅有1个；村庄规模普遍偏大，2000人以上村庄占比超过一半，4000人以上村庄占比达到15%。这一人口布局特征，让通过组建镇村联合体来发育小城市成为可能（见图3-1）。理论上讲，这一模式通过若干个城乡组团的融合，致力于建设新的小城市，原有的农村集体将有更充分时间来分化调整完成再造。

---

　　① 笔者在10余个"超级村庄"进行过走访和随机访谈，对村民认识的归纳来源于这些访谈。

　　② ［日］加藤雅信：《"所有权"的诞生》，郑芙蓉译，法律出版社2012年版，第53页。

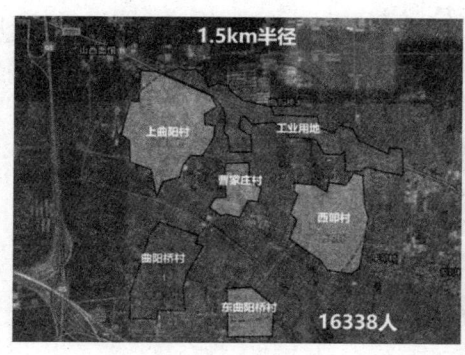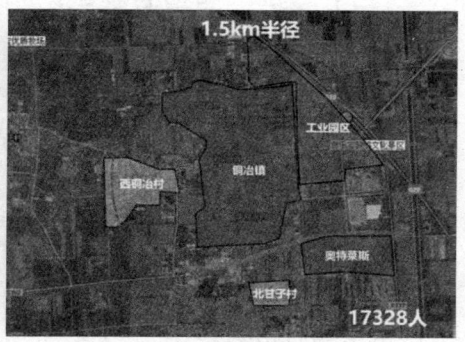

图 3-1　石家庄都市区镇村联合体规划设想

图片来源：中国城市规划设计研究院："石家庄都市空间布局结构研究"。

上述四种"集体"再造模式可以分为两类：前两种模式是"产权再造"，后两种模式是"治权再造"。但是，无论是"产权再造"还是"治权再造"都难以从根本上解决"集体"再造问题。第一种模式的成员退出权问题仍未得到明确，使改革的意义打了折扣，且对"集体"再造最为迫切的典型农区而言未必适用。第二种模式带有明显的逆制度化意义，如果任其发展下去，很可能导致这些村庄成员权的缩水甚至灭失。第三和第四种模式都是从空间组织出发来开展政策设计的，"集体"再造只是行政区划和空间重组之后一个不可避免的附带性议题。

上述四种模式归根结底都是在绕过集体所有制而不是着眼于集体所有制的完善与充实。在改革中，如果只从产权结构或者治权调整角度入手，而不从现实经济社会功能的角度去考虑"集体"构造的合理性问题，就很难去推进统分结合经营体制尤其是其"统"的一面的作用发挥。真正面向当前中国农村的质地之变，特别是解决作为中国农村主体的典型农区面临的问题，必须推动"集体"自身及其成员边界的调整。进一步讲，要允许集体的退出、重组与再联合，核心是解决好集体组织的成员权问题。这与我国的农村土地集体所有制以及基本经营制度并不冲突。

(三)"集体"再造的核心是成员权问题

越往人类历史的早期,群体色彩就越浓厚,因为要靠人与人的共同行动解决生存问题。成员权即源出于此。随着人类进步,基本生存风险的解除,成员权类型逐步发生了分化。作为公共组织的成员,人们可以无条件享受相关权利,比如一个国家的公民权;但作为经济组织成员,人们享受的权利应当与其投入成正比,比如股份公司的股东。这样整个社会才能同时兼顾效率与平等,如果把两类组织原则混同,那么效率与平等恐怕都难以保障。

相当一部分农村集体组织就陷入了这种"双低陷阱"。集体组织的成员资格认定并无固定的规范。在一般意义上,只要出生在这个共同体当中,就天然地具有了共同体的成员资格;但在一定文化条件下,嫁入、过继等"血缘拟制"也会赋予某人成员资格;而更多情况下,结果或许只是来自赤裸裸的实力对抗。成员资格一旦与某种"权利"勾连,那问题就进一步凸显。对问题产生影响的,是这种"权利"有多少价值。现在农村社会冲突中出现的"按闹分配",便清楚地体现了这一逻辑。困扰很多地方政府多年的"外嫁女"问题便是由集体成员权衍生出来的。

"集体"再造的核心是实现集体成员权的现代转型。实现这一目标,关键是深化土地产权制度改革,赋予农村集体经济组织成员退出、重组与再联合的权利。此前全国层面已经部署过一轮农村土地承包经营权退出的试点。但这项试点范围非常有限,只在四川省成都市、重庆市梁平区、四川省内江市市中区三地进行了部署。同时由于市场化机制的缺失导致试点难以深入。其主要问题在于:(1)"永久退出"的尝试不够彻底,几个地方普遍采取了"长期退出"模式。即农户将"二轮"承包期内剩余期限的土地承包权退回村集体,但保留在下一轮土地承包时重新要求承包地的权利。(2)试点中要求土地承包经营权只能退归村集体,而不允许农户之间进行转让,导致退地补偿资金筹措困难。三地的补偿资金都是以财政垫付为主,同时辅之以集体经济组织自筹、银行融资等手段,不具有可持续性。(3)改革中只部署了土地承包经营权退出单项试点,但是农民的宅基地使用权、集体收益分配权的退出未作安排,使原本应该整体推进的改革被人为割裂。由于这些问题的存在,上述的试点实际没有达到改革目标,要继续推进必须作出新的制度设计。

近几年开始推行的农村土地"三权分置"改革为解决成员权问题提供了新的契机。通常人们更关注"三权分置"之后经营权强化和坐实对效率提升带来的积极影响。但笔者认为,"三权分置"中将承包权与经营权分开,本质上是将成员权与物权分离。如果农地的"三权分置"中这一逻辑还不明显,宅基地的"三权分置"将原有的宅基地使用权分为资格权和使用权,那实在是再明显不过了。这样分割之后的意义在于:(1)随着土地经营权、宅基地使用权流转的长期化,土地承包权和宅基地资格权的含金量会大幅下降;(2)民法典中,土地经营权已经具有一定的用益物权属性,[①]原本在物权法中即有规定的宅地基使用权的用益物权属性会被新的使用权所继承;(3)土地承包权和宅基地资格权将与物和物权逐渐剥离,而仅仅具有成员权特征。经由上述转换,集体成员权退出问题将变得更加容易实现,这是土地集体所有制及集体经济组织的现代转型的前提。

三、制度形态演化的一个归纳性认识

中国的土地集体所有制对应的法律形态究竟是什么,一直是一个争论不休的话题。比较一致的认识是,集体化时代的农村土地集体所有制对应的法律形态是总有制。但这种总有制与日耳曼村社制、日本入会制又存在显著区别。后面两种制度都是在社会生产能力和组织能力十分低下的时代,通过自然结社形成的"村社总有制"。而集体化时期的集体所有制虽然也具有"村社总有制"的表观特征,但却也具有一些本质的不同:(1)村社总有制的共同财产通常是一种在特定历史条件下不可分割的实体;而集体化时代的所谓共同财产,是农户带产入社形成的,经

[①] 王利明:《我国民法典物权编的修改与完善》,《清华法学》2018 年第 2 期。

历了一个"化私为公"的过程。（2）村社总有制的控制范围止步于村社边界，走出村社后服从外部世界的社会经济体制；集体化时代，整个国家形成了一种总体性社会下的再分配秩序，通过"集体所有制＋命令经济"，乡村社会被划分成再分配秩序中的一个个执行单元。（3）村社总有制是不反对甚至可以说是保护成员权的，而在集体化时代，作为总有制根基的成员权也很难得到实现，陷入了一种"人人所有而又无人所有"的状态。从这个意义上讲，集体化时代的集体所有制的控制力大大超过了传统的村社总有制。如果超越制度的法律形态本身，就其政治含义而言，可以说实际是"政府控制农村经济权利的一种形式"[1]。

　　总有制是一种封闭性极强的制度形态，其维持通常要具备下述条件：（1）血缘或者拟制的血缘关系；（2）共同的劳动投入；（3）长期的生存压力；（4）缺少外部牵引力（比如城市化）。很明显，这些条件在现代社会中通通不存在，加之集体化时期维系这一制度的成本十分高昂，因此改革开放之后很快就催生了制度层面的变革。

　　改革开放之后的四十余年里，集体所有的制度形态在持续发生着"构造之变"。这包括：（1）"农民集体"转变为"农村集体"。最初定义的"集体所有"是劳动群众集体所有，这实际是一个虚置的主体；后来的集体所有权逐步转移到农村集体经济组织，这就是一个实体的特别法人了。（2）"无限扩张的集体"转变为"范围固化的集体"。早期的"集体"理论上包含了未来全部出生人口，也就是存在无限扩张的可能。近年的集体产权制度改革中，通过成员资格认定，将"集体"范围固化到了某个特定时点上的现有成员。固化不意味着封闭。反之，这恰恰代表农村集体组织正在从一个人际关系化的组织向非人际关系化转变，而这正是权利开放秩序的核心。[2]（3）"总有的集体"转变为"合有的集体"。

---

[1] 周其仁：《产权与中国变革》，北京大学出版社2017年版，第27页。
[2] ［美］诺思、［美］瓦利斯、［美］温格斯特：《暴力与社会秩序：诠释有文字记载的人类历史的一个概念性框架》，杭行、王亮译，格致出版社、上海人民出版社2013年版，第10页。

总有制度下，集体非但不能解体、不可分割，土地等集体资产也无法划分份额。改革开放以后，经由农村土地确权和集体产权制度改革，集体所有制的性质发生了从总有向合有的转变，并且已经出现了一部分共有特征。

这个变化还在继续。当前，集体土地制度变迁的一个主要特征是人们对不同类型的土地开始出现不同的制度需求。首先，对于农地而言人们更看重的是耕作权。耕作权的归属是一个历史范畴：由于植根于一个人口高度密集的小农社会，传统中国的法律更加保护小农的耕作权；而在现代化大生产中，小农则与小手工业者一样，成为"一种属于过去的生产方式的残余"①。在商品化家庭农业生产的条件下，耕作权保护就转换为真正从事农业生产的专业农户的土地经营权如何能够长期化的问题。其次，对宅基地而言最重要的是财产权。在城市化背景下，宅基地的财产权不是一个静态权利，不但要能保障农村居民的居住权，同时要能够实现城乡之间财产权的融通，使宅基地和农房从居所转变为可流动、可配置的资产，实现市场化、货币化流通。再次，对集体建设用地而言最重要的则是收益分配权。当前的关键问题是，如何让集体收益能够经受住市场经济的考验，实现长期可持续。

这只是一个归纳性的认识，具体到不同类型的乡村和土地，实践问题更加复杂。这一背景下，构建开放性土地产权秩序的重点就是从制度上实现土地集体所有制在总有、合有、共有的法律制度之间的灵活转换，让农民及其组成的"集体"能够在法律规定框架下依据自身实际选择公有制的实现形式。相关改革事实上已经在进行，但尚不彻底；要扫除改革的干扰和阻力，就要把构建开放性土地产权秩序的法理基础和现实依据讲清楚。

---

① 《马克思恩格斯全集》第22卷，人民出版社1965年版，第568页。

第四节　构建开放性的土地产权秩序

人类社会进步的过程中，逐步发生了从封闭性土地产权秩序向开放性土地产权秩序的演变。于中国而言，开放性的土地产权秩序，就是指在坚持公有制不动摇的前提下，产权制度的安排既有利于不同类型土地专属社会价值的实现，又能够灵活适应经济社会发展的条件变化，不仅规定产权的本质属性，而且关照产权的实践后果，从而实现降低产权实施的制度成本、增加人们行为的确定性、提升社会经济活力等目标的一套制度运行机制。

一、构建开放性产权秩序的法理基础

审视当代中国土地产权制度的正当性，需要兼顾政治经济学、法理学和产权经济学的平衡，这几个方面共同构成了土地产权秩序构建的法理基础。

（一）所有制与产权之间的范式区分逐步确立

改革开放之前，受传统知识体系和经济形态的局限，我们基本是只谈所有制不谈产权。这时实现集体所有制似乎只有确立集体所有权这一条路。改革开放之后，人们逐步从理论上廓清了所有制、产权、股份制、市场经济这些概念范畴之间的边界，从而为改革奠定了重要的法理基础。一般来说，所有制是生产关系概念，产权是权属制度概念，股份制是资本组织方式概念，市场经济是资源配置方式概念。这些概念本身并不属于同一范畴、同一层次、同一理论体系，可以理论通约，不能简单等同。如前所述，在马克思主义理论中，社会所有制才是公有制的本质，实践中的国家所有制、集体所有制等都只是公有制的一种具体形态、过渡形态，而不是唯一形态，更不是终极形态。所有制并不是一项具体的产权安排，占有、使用、收益、抵押、担保等产权范畴的内容是建立在市场交易逻辑基础上的，而所有制并不是市场交易逻辑的产物。

(二) 公有制对应的若干法律形态是一个连续的制度谱系

在现阶段，公有制包容了国家所有和集体的总有、合有、共有等多种法律形态。不同的法律形态实际是一个连续的制度谱系，这些制度可以理解为不同范围和规则下的共同所有，实际运行中共同所有权可能在不同制度形态之间转化。比如：国家所有，本质上是各级政府法人所有，所有权在不同层级政府间的调整就是一种范围转换；一家私募股权投资基金从有限合伙制转制为公司制，便从合有转变为共有。集体资产股份合作制改革，将资产量化到人、按户实现、户内继承，相当于在一般性合有中增加了"户"这样一个中间性的产权单元；同时，改革允许股份的转让和退出，这已经打破了传统的合有规则，而带有了共有特征。有些人说因为共有意味着可以分割，因此这就把公有变为私有。实际上，选择总有制作为集体所有制的法律形态，只是特定历史阶段和认识前提的产物，并无不可置疑的正当性。总有、合有与共有的原初规定性受到制度创制时社会发展阶段的约束，制度发展中出现变化是再正常不过的事。而且，根据现有法律，如果要限制共有物的分割，完全可以进行约定；区分公私的标准不在于能不能分割，而在于实际上有没有分割。从公有制作为社会所有制的本质而言，现阶段必须在动态中发展，不可能依赖一种形式"一站到底"。

(三) 现代社会中总有制的式微具有历史必然性

绝大部分国家的民法体系中都已经取消了总有这一共同所有形态，只在韩国、日本的民法典中还有所保留，但也严格限制了应用范围。一个重要原因是，总有制度虽然有强烈的团体主义色彩，政治上易契合集体所有制要求之表象，但其却具有与现代市场经济机制要求格格不入之实质。[①] 日本学者认为："总有论虽然在民法解释学上被作为共同所有的一种类型来讨论，但是从实质上来看，它实际上是一种为了确保主体封

---

① 王铁雄：《集体土地所有权制度之完善——民法典制定中不容忽视的问题》，《法学》2003年第2期。

闭一体性的小法人论。……它是为了保证村落共同体的小公法人性而由所有人制定的一种法律措施。"① 此外，罗马法学家彼得罗·彭梵得提出了"所有权的集体与政治性理论"。根据这一理论，总有制度下的土地所有权带有了"地域主权"性质，土地上体现出了公法权力（主权）与私法权力（所有权）的平行关系。② 上述两种理论都意味着，实施总有制度通常并非基于经济考量，而是具有明显的政治因素。从任何一个角度出发，总有制度实际都是与现代社会不相容的：一方面，通过权利封闭以强化小共同体来对抗外部世界的性质与国家治理现代化不相容；另一方面，主权、治权与产权不分的所有权体系与土地制度现代化不相容。照此看来，总有制度的式微也是历史的必然。同时，无论是在德国民法还是在我国民法中，共有也并非只有纯粹的物权规定，而是因其相当的团体色彩而呈现出组织法的构造特征。③

（四）法律渊源融合与产权流变催生新的变革

有一种观点，认为中国是大陆法系国家，因此在法律权利的设定上必须遵循传统上大陆法系（特别是德国民法体系）的规定性，而不能自行创设。其实，中国虽然是大陆法系国家，但这并不意味着我们不能借鉴英美普通法的一些有益元素。当今世界，在很多方面体现出大陆法与普通法传统的结合。比如，欧盟法并没有完全照搬德国的大陆法体系，而是融合了英国和欧陆的法律传统；香港的法制，自从基本法实施开始，就已经转变为大陆法与普通法的混合体；物权法中的一些设定，已经突破了传统大陆法系的一些约束，吸纳了普通法元素进入。具体到土地产权问题，一个经典认识是：罗马法中有一只叫作所有权的盒子，里

---

① ［日］加藤雅信：《"所有权"的诞生》，郑芙蓉译，法律出版社2012年版，第109—110页。

② 汪洋：《罗马法上的土地制度：对罗马土地立法及土地归属与利用的历史考察》，中国法制出版社2012年版，第278页。

③ 唐勇：《论按份共有的三层次私法构造——兼评〈中华人民共和国物权法〉的按份共有规则体系》，《法商研究》2014年第5期。

面装有占有、使用、收益和转让等权利;而在普通法中没有这个盒子而只有权利束,每项财产权利都是其中的一束。① 新近通过的民法典中,仍然将集体所有作为一种与共有相区别的特殊形态,体现出两种法律传统的融合——集体所有的盒子里装着权利束。然而,集体所有瞄准的还是土地这一具体的"物";而其他安排瞄准的不是土地这一"物"本身,而是排他地使用土地某种属性的权利。随着土地权利的逐步分离和细化,作为"物"本身的土地实质意义将趋近于零,集体所有这只盒子也就失去了意义。这时,仅仅强调所有权归集体,已经不能真正意义上保证社会主义公有制的基础性地位,仍然要面对公有制的"再概念化"以及所有制与产权如何通约的问题。

二、构建开放性产权秩序的现实依据

中央强调,要建立符合市场经济要求的集体经济运行新机制,确保集体资产保值增值,确保农民受益。② 在市场经济条件下,固守封闭性的产权秩序,不但不可能实现集体资产保值增值,既有的乡村治理结构也在面临冲击,同时农民的财产权益亦无法得到实现。城乡人口布局正处于大变动、大调整的过程中,在符合上述法理基础的条件下,依据城乡人口布局变动构建开放性的产权秩序,具有充分的现实依据。

(一)以农村居民的居住地划定集体范围已不适应时代需求

我国初建集体所有制时,是以当时农村居民的居住地来划定集体范围的,一个个大小不一的村庄被划定为生产队,就成了集体所有制的基本单元。在传统公有制认识中,土地集体所有就要保持社区全体人口(包括未来出生人口)与耕地的权利关系天然平等。每个社区成员不需要任何代价(如出资购买),就可以分享社区土地占有权和土地收益。

---

① Merryman, J. H., "Ownership and estate (variations on a theme by lawson)", *Tulane Law Review*, Vol.48, 1974.

② 习近平:《论"三农"工作》,中央文献出版社2022年版,第246页。

其中就隐含着不断变化的人口重新分配固有耕地的内在逻辑。①

这一逻辑在不同时期会产生不同的操作难题：（1）集体化和承包制早期，家中人口越多就能从集体获取更多的收益，因此形成了对生育的隐性刺激，造成人口快速增长。（2）城市化大潮涌来后，大量农民向城市转移，但进城农民在农村的各项权益难以随之转移，集体所有制的天然平等性失去了意义。（3）城市化进一步推进，农村人口大幅减少后村庄空心化趋势日渐突出，近一半土地流转给专业农户耕种，集体、农民与地权日渐分离。这些问题不是接续发生，而是不断叠加的。面对这个境况，有人发出了"集体都没有了，集体所有制又在哪里？"的诘问。回顾过去，最初把集体所有制直接落定为某个空间居民的集体所有权，其中并无多少道理可讲，可一旦确定下来，也就照此运行了。但在当前的历史条件下，以农村居民的居住地划定集体范围的做法已经不符合新时代发展需要和农村实际。要确保不把集体改垮了，同时又能发挥集体所有制的优势，就必须按照实际的经济活动调整集体经济组织的划定范围。在这一改革中，集体经济组织成员权要与社区成员权区别开来，产权单元与治理单元并不一定要重合，村民自治组织与集体经济组织可以分置并行、分开运作。

（二）促进城乡融合发展需要破除城乡资源双向流动的体制障碍

实施乡村振兴战略，关键一招就是构建城乡融合发展的体制机制和政策体系。城乡融合发展，势必要求打破制度藩篱，促进城乡之间各类要素的双向流动，其中最为关键的就是集体经济组织成员权的进入和退出问题。关于成员权退出问题，过去中央农办曾经小范围组织过农村土地承包经营权退出改革的试点，一些地方政府也进行过小范围探索，但都没有成功。其根源在于如果土地承包经营权只能退归村集体，而不允许农户之间进行转让，将导致退地补偿资金筹措困难。2020年，国

---

① 刘守英：《中国土地问题调查：土地权利的底层视角》，北京大学出版社2017年版，第11页。

家发展改革委制定的《国家城乡融合发展试验区改革方案》重启这一改革，并将范围扩大到了土地承包权、宅基地资格权、集体资产股权等全部农村权益。但遗憾的是，其退出范围仍然局限于农村集体经济组织。依据过去的改革经验，这一试验如果不调整思路，恐怕还是很难获得突破。

关于成员权加入，实际上面对贫困落后的村庄外部人才并没有加入的诉求，即便加入也没有实际意义。外部人才真正希望加入的是那些有股份收益的经济发达村，说白了就是想获得股权。而依据现阶段农村集体产权制度改革的规定，股份合作不能突破农村集体的范围。

综合以上两方面，成员权的进入和退出都存在着诸多限制。坚持集体所有制，并不必然要求集体产权结构处于封闭状态，消除成员权在集体经济组织内外流动的体制障碍才能真正推动城乡融合发展。① 实际上，在过去一些年里，很多地方都已经出现了突破既有体制障碍的做法，比如广东佛山的出资购股、浙江乐清的农房流转，都取得了很好的效果，并没有影响稳定大局。近年来的若干中央文件都强调探索集体经济组织成员的退出和外部人才加入机制，集体经济组织开放流动已提上改革日程。

（三）各地的改革探索为全面构建开放性产权秩序蹚出了路子

各地的重要探索包括：（1）雄安新区的改革方案中已经允许农民转让土地承包权和宅基地资格权，这是集体成员权现代转型的一个重大契机。②（2）上海奉贤推出的宅基地换商铺股权等做法，体现的是开放宅基地流转的改革取向。③（3）北京允许在集体土地上建设共有产权

---

① 叶兴庆：《扩大农村集体产权结构开放性必须迈过三道坎》，《中国农村观察》2019年第2期。

② 参见《中共中央 国务院关于支持河北雄安新区全面深化改革和扩大开放的指导意见》（2019年1月）。

③ 参见杜晨薇：《奉贤探索推出部分宅基地"股权化"》，《解放日报》2019年12月17日，第6版。

住房，这意味着城市人可以通过住房分享集体土地权利。[①]（4）广东顺德甚至已经有 20% 的股份社发生解体，这就完全是共有的特征了。这一事件发生的大背景是部分城中村集体土地收归国有之后，这些村庄的土地和房屋具有了完整的市场流通资格。从这个意义上讲，不但集体所有制本身可以有多种实现方式，变集体所有为国家所有也是一种改革思路。

上述分析的一个总结性认识是：所有制不同于产权，公有制可以通过多种法律形态得以实现，集体所有制的实现不是必须建立总有制的共同所有结构，集体的范围更不必然以固化的居住地标准进行划定。那种认为土地确权和集体产权制度改革将总有制转变为合有或者共有制度，就是变公有为私有的看法，并无任何理论依据。在市场经济条件下构建开放性的土地产权秩序，需要根据土地专属社会价值和技术边界的移动来安排集体所有制的实现形式，这一指向有着充分的法理基础和现实依据。

三、构建开放性产权秩序的改革思路

这里所说的农村土地产权制度改革是为探索农村集体经济的有效实现形式，从广义上对土地等各类农村集体资产的产权构造进行的系统性变革。这一定义包含了目前正在开展的农村土地确权、农村集体产权制度改革、农村权益退出等内容，但不局限于已经部署的改革事项。

（一）城中村、城郊村和经济发达村

城中村、城郊村和经济发达村虽然还叫村，但从产业形态、土地利用、经济联系等各个方面看，都俨然是一个城市形态了。这类村庄的产权改革实际要分为两个方面，一方面是土地产权制度改革，另一方面是以土地产权为基础的集体企业的改革。

---

① 参见陈雪柠、曹政：《本市首推集体土地共有产权房》，《北京日报》2018 年 12 月 28 日，第 8 版。

此类村庄土地产权制度改革的方向不是股份合作制，更不是一般的农村土地确权，而是土地部分国有化。此前，为了给城市供应土地，普遍采取的是土地征收的办法；还有一些地区通过行政区划调整的办法扩大城市范围，从而将城郊村庄土地宣布为国有，也被称作"概括国有化"。关于上述做法的弊端已经有很多讨论，不必赘述。2020年新修订实施的土地管理法中关于成片开发征收的规定为解决城郊村、城中村和经济发达村的问题提供了新的依据和路径。

大部分的城中村、城郊村已经进入城镇开发边界，而很多离城镇较远的经济发达村自身已经成为一个城镇规模的居民点。这些村庄的农业占比已经很低，也没有多少农地；为数不多的农地大多没有承包，而是由集体统一经营或租赁。这种情况，正好适用新土地管理法中成片开发征收的条款。具体操作程序包括：（1）区划调整。城中村、城郊村从行政区划和城乡规划上纳入城镇，人口达到一定规模的经济发达村转置为城镇，设立正式的党政组织和派出机构，变乡村治理体制为城市治理体制。（2）村庄的宅基地由集体所有转制为国家所有，符合规划和用途管制条件的给予办理国有土地使用权证和房屋所有权证。（3）农地和集体经营性建设用地，可以保留集体所有权，也可以转制为国有，尊重集体经济组织成员的意愿。无论转制与否，集体经济组织成员的收益权不改变。

这一改革思路不影响公有制的实现，反而让广大农民的土地权利更加硬核。将集体土地转置为国有，事实增加了土地和房屋的市场价值，因此可不进行补偿或只进行象征性补偿。[1]需要注意的是，如此转制之后需要赋予原集体经济组织及其成员长期的土地使用权，不能简单照搬现有城市国有土地使用权出让的年限标准。同时，此前存在违法行为的小

---

[1] 我国台湾地区的市地重划和区段征收等土地开发整理中，虽然原有的土地面积会减少，但剩余土地的市场价值会大幅提升，对土地业主而言总体是受益的。这种情况下不但不需要补偿，土地业主还需要通过各种机制分担公共设施投入。

产权房，要专门研究制定政策，做到法内法外有别。

集体企业改革应该着眼于建立现代企业制度，推进企业（集团）股权结构改革。具体操作：（1）推行企业股权结构改革，采用适当标准对企业管理层、有"村籍"的村民及企业职工股权份额进行量化（可采取不同于普通村庄集体产权制度改革中成员身份认定的方式，制定专门方案）。（2）建立现代企业制度，在上级主管部门监督下组建新的董事会、监事会，聘请职业经理人专事经营。（3）企业党委纳入民营企业党建总体格局考虑，不再保留原有党政村企合一体制。（4）逐步开放股份社，完善集体股权处分权能，建立股权交易市场，实现股权的证券化、市场化。

（二）典型农区村庄

典型农区村庄的特点是：以农业为主导产业，集体资产比较少，集体经济组织可支配资源不多；主要劳动力逐步转移进入城市，留在农村的主要是专业农户和老弱贫病群体。当前面临的主要问题是：城市这一头，进城农户无法将农村权益变现，也就无法将其作为进城的启动资金；乡村这一头，真正从事农业的专业农户流转土地的交易成本高昂，制约了经营规模的扩大和竞争力提升。

典型农区村庄的改革思路是逐步赋予集体经济组织成员农村权益的退出权，允许通过空间重组和专业农户再联合建立现代公有制体系。具体操作程序包括：（1）建立农村土地承包权、宅基地使用权、集体收益分配权等由集体成员权直接转换来的农村土地权益的"一揽子"退出计划，鼓励符合条件的进城农户依法自愿有偿退出上述权利。改革中，允许各项权益不退还村集体，而在符合条件的农户之间直接进行流转。（2）探索组建跨社区的新型集体经济组织，原村庄集体所有权可转移到新型集体经济组织。（3）引导农村留守人群通过"合村并居"等形式逐步向城镇和新型社区集中，废弃宅基地复垦为耕地，保留较好的农房建设专业农庄供专业农户生产生活使用；分散居住在开放式乡村的专业农户归属到附近的市镇或村庄管辖。

经过这一改革调整，进城农户在农村的权益得以变现，留守群体得以改善生活条件，并且获得可以上市流通的住房财产权。而农地归于真正务农的专业农户集体所有，在不改变所有制的情况下实现了产权结构调整。由此建立起依据人口布局和农民职业的耕种权调整路径，有效构建开放的产权秩序。

（三）生态功能区村庄

生态功能区村庄与典型农区村庄有较高的相似度，主要的不同点在于生态功能区大部分土地不适宜耕作。对这些地区而言，人口大规模流出和生态移民搬迁之后，原有集体经济组织成员通常希望退出各类土地权利。但由于耕作和居住条件比较差，即便大幅扩大退出承接范围，很多土地可能也难以找到人接手，最终只能由政府兜底。这部分土地未必需要重新组建新型集体经济组织来承接土地所有权，而是可以考虑将腾退空间划入生态保护或生态建设用地，合理补偿后直接收归国有。在支付方式上，可以考虑将土地产权置换为社保增益，即在基本社会保障基础上再增加一些补充保障。这样就将一次出清转换为分期支付，从而有效分散政府的财政负担。事实上，真正需要政府兜底的地方并不多，通过合理的政策设计，大部分地方政府都具备推动这项改革的能力。

第四章
空间布局与乡村治理单元转换

合理的城乡空间布局是推进城乡融合发展，实现新型城镇化与乡村振兴双轮驱动的重要基础。中共中央、国务院印发的《乡村振兴战略规划（2018—2022年）》中，将统筹城乡发展空间、优化乡村发展布局作为规划的首要任务作出部署。中国较早形成了稳定的小农村社形态，近些年又迎来了工业化、城市化的大潮，几十年里走过了发达国家几百年走完的发展道路。小农国基和时空压缩两重因素的叠加，导致我国城乡空间布局与全局发展之间的矛盾尤其突出。一是村庄规模小、人口居住分散，不利于乡村公共服务的有效供给；二是大量空心村的土地处于废弃、撂荒和低效利用状态，存在大量的资源浪费；三是专业农户的生产需求和一般村民的居住需求都没有得到很好满足，功能分化没有跟上现实变化；四是为了改善农民生活，大量财政资金投向了分散的居民点，资金利用效率不高。目前全国大约有300万个乡村居民点，任有多大的投入，要让这300万个居民点都实现振兴是不现实的。

如果从空间角度着眼来审视治理问题，治理形态可以看成是空间布局与治理体制耦合的结果。从这个意义上讲，乡村建设、公共服务、乡村治理等环节之间并不是各自独立的进程，而是通过"空间—治理"结构形成内在勾连。空间布局会影响乡村建设和公共服务的供给效率，又会通过治理单元、治理半径等空间尺度因素对乡村治理效果产生影响。良好的空间布局基础是乡村治理现代化乃至农业农村现代化的底部支撑，包括中国在内的所有原住民国家，在走向乡村现代化过程中都要首先解决空间布局与治理现代化要求不相适应的问题。

第一节　城乡空间布局的若干基础认识

在进入正式分析之前，需要对城乡界定、城郊分野、城乡互动等几个基础性问题略作铺陈，这样有利于在讨论中明确一些基础认识，学理分析和提出建议过程中就不需要再作专门解释。

一、城乡界定

（一）哪里是城，哪里是乡？

在中国，哪里是城，哪里是乡，是由行政区划规定的。然而，作为行政区划依据的城乡划分标准长期得不到更新，导致行政区划的规定早已不能反映真实的城市化进程。哪里是城，哪里是乡，成了一个模糊不清的问题。这种认识上的模糊不会影响人们的日常生活，可一旦进入公共政策领域，如果仍然不加区分就有可能带来政策的扭曲和失准。高速城市化的背景下，这个问题已经越来越突出，有必要尽快引入更为合理的城乡划分标准，并允许不同部门依据政策需要适度调整。

目前，我国有两套城乡界定标准：一套是民政部门的行政区划体系，一套是统计部门的城乡划分体系（见表4-1）。长期以来，我国通常按照"行政赋值"来确定一个地方属于城市还是乡村。如果在行政区划上，一地被命名为"××乡""××村"，则意味着这里是乡村；一地如果被命名为"××市""××镇"，则意味着这里是城镇。作为我国行政区划依据的是一套人口总量与产业特征的混合标准。现在，设立市镇分别沿用的是1993年国务院批转民政部《关于调整设市标准的报告》和1986年国务院批转民政部《关于调整建制镇标准的报告》所规定的指标。[1] 现行行政区划体系存在两个问题：

一是不能很好地反映城乡之别的本质。城市化的一个中心含义，就是各类资源的空间集聚。集聚可以促进分工，分工可以提升劳动生产率，这是城市化的动力源泉。国际上通常基于"人口稠密区"概念来定义城市，而我们的标准中通常以某个行政区全域人口密度作为基准，并

---

[1] 据悉，相关部门已经制定了新的市镇设立标准，不仅要看人口、经济指标，还要看公共服务、生态环境指标，但尚未公开发布。

不能反映城市的本质特征。

二是城乡行政区划调整工作滞后。近二三十年城市化快速推进，但城乡行政区划调整工作滞后，由此带来了城乡划分的混乱。一些所谓的城中村、城郊村，早已融入城市；还有一些经济发达村，事实上已经成为一座独立的小城镇。可是，这些地区还在按乡村进行管理。当一个地方在居住特征和经济特征上都已经是城市形态的时候，如果还赋予其一套乡村治理体制，那么这个体制无论多么的"现代化"，都是不符合实际需要的。

最早意识到这一问题的是统计部门。为了真实准确地反映我国的城乡人口结构和城市化水平，统计部门先后在1999年和2006年专门出台了在统计上划分城乡的系列规定。不过行政区划仍然是确定各级行政区行政级别、财政税收、城乡规划、土地利用等内容的基础性制度安排，统计上的城乡划分实际是在前者基础上的一种修正和补充，主要用于反映特定时空下的人口经济布局特别是城市化水平，并不与各类行政管理和政策制定挂钩，无法从根本上解决现行城乡划分体制存在的问题。

表4-1　民政部门和统计部门的城乡划分标准

时间	行政区划体系（民政部门）	城乡划分体系（统计部门）
1955年	《国务院关于划分城乡标准的规定》：常住人口在2000人以上，其中50%的居民为非农业人口的居民区或者常住人口不足2000人，但在1000人以上，而且其中非农业人口超过75%的地区，可以设置镇的建制。	依从行政区划规定。
1963年	《中共中央　国务院关于调整市镇建制、缩小城市郊区的指示》	
1986年	国务院批转民政部《关于调整建制镇标准的报告》《关于调整设市标准和市领导县条件的报告》。	依从行政区划规定。
1993年	国务院批转民政部《关于调整设市标准的报告》。	

续表

时间	行政区划体系（民政部门）	城乡划分体系（统计部门）
1999年	—	《关于统计上划分城乡的规定（试行）》：设区市的市区和不设区市的市区，以及县及县以上（不含市）人民政府、行政公署所在的建制镇的镇区和其他建制镇的镇区视作城镇；城镇以外其他地区视作乡村。
2006年	—	《关于统计上划分城乡的暂行规定》：市辖区、不设区的市、镇的居委会地域及公共设施、居住设施能够连接到的村委会地域视作城镇；城镇以外其他地区视作乡村。

资料来源：中国政府网、民政部、国家统计局等政府部门网站。

（二）欧美城乡划分体系

通观主要发达国家，主要依据人口密度作为城乡界定基准，且存在一套复杂但灵活的城乡划分体系，以下三个方面特点尤其值得重视。

第一，以人口密度和聚居规模作为城乡划分的基准。国际上，通常把人口密度和总人口超过一定标准的地区看作"人口稠密区"。符合这个要求的居民点，如果与毗邻的类似居民区在空间上有明显分离，这个居民点就可以被看作城市。[①] 根据美国人口普查局的官方定义，确定为城市地区的一个基础条件是中心地带的人口密度达到1000人/平方英里（即386人/平方公里）以上，且包括毗邻中心的腹地在内的区域总人口密度达到500人/平方英里（即193人/平方公里）以上。在此基础上，依据人口规模又可以划分出两类城市地区：通常把人口规模5万人以上的地区称作城市化地区（Urbanized Areas, UA），而把人口规模介于2500—5万人的地区称作城市群地区（Urban Clusters, UC）。[②] 简言之，

[①] 党国英、吴文媛：《城乡一体化发展要义》，浙江大学出版社2016年版，第39页。

[②] 参见 Identifying Nine Rural Definitions, https://www.ers.usda.gov/data-products/rural-definitions/data-documentation-and-methods/。

在美国，人口少于 2500 的居民点，任何时候都被认为是乡村；人口多于 5 万的居民点，在任何时候都被界定为城市；人口规模介于 2500—5 万的居民点，则要综合其他参数进行评判，有时可能被划为城市，有时又可能被划为乡村（见图 4-1）。欧美其他国家与美国做法类似，只是在具体指标上有一些差异。比如，加拿大设定的城市基准为人口密度高于 400 人/平方公里，且人口规模在 1000 人以上；英国由于人口密度较高，通常把人口规模 1 万人以上的地区视作城市。① 在确定了城市地区的范围以后，乡村则被定义为城市地区之外的领土区域，上述几个国家都是如此。

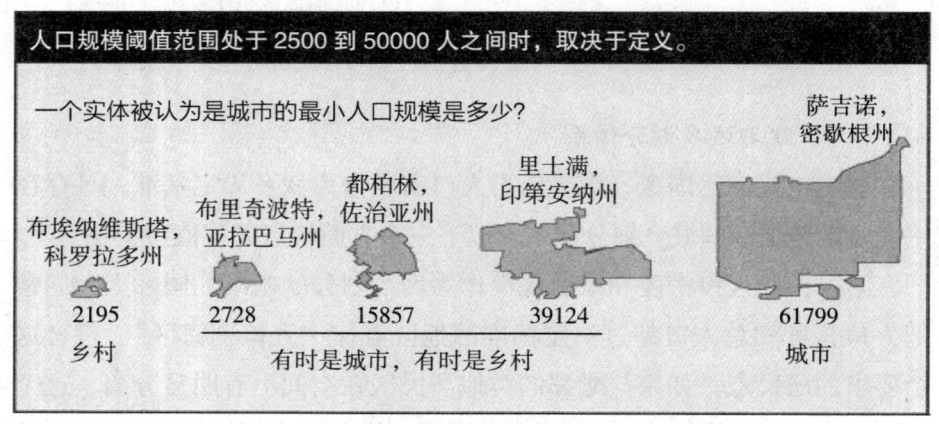

图 4-1　美国城乡划分示例

图片来源：美国农业部经济研究局，数据源自美国人口普查局。

第二，开发出多元化多层次的城乡分类方案作为补充。随着经济社会发展和人口布局的演化，传统上以人口密度和人口规模划分城乡的方法难以适应日趋复杂的公共政策需求，于是人们逐步开发出了多元化、多层次的城乡划分模式。美国人口普查局、白宫管理和预算办公室、农业部经济研究局依据行政区划、土地利用和经济联系（经常指"通勤

---

① ［英］迈克尔·伍兹：《乡村地理学：乡村重构的过程、反应和经验》，王鹏飞、鲁奇译，商务印书馆 2022 年版，第 6 页。

区域")制定了多套标准,以至美国的"乡村"定义多达二十几种(见表4-2)。①比如,皮奥里亚是美国伊利诺伊州的一座城市,按照不同的标准,这座城市的边界和人口可以有多种可能。如果按照行政区划标准,这座城市有11万人;如果按照土地利用标准,这座城市有24万人;而如果把通勤区域视作一个完整单元,这座城市则可以有36万人(见图4-2)。针对传统城乡划分方式的不足,2004年以来英国开发了一套基于住宅聚落形态来划分城乡的系统。这套系统在依据人口密度和人口规模划分城乡的基础上,再依据邮递信箱的数量,可以将乡村地区进一步区分为小市镇与边缘地区、集村型村落、分散居民点,如果进一步结合产业结构、经济特征和土地利用状况,可为公共行政与公共政策提供更准确的信息。②

表 4-2 美国联邦机构关于城乡划分的不同标准及其应用

使用机构	划分基准	划分单元	城市定义	乡村定义	政策应用
人口普查局(CB)	以一定的人口密度和人口规模标准确定城市区域,在城市地区之外的区域视作乡村	行政区划(以行政区划或其他管辖边界确定的行政区作为划分的基本单元)。	(1)人口密度。中心区人口密度≥386人/平方公里且总人口密度≥193人/平方公里。(2)人口规模。UA:人口数量≥5万人;UC:2500人≤人口数量<5万人。	行政区确定的农业县。	向地方政府或通过地方政府提供援助的农村发展计划。
		土地利用(以一定面积的土地利用密集区块作为划分的基本单元,不受行政边界约束)。		城市地区以外的开放空间和居民点。	(1)社会经济指标的城乡差异统计(如教育、就业、贫困发生率等)。(2)基础设施建设(如人口稀少地区的供水和排水设施等)。

---

① 参见 Defining the "Rural" in Rural America, https://www.ers.usda.gov/amber-waves/2008/june/defining-the-rural-in-rural-america/。

② Bibby, P., & Shepherd, J., *Developing a new classification of urban and rural areas for policy purposes: The methodology*, Defra Rural Evidence Research Centre, 2004.

续表

使用机构	划分基准	划分单元	城市定义	乡村定义	政策应用
白宫管理和预算办公室（OMB）	以一定的人口密度和人口规模标准确定城市区域，在城市地区之外的区域视作乡村。	经济联系（以具有一定经济联系的区域，通常是一定的"通勤区域"作为划分的基本单元，但仍受行政边界约束）。	将核心区人口在5万以上的县，以及与之具有高度经济社会一体化（以通勤上班为衡量标准）关联的相邻县定义为城市地区。	城市地区以外的所有县。	需要在更广泛的市场领域内协调的计划（如区域交通规划）。
农业部经济研究局（ERS）		经济联系（以具有一定经济联系的区域，通常是一定的"通勤区域"作为划分的基本单元，不受行政边界约束）。	将核心区人口在5万以上的区域，以及与之具有高度经济社会一体化（以通勤上班为衡量标准）关联的相邻区域定义为城市地区。	城市地区以外的所有开放空间和居民点。	农业部工商业（B&I）贷款计划。

资料来源：Identifying Nine Rural Definitions，https://www.ers.usda.gov/data-products/rural-definitions/data-documentation-and-methods/；Defining the "Rural" in Rural America，https://www.ers.usda.gov/amber-waves/2008/june/defining-the-rural-in-rural-america/.

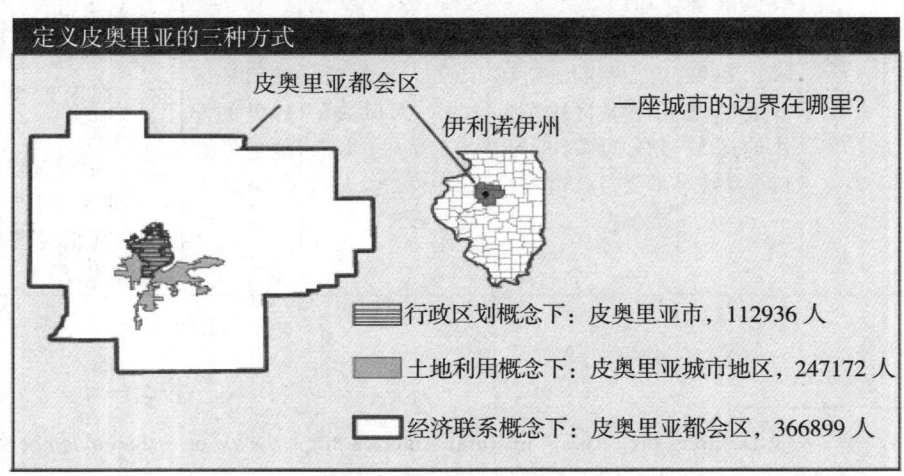

图4-2 不同标准下美国皮奥里亚市的规模

图片来源：美国农业部经济研究局，数据源自美国人口普查局。

第三，根据政策类型和工作目标灵活选用不同的城乡划分标准。城乡本身是一个复杂的连续体，任何划分方法都只是对这一实体的一种抽象反映，并不代表城乡连续体的实态。在具体运用上，欧美国家会根据需要，选用最符合特定活动需求的城乡定义。比如，如果要分析乡村地区公共财政和税收的变动最好以行政区划为基本单元，因为税收和服务提供往往遵循这一边界；如果跟踪城市化及其对农田价格的影响最好基于土地利用的城乡划分；而在制定区域性的交通规划时，选用基于经济联系的分类就更合适一些。①

（三）中国如何借鉴欧美经验

究竟选用何种标准来界定城乡，涉及对城市化本质的理解。城市化的一个中心含义就是空间资源的重新配置。城市的核心特征便是各类资源集聚密度的提升，人的聚集是城市化的第一步。从这个意义上讲，以核心区的人口规模和人口密度为基准界定城乡比我国目前的城乡界定政策更为合理。只不过，具体指标要符合中国实际。比如，可以考虑将人口规模在4万以上，核心区人口密度在5000人/平方公里以上的独立居民点界定为城镇。当然，具体标准可以再作讨论。

以这一基准为参考，民政、税务、自然资源、农业农村等部门都可以根据自己的政策目标制定特定的城乡划分标准，科学研究机构亦可以根据研究需要来开发属于自己的城乡划分体系。需要注意的是，发达国家中的城乡划分与该地的法人资格（类似于我国行政层级）不是一码事。在不少欧洲国家，可以根据居民的投票意愿决定将自己居住的社区注册为城市或者村庄，这可能与税收、选举等有关，但不影响它的城乡属性。美国有一些2500人以下的小镇选择注册为城市法人，但在城乡划分中仍旧被划归乡村。

也就是说，城乡划分标准没有必要与一座城市的等级挂钩。即便未

---

① 参见 Defining the "Rural" in Rural America, https://www.ers.usda.gov/amber-waves/2008/june/defining-the-rural-in-rural-america/。

来我国各个部门自行制定城乡划分标准,这也只是与各自的政策投放有关,而与某个地方的"行政层级""官员级别"等没有直接联系。

二、城郊分野

郊区是城乡连续谱系上一个特定的地理空间,通常会随着城市化进程而逐步演化并稳定下来。一般来说,各国城市化都要经历人口向城市集聚、郊区城市化、逆城市化这三个阶段。在大规模城市化启动之前,郊区形态比较简单,其实就是靠近城市的乡村,在功能上与远离城市的乡村也并无本质区别。在人口向城市集聚阶段,随着人口的增长,城市边界势必要向外扩展,郊区实际上是城市空间拓展区。在郊区城市化阶段,中心城市人口和边界趋于稳定,一部分人口和产业向郊区迁移,郊区发展为卫星城市或者大规模居住区,它的居住形态以低密度的独栋或多层住宅为主。逆城市化阶段,人口从都市区、大城市向远郊区以及更远的小城镇和乡村地区转移分散,这时城乡格局进入动态平衡,郊区的规模、功能等也开始趋于稳定。

世界主要发达国家在工业化、城市化的后期,基本上都出现了人口向郊区的迁移。美国、澳大利亚等土地广袤的国家如此,日本、欧洲等人口稠密的国家和地区亦不外如是。在欧洲内部,伦敦这个头号国际都市的郊区化趋势最为突出,在 20 世纪最后几十年,甚至巴黎(人们通常认为巴黎人"偏好"居住在人口稠密的地方)的中产阶层也开始往首都最边缘的"大花园地带"迁移。美国城市问题专家乔尔·科特金将之称作"郊区的胜利"。[①]

很多人纠结郊区究竟是城市还是乡村。其实,如果引入了前述城乡界定体系,这一难题将会迎刃而解。作为一个整体性概念的郊区是从功能和景观的角度来定义的,其中人口密集的居住区可能定义为城市,人

---

① [美]乔尔·科特金:《全球城市史》,王旭等译,社会科学文献出版社 2014 年版,第 203—222 页。

口稀疏的农产品产地可能定义为乡村,而这种定义又依据不同部门的不同政策目标来确定。这种情况下,再去对郊区是城市还是乡村进行争论已经失去意义。

对中国而言,无论是推进乡村振兴还是新型城镇化,未来都要注重郊区的发展。一方面,郊区是一种特殊类型的乡村,郊区发展本身就应该是乡村振兴的题中之义;另一方面,城市要发展好,必须要有一个形态稳定、功能完备的郊区作为支撑。高水平现代化条件下,城乡空间布局主要有两种组合,一是"都市圈+都市农业区",二是"中小城市+大宗农产品主产区",不同组合中的郊区形态是不完全一致的。第一种组合中,都市圈内部通常会呈现出大中小城市的梯次布局,都市农业承担着保障城市生鲜农产品供给的重任,城市不但可以为高值农产品提供强劲的市场需求,还能够通过技术和资源扩散带来都市农业的快速升级迭代。在都市圈内,郊区既是农户居住和农业生产的主要场所,也是技术和资源落地的主要场所,这里的郊区形态更多地呈现出"城市性"的一面。第二种组合中,通常会呈现出中小城市、市镇、农庄的均衡布局,农业以专业化、规模化的大宗农产品生产为主,城市主要为农业生产提供产业链支撑,并为农户提供合理的兼业机会。在这里,郊区的空间特征和功能特征不像都市圈那么鲜明,郊区形态更多地呈现出"乡村性"的一面。可以看出,特别是对都市圈和大城市而言,郊区承担着中心城区难以完成的城市功能,本质上成为城市经济和市民生活的一部分,为高密度的城市发展提供支持。

目前,我们面临的问题是,在城市化的浪潮下,人口集聚了、城市扩张了,但是真正的郊区形态却没有发育起来,相应的郊区功能也付之阙如。以至在一次会议上,周其仁发出了"我们的城市,还有郊区吗?"这样的诘问。这些问题的出现与城市政府对郊区的过度控制和干预有关。长期以来,我国的城市发展呈现出一种畸形的"按级别发展"形态,这种等级化逻辑也渗透进城市内部。地方政府通常把城市中心区发展作为工作重心,这些年随着国家对乡村发展的重视,特别是乡村振

美国华盛顿郊区（陈明 摄）

阿根廷布宜诺斯艾利斯郊区（陈明 摄）

郊区形态是反映一个国家现代化水平的重要标志。如果单纯看华盛顿的市中心和布宜诺斯艾利斯的市中心，未必会发现很大差距，后者甚至比前者更加繁荣。但如果将两个城市郊区放到一起比较，差距就十分明显了。

兴战略实施以来，乡村发展的优先序得到提升。而恰恰是郊区——这一既非典型乡村又非标准城市的特定地理空间，在城市发展中扮演了尴尬的角色。地方政府通常会采取人口控制、土地控制和发展机会控制等手段来控制和干预郊区的发展。①这种发展方式多年累积下来的结果是，很多地方的所谓郊区变得"城不像城、村不像村"，郊区功能空缺，实际上成为城市的"待开发区"。②

从世界经验看，发育良好的城市郊区大多是基于资源禀赋和经济规律自然演化的结果。在一个市场化条件下，各类要素在相对价格的牵引下会在城乡之间得到合理配置，这个配置在空间上的结果就会形成一个处于动态稳定中的郊区形态。尽管我们认识到了当前郊区发展中的问题，但想借鉴发达国家的经验却并不容易。城市的自行演化发展，需要良好的市场经济体制、清晰稳定的土地产权以及一套松紧得当的土地规划管理体系，这些都有待于改革的继续深化。

三、城乡互动

在城市化大潮中，原有的乡村居民点朝着两个方向发展：一方面，一部分乡镇和城郊村、城中村、经济发达村吸纳了大量外来人口，如果按照人口密度划分，已经达到了小城市标准；另一方面，典型农区和生态功能区的村庄人口大量流出，村庄规模快速收缩甚至走向消亡。这意味着，以现有村庄为基本单元的乡村治理格局已不具有无可置疑的正当性。未来，达到小城市规模的居民点要及时引入城市治理模式，大量不大不小的村庄合理归并为具有规模效应的大型居民点，而人口流出较多的村庄需要收缩为专业农庄等小型居民点。

---

① 熊万胜：《郊区社会的基本特征及其乡村振兴议题——以上海市为例》，《中国农业大学学报（社会科学版）》2018年第3期。

② 敖丽红、徐建军：《新时代乡村振兴与城郊经济发展的理论与实践探索——乡村振兴与城郊发展新时代学术研讨会暨中国城郊经济研究会2018年会综述》，《中国农村经济》2018年第10期。

村庄空心化问题也要有正确认识。村庄空心化本质上是高素质劳动力向高劳动生产率部门集聚的过程，这是经济发展的一个客观结果。城市化过程中必然要有一部分村庄消失，这本是一个自然历史过程，大可不必过度紧张。在不改变空间布局的情况下，要去治理空心村几乎是不可能的。一个个具体村庄的空心化实际是无解的问题。所谓空心村治理，主要是处理好城乡人口布局的调整和过渡问题，确保城市化快速推进过程中乡村社会总体稳定。

这里有必要着重谈一下城市化中后期的城乡人口波动与逆城市化现象。在城市化水平达到60%以前，人口通常是从乡村到城市单向流动的。而到了城市化中后期，通常会出现城乡之间人口的双向流动。美国在1950年代部分乡村地区就已经出现了人口增长，到了1960年代，日本、瑞士、挪威、意大利、丹麦、新西兰、比利时、法国、德国和荷兰等国距离城市较近的农村地区也出现了类似的人口增长。1980年，沃德韦尔将第一批重新出现农村人口增长的12个国家称为"转身国家"（turn-around countries）。[1]这个现象我们后来习惯称之为"逆城市化"。需要注意的是，逆城市化不是反城市化，而是高水平城市化阶段出现的一种人口在城乡之间和不同类型乡村之间结构性小幅持续波动的现象。理解逆城市化，需要把握以下几个特征：

第一，高水平城市化阶段城乡人口波动是正常现象。从美国经验来看，高度城市化阶段，城乡人口会呈现出阶段性的波动，乡村人口的波动从比重上讲比城市要大得多。1970年以来，美国乡村人口已经经历了三次大幅波动，比较近的变化是：2001—2006年，由于郊区扩张、老年人和第二居所向乡村地区迁移等因素，美国乡村人口进入增长区间，2006年达到顶峰；2006年之后，由于就业、住房等因素，美国乡村人口

---

[1] Elbersen, B. S., *Nature on the doorstep: the relationship between protected natural areas and residential activity in the European countryside*, Wageningen Environmental Research, 2001, p.42.

增长率极速下降，2010—2017 年进入负增长区间，2017 年之后这一趋势又反方向调整。①

第二，逆城市化通常不会改变城市化的大趋势。逆城市化可能带来特定区位乡村地区（比如城市郊区、特色乡村等）人口的增长，但在达到高度城市化均衡之前，乡村特别是偏远地区人口整体减少的大趋势不会改变。世界银行数据显示，在上述"转身国家"中，只有瑞士、意大利、新西兰、德国在个别年份出现过全局性乡村人口增长的情况，这种增长也是极小幅度和暂时的，所有这些国家自 1960 年至今的总趋势仍然是乡村人口不断减少。包括美国，虽然存在较大幅度的乡村人口波动，但其人口向城市转移的趋势并未改变。

第三，逆城市化很难给传统乡村带来直接增益。二十世纪六七十年代，随着长途通勤者的出现以及越来越多的人购买第二套住房或退休后来到农村，英国的乡村人口结构发生了明显变化。然而，逆城市化群体对村庄的认识与原住民截然不同，便捷的交通通讯使他们可以使用丰富的资源，他们通常很少使用当地的服务，也不会给当地发展带来直接增益。② 中国当前也出现了少量的所谓逆城市化人口，但这些人口大多居住在远离现有村庄的新建社区，即便居住在现有村庄中，通常也很难与原住民形成共同的社群。很多人寄希望通过逆城市化改善传统乡村的经济和治理状况，从世界经验来看这一设想很可能是不切实际的。

---

① 参见美国农村人口与迁移概述，https://www.ers.usda.gov/topics/rural-economy-population/population-migration/.

② Wallace, D. B., "Rural policy: A review article", *The Town Planning Review*. Vol.52, No.2, 1981.

日本北海道网走市（陈明 摄）

东京已经是世界上最大的都会区之一，但日本的年轻人仍然把"上京"视作学习和工作的首选。鄂霍次克海岸边的小城——网走，街道上人烟稀疏，很久都看不到一辆车驶过。

第二节 城乡形态现代化的空间布局

空间布局的优化调整要放到城乡形态现代化的视野中去分析审视。城乡形态是指不同等级、不同类型城市和乡村之间的空间布局关系，以及与之关联形成的人口布局、经济联系和功能分化。空间布局作为城乡形态在大地景观上的投射，是城乡形态最显见的外部特征；空间布局与经济活动之间的功能耦合关系，则构成了城乡形态的秩序基核。作为城乡形态的外部特征，空间布局是一种看得见、摸得着的表观秩序，但其变动有着具体的微观基础和深刻的政治经济根源。空间布局具有强烈的导向效应，现代空间布局的构造过程，同时也就是空间布局与经济活动耦合关系的调整过程，同时还是空间秩序的重塑过程。世界上所有原住民国家在前现代都形成了各具特点的城乡形态。前现代的城乡形态是因应农业社会的生产生活条件而演化和塑造的，这些国家与现代化相遇时，无一例外都面临着城乡形态的现代转型问题。统筹新型城镇化和乡村全面振兴的一个重要任务就是塑造现代化的城乡形态，让乡村发展从空间上、经济上、制度上融入中国式现代化大局。

一、城乡形态演化的一般规律

城乡形态（urban/rural morphology）概念来自城市形态（urban morphology）概念的拓展。在规划领域中，城市形态主要是指城市聚落的形制、布局、尺度、密度、肌理等空间特征，城市形态学主要研究城市空间特征的形成和转变过程。随着发展和研究的深入，人们以小城镇研究为切入点，对城市形态的理解从两个角度得到拓展。从规划设计角度入手，人们发现不同城市形态会有不同特性，从而给城市功能带来影响，小城镇设计或整合的关键问题是处理既有城市形态与城市功能的关系；[1]

---

[1] ［加］阿维·弗里德曼编著：《中小城镇规划》，周典富译，华中科技大学出版社2016年版，第60页。

从城乡关系角度入手，人们对小城镇与乡村腹地之间经济互通和功能互补的认识日趋深化。几乎在同一时期，主要发达国家的农业生产、贸易、环保等政策被新的农村政策范式所取代——这时的农村问题已经不再是单纯的农业或环境问题，而是关于农村空间的特定含义、功能和管理问题。[①]在上述背景下，城市形态研究逐步向城乡形态研究拓展。[②]

关于城乡形态的演化规律学界已经形成了一些共识性认识。现代化理论认为，前现代社会中，城市并不是中心性地主宰着乡村，相反它们被广阔无际的乡村所包围，并寄生在乡村的农业生产之上。工业主义催生的现代城市，颠倒了农业社会中乡村的主导地位，城市成为权力和经济的中心，乡村成为社会的边缘并且依附于城市。[③]之所以会发生这一变化，是因为现代世界体系是以城市为节点编织形成的。现代化早期，城市首先建立了现代市场体制，从而确立了对乡村的统辖和支配地位。广大的乡村逐渐成为城市经济的腹地，其资源、劳动、消费甚至资本等都源源不断输送到城市，成为被城市的资本积累过程支配乃至剥削的客体。[④]传统向现代跃迁的过程中城乡关系确实发生了一定程度的倒转，但在现代化条件下简单讲谁依附于谁、谁支配谁并不十分恰当。准确地讲，应该说城乡之间存在功能互动，而在二者关系中城市居于更加重要和主导的地位。

经验意义上，当一个国家的城市化率达到70%左右时，城市化的速

---

① [英]迈克尔·伍兹：《乡村地理学——乡村重构的过程、反应和经验》，王鹏飞、鲁奇译，商务印书馆2022年版，第243页。
② 在英文语境中，urban/rural morphology 使用仍然不多，城市形态向城乡形态的拓展主要表现为 urban morphology 研究中包容了更多的乡村空间问题。但在汉语中，人们通常从狭义上理解城市和城市形态概念，因此必须专门使用城乡形态概念来体现这一变化。
③ 汪民安：《现代性》，南京大学出版社2020年版，第42页。
④ 李家翘：《资本主义世界体系与其空间的生产——一个有"后现代"视角的现代化理论刍议》，载北京大学世界现代化进程研究中心编：《现代化研究》第3辑，商务印书馆2005年版，第112—113页。

度会变慢，这时城乡关系通常也会进入到新的调整阶段。发达国家乡村普遍摆脱了相对于城市的单向性依附地位，重建了现代化的城乡专业分工格局。如果将抽象的城乡关系落实为具体的城乡形态，现代化的结果就直接表现为城乡空间形态的再定义。在第一章中已经介绍过，现代化进程中传统人类聚落会逐步分化为城市、市镇和半稠密地带、乡村三类空间区块（见表1-3）。城乡形态演化的一个比较理想的状态是，人口主要向城市群都市圈集中的同时，能够在小城市、市镇和半稠密地带、乡村之间均衡分布，且不同的空间区块之间能够形成适当的功能组合。

关于中国城乡形态现代化的路径，费孝通先生在《乡土重建》中有非常精要的概括：在传统中国，典型意义上的市镇并不是一个生产基地，而是最先由富裕阶层集结而成的消费社区，再逐步发育产生了一定的商业社区。而县城以及更高等级的城市，实际是一个政治中心，布局上偏重于统治和安全的需要。现代化过程中，关键是实现乡村和市镇的分工合作，一方面要将市镇发展成为一个生产中心，另一方面乡村要逐步放弃分散的手工业，实现专业的农业生产。[①] 应该说，能够在近80年前提出这样的认识，是非常具有前瞻性的。可惜的是，后来的发展并未沿着这一轨迹运行，市镇与乡村的合理分工受到抑制，一个专业化分工基础上的城乡形态至今尚未形成。

二、农业农村失衡陷阱：一个发展假说

过去多年里，城市获得了高速发展，但绝大部分的乡村并没有获得同步繁荣。乡村振兴战略实施以后，农业现代化水平快速提升，农村基础设施和公共服务也有了很大改善，但距离真正意义上的乡村现代化仍然存在不小的距离。

乡村现代化可以理解为一组均衡协调关系，首先是农业农村发展与工业化城市化进程的相互融合，同时在乡村内部农业现代化又与农村现

---

① 费孝通：《乡土中国》，上海人民出版社2007年版，第253—266页。

代化互为支撑、均衡协调。从一般规律而言，这组关系包含以下逻辑过程：一是工业化城市化的起源与扩散；二是农业产业革命和要素组合的基要性变革；三是农业现代化向农业农村现代化拓展；四是农村经济系统与城市经济系统、农业现代化与农村现代化之间实现均衡协调。在上述过程中，最容易出现断裂的就是农业现代化向农业农村现代化拓展的"交叠界面"。之所以出现这个问题，是因为农业现代化与农村现代化是一个相互衔接却又不完全相容的过程。为了方便理解，可以工业化与城市化的关系作为参照进行一个比较分析。工业化和城市化的关系、农业现代化和农村现代化的关系，都可以理解为产业发展与空间演进的关系。现代化进程中，工业化产生集聚效应带来了城市化的推进，城市化进一步增强集聚性又反过来促进了工业化进程，工业化和城市化这两个过程是互相促进、高度相容的。但农业现代化和农村现代化的关系则与之存在较大差异，农业现代化并不会自然而然地推动农村现代化进程。工业化城市化的成果向乡村的溢出首先带来了农业现代化，农业现代化意味着更高的劳动生产率、更少的人力需求、更大规模的农业生产，而结果通常是工业化的拉力和农业现代化的推力共同促进了人口转移，越来越多的乡村难以具备支撑公共设施和商业设施的人口规模，沿着这一逻辑演化的结果很可能是乡村的衰落。

  农业现代化向农业农村现代化拓展是一个世界性难题。美国大约在1970年代就进入农业农村现代化的"交叠界面"，但20年之后二者的关系仍旧没有很好地理顺。1990年代的美国所呈现出的是：农业正在成为与制造业一样的产业，如果从其所创造和维持的就业、产生的财富、对社区的再投资等方面来衡量，农业对农村发展的影响即便不是反作用，充其量也就是中性的。[①] 从一些国家的经验看，如果农业现代化与农村现代化之间的非相容性不断扩大，工业化城市化和农业现代化仍然有可能

---

① Pasquarelli, E. G., "A European perspective 12 impressions of rural America", *Rural Development Perspectives*, Vol.9, No.1, 1993.

继续发展（尽管也会有效率损失），而农村发展则会长期受到抑制，最不利的情况甚至可能落入农业现代化单边突进而农村发展陷入停滞的"农业农村失衡陷阱"。①

中国为了避免陷入这种被动境地，一定要尽早采取干预措施。作为一个特定空间的现代化，农村现代化的关键就是依从人口布局、经济联系和区块功能的变化推动城乡形态的现代转型。城乡形态现代化绝不是无关紧要、可有可无的，从发展的底线逻辑出发，如果不能主动应变求变、顺应趋势推进城乡形态现代化，一个国家就有落入"农业农村失衡陷阱"的风险；从发展的理想图景着眼，如果顺利实现了城乡形态现代化，也就可以说这个国家历史性地跨过了"农业农村失衡陷阱"。

三、城乡形态现代化的空间定位

通常情况下，可以将市镇和半稠密区块以及乡村区块一并视作广义的乡村功能区。未来，大中城市发展主要是内部的升级更新，城乡形态的变动主要发生在广义乡村功能区。城乡形态现代化首先要明确广义乡村功能区内部不同聚落区块的空间定位，这包括不同区块在集聚规律、产业发展、功能形态等方面的综合特征。

（一）县城和市镇：乡村的专业化节点

谈到乡村振兴，很多人的目光就盯在村里，其实这是比较局限的。按照中国的行政区划来说，县域可以视作一个广义乡村功能区，而县城

---

① 发展研究领域中存在一系列"发展陷阱"假说，人们比较熟悉的有"中等收入陷阱""贫困陷阱"等。"中等收入陷阱"是指一组在高速发展后出现衰退的国家，其在人均 GDP 和人均收入等宏观经济指标上表现出相似的特征，于是用这种特征对发展问题进行了命名。可见，"中等收入陷阱"针对的并不是一个具体的问题，而是对不同国家特定发展阶段中问题的一个统称，目前对其中不同问题的类型、机制和归因的认识还很不充分，有待更加细致的拓展分析。"农业农村失衡陷阱"是从农业农村发展的相对性关系出发，来刻画和理解后发国家现代化进程中农业现代化与农村现代化的非相容、非均衡现象。一个初步思考参见陈明：《如何跨过"农业农村失衡陷阱"？》，https://www.thepaper.cn/newsDetail_forward_23258101。

和市镇是推进乡村全面振兴的核心动力引擎。① 这个判断的主要依据是：第一，县城和市镇既是城市体系的基层基础，又是连接城与乡、工与农的重要节点，还是县域经济的主要支撑。第二，县城和市镇是县域内生产、就业、消费、服务的中心，是维持县域活力的区域中心。欧洲的研究发现，乡村地区的中小城市在区域经济中具有核心功能，市镇是乡村居民重要的工作和消费场所，同时市镇还为乡村居民提供了高阶商品和服务。这一特征在英国、法国这种市镇活力强、乡村腹地广阔的国家尤其显著。② 第三，县城和市镇是带动乡村人力资本积累的专业化节点。人们经常提到的乡村人才振兴本质上是强化乡村的人力资本积累。乡村自身是难以产生内生性人力资本积累的，实现乡村人才振兴只能依靠城市人力资本的溢出。人力资本溢出需要一个承接载体，显然，只有农业和简单服务业的村庄是难堪此重任的。因此，在广义乡村功能区必须有一个特定空间，有足够的经济密度、物质条件和社会联系，能够承载一定规模的人力资本溢出，这个空间只能是县城和市镇。

城市经济学研究认为通常存在两种类型的城市，一是综合性城市，二是专业化城市。综合性城市为新技术、新产品、新业态的创造提供了肥沃的土壤，这里是企业创新的实验室；而当企业发现了理想的流程和工艺之后，为节约成本就会选择向外迁移，重新集聚形成专业化城市。③ 在中国，少部分发达地区的县城已经成为综合性城市，但绝大多数县城和市镇的定位应该是成为一座专业化城市。中国很多县城的专业化水平

---

① 这里所说的市镇是指在县域中发挥辅助中心地作用的实体空间，不能直接等同于行政区划中的市或镇。从现实形态讲，理想意义的市镇主要由部分富有活力的建制镇发育形成。

② van Leeuwen, E. S., *Urban-rural Interactions: Towns as focus points in rural development*, Heidelberg : Springer-Verlag Heidelberg, 2010, pp.157-165.

③ ［美］阿瑟·奥莎利文：《城市经济学》，周京奎译，北京大学出版社2015年版，第68—69页。

已经很高，甚至还涌现出了一大批"特色小镇"。从世界经验看，如果一座市镇的专业化水准达到极致，那的确是叹为观止的。比如，德国巴登—符腾堡州的图特林根（Tuttlingen）这座人口不足4万人的小镇，汇集了600家医疗技术和器械企业，医疗器械产品约三分之二用于出口，同类产品出口额仅次于美国居世界第二位，被外界称作"世界医疗技术之都"。① 中国市镇的专业化水平尽管还没有这么高，但是在制造业领域产生一批尖端的专业市镇也绝非遥不可及的梦想。

当前最大的问题在于，占中国乡村主体的典型农区县城和市镇的发展不容乐观。典型农区县城和市镇的发展目标主要不是成为（从规律上讲也不可能大批量成为）综合性城市或者制造业强镇，除了通用产品和服务，它们核心功能是成为农业产业链上的一个专业化节点。从这个意义上讲，典型农区的县城和市镇需要提供的是完全不同于综合性城市以及少数制造业专业市镇的产品和服务集合。典型农区的县城和市镇应该着眼于这一核心功能，首先明确发展定位不是疏解大城市人口，不是单纯扩张建设用地，不是开发房地产，也不是实现所谓的就地城镇化，而是要成为服务乡村腹地的区域中心和专业节点。

（二）郊区：现代城市的功能拓展区

现代城乡形态中，郊区具有"中间性"特征，但从功能上应该视作城市功能的一部分，中心城区和郊区的功能互补共同构成了完整的现代城市功能。郊区在城乡形态中处于特殊位置、具有特殊功能：一是作为生态环境屏障，阻止城市无序蔓延；二是满足高品质、低密度的居住需求；三是提供休闲、旅游和养老场所；四是改善食物"安全里程"，提

---

① 参见《世界医疗器械之都：小城 Tuttlingen》，"发现德国"公众号，2024年1月8日。

供丰富的生鲜农产品。①正因为郊区功能如此丰富，主要发达国家在现代化过程中几乎全部都出现了大规模的郊区化。

美国不是最先开启郊区化的国家，但绝对是在郊区化道路上走得最远的国家。美国大规模郊区化是在二战后的20年里。据统计，1933年美国新建住宅开工量只有9万多套，二战前的年平均开工量为35万套，到1950年则跃升到200万套。1945—1973年，联邦住房管理局（FHA）为1100万套住房提供了贷款。大规模开发背后的指导思想来自于当时盛行的福特主义——为大规模消费进行大规模生产。②美国的郊区化也带来了一系列问题，批评家将其概括为"扁平化"（flattening）和"蔓延"（sprawl），主要问题是边界无节制扩张、功能分区单一、景观千篇一律、耗费大量土地，并且引发了中心城区空心化和城乡公路的拥堵。③

中国郊区面临的问题倒是恰恰相反。过去20年的高速城市化过程中，中国的郊区形态并没有真正成型，所谓郊区在很大程度上成了规划上的"留白用地"和"待开发区"。直至今日，我们对郊区空间定位的认识仍然是比较模糊的，城市化大潮过去之后，确实应该沉下心来思考郊区的问题了。

2023年10月，自然资源部向各省自然资源部门印发通知，建议取消远郊区容积率1.0的限制。这一政策中有两个关键词需要注意：一是远郊区。结合现实思考就会发现，对中小城市而言，无论是政策文件还

---

① 食物里程（Food miles）指的是消费者消费与食物原产地之间的距离。食物里程高，表示食物经过漫长的运送过程，而且对于果蔬和肉类来说，食物里程越高则表示该食品越不新鲜。参见吴文媛：《专业农区如何发展？来自规划学科的思考》，https://www.thepaper.cn/newsDetail_forward_1373891。

② ［美］诺克斯、［美］麦卡锡：《城市化：城市地理学导论》，姜付仁等译，电子工业出版社2016年版，第91—92页。

③ ［美］安德鲁·杜安尼、［美］普雷特·兹伯格、［美］杰夫·斯佩克：《郊区国家：蔓延的兴起与美国梦的衰落》，苏薇、左进译，江苏凤凰科学技术出版社2016年版，第22—25页。［美］朱迪丝·德·容编著：《新型城市郊区化》，张靓秋、宫本丽译，华中科技大学出版社2016年版，第27—32页。

是现实生活中都几乎不存在远郊区的概念，远郊区这个概念其实只对超大特大城市才有意义。换言之，可以认为这项政策主要是针对超大特大城市的。二是容积率。一般认为，容积率1.0是独栋别墅与其他住宅形态的分界线。1994年国家出台"限墅令"，开始限制别墅用地；2012年，"限墅令"升级为"禁墅令"，划定了住宅项目容积率不得低于1.0的标准，在过去十年间关上了别墅建设的大门。综上所述，新的政策简单说就是允许在超大特大城市远郊区建别墅。

这个政策的想象空间非常大，如果真正落地，会给超大特大城市郊区形态的演化带来深远影响。从需求侧看，超大特大城市中相当一部分居民对于独栋别墅是有需求的，过去多年里，由于"禁墅令"的存在，这种需求未能充分释放，一部分需求被"类墅"项目所替代，还有一部分需求转化成了郊区农家院的长期租赁。从供给侧看，还要考虑到另一个重要的背景，就是超大特大城市郊区都已经划定了永久基本农田，远郊能够动用的土地主要是乡镇和村庄的存量建设用地。如果别墅市场规模达到一定水平，就会带动远郊区存量建设用地大开发，进而促进郊区功能的逐步完善，最终在超大特大中城市周边达成城乡形态现代化的目标。这可能是一个比较理想的推演，但毫无疑问这是郊区功能提升的一个很好的契机。

未来，全面开启中国郊区形态现代化建设的一个基本思路是：着眼于郊区在生态、居住、休闲以及生鲜农产品生产方面的定位，在城市周围划定一个拓展区，在此区域区内简化土地利用的管理和审批程序，以乡镇和村庄存量建设用地开发为契机，在郊区塑造一种城乡之际的空间形态，带动郊区城乡形态的现代转型。可以放心的是，中国受自身历史基底和政策导向的约束，不会出现美式郊区化中的"蔓延"问题。

（三）村庄：乡村振兴的微观单元

明确现代化进程中村庄的空间布局，要廓清关于村庄形态演化的一些基础认识。

第一，村庄从何而来。我们可以用"定居—驯化—村庄—农耕"这个逻辑链条对村庄的形成进行一个极简刻画。大约 1.5 万年前，末次冰河期结束之后，人类获得了较为充足、稳定的食料供应，开始出现了松散的、游动性的定居；大约 1.2 万年前，人类开始驯化动植物，延续化、永久化的村庄居住形式逐步固定下来，这个过程在历史上被称作"农业革命"。[①] 不能忽视的最后一条是，农耕锁定了村庄的规模——村庄规模与特定农业技术水平下可耕作的土地面积保持一致。[②] 以上构成了村庄形成和绵延的逻辑闭环。

第二，村庄因何形变。按照上述村庄规模的约束条件，如果任由村庄自然演化，摆在现代化门前的应该是比现在分散得多的自然村落。但事实上，国家从建立开始，为了维持税赋基础，就不断地对村庄这种"谷物—人口"模块加以控制和改造。[③] 从秦汉到明清，村庄聚落形态演化的总体趋势是从自律秩序主导的分散居住形态向他律秩序主导的集中居住形态转向。[④]

第三，村庄向何处去。农业社会中，村庄的产生与形变，是特定农业生产方式和国家治理需要下共同作用的结果。任何一个村庄本身都并非神圣不可动摇的存在，认识到这一点实际是完成了村庄的"祛魅"过程。如今，传统村庄已经不可能在农业现代化条件下静态地适应，不同类型的村庄都必须找到新的出路。

村庄是乡村振兴的微观单元，但乡村振兴不是每个村庄都振兴，"村村点火、户户冒烟"只是热闹，不会造就繁荣。从世界经验看，现代化过程中乡村人口减少条件下传统村庄的出路不外乎以下几种：或是与现

[①]［美］刘易斯·芒福德：《城市发展史——起源、演变和前景》，宋俊岭、倪文彦译，中国建筑工业出版社 2004 年版，第 9—14 页。

[②]［德］克里斯塔勒：《德国南部中心地原理》，常正文、王兴中等译，商务印书馆 2010 年版，第 5 页。

[③]［美］詹姆斯·斯科特：《作茧自缚：人类早期国家的深层历史》，田雷译，中国政法大学出版社 2022 年版，第 171—175 页。

[④] 鲁西奇：《散村与集村：传统中国的乡村聚落形态及其演变》，《华中师范大学学报（人文社会科学版）》2013 年第 4 期。

代产业结合进入新的产业链，或是作为城市就业通勤人口的住所，或是依托自身禀赋成为特色文旅目的地，或是收缩为几户人家的专业农庄，如果这些都做不到，就只有衰落和消亡。本质上讲，城乡形态现代化正是以传统村庄这一微观单元的分化重组为基本过程的。村庄现代化的一个前提是必须具备开放发展的制度基础，即土地、人口、资本能够与整个经济体系交流互动，根据发展需求灵活配置。如果是在一个封闭性的结构下，城乡要素不能交流互通和灵活配置，村庄转型则无法顺利展开。这种情况下，乡村功能得不到发挥，城乡互动难以形成，短期看受损的是乡村，长期看则是以整个经济体的发展扭曲为代价的。

城乡形态可以说是理解和观察中国乡村现代化的一个特定界面。城乡形态现代化的命题是基于两方面考虑提出的：一是发展的规律性。从世界经验看，随着现代化的推进传统城乡形态会发生现代转型，如果这种转型没有或尚未发生，说明在空间布局或制度基础方面出现了某些问题，这时就需要分析原因并作出必要干预。二是发展的公正性。人口向城市群、都市圈集中是一个长期趋势，但从公正性角度讲，典型农区乃至一些衰退地带的县城和市镇仍然应该（也有可能）获得一定发展，这不但对当地居民至关重要，而且对保障农业人口的公共服务可达性、提升典型农区整体活力也不可或缺。

中国城乡形态现代化的一个理想图景是：随着各类传统空间聚落的分化重组和功能重塑，广义乡村功能区内部将形成小城市、市镇、村庄、农庄梯次合理的现代化布局。县城和市镇成为乡村功能区的专业节点和区域中心，郊区成为各类城市功能区的一个重要组成部分，专业农庄替代传统村庄成为农业生产的基本单元。我们的讨论所聚焦的是城乡形态的典型事实和一般规律，并不意味着所有的乡村聚落都照此轨迹演进；这个演进是一个长期的历史过程，其中的技术细节需要根据现代化进程不断调整。

西南丘陵山区的村庄（陈明 摄）

中国南方丘陵山区村庄布局、农田布局非常分散。传统生产生活条件下，这种分散的布局在当地具有空间和社群的合理性。现代化进程中，乡村空间布局势必要根据生产布局和技术边界的移动作出适应性调整。

第三节 城乡空间重组的典型模式与学理讨论

近年来,各地在推进乡村振兴过程中围绕城乡空间布局调整问题开展了积极探索,取得了一定成效和经验,但存在的问题也十分明显。一是对空间布局演化规律认识不足,村庄调整合并的规模和节奏不符合科学规律;二是缺少系统性谋划,在实施空间布局调整时产权结构、治理结构的调整没能同步跟上,带来了空间与治理的错置;三是个别地区在工作中粗枝大叶、大拆大建,从而引发了新的矛盾冲突。上述几个方面问题叠加,使城乡空间布局调整陷入了进退维谷的境地。不动,则乡村空间散乱、城乡功能交叠的问题得不到解决;一动,又担心带来治理弱化、社会冲突等问题,决策层和执行层都难下决心。对此,本节对城乡空间布局调整所涉的重大理论和现实问题进行讨论,提出乡村振兴中城乡空间重组与治理重构的系统性方案。

一、城乡空间重组的典型模式

从全局看,当前城乡空间布局调整工作主要有三种模式:一是东部平原地区在村庄类型划分基础上开展的大规模调整合并工作,较为典型的如山东的"合村并居";二是东部发达省份在保持村庄布局总体稳定的情况下开展的小幅调整集聚,较为典型的如江苏"相对集中居住";三是中西部地区在脱贫攻坚框架下开展的易地扶贫搬迁、生态移民搬迁等,也在客观上发挥了空间布局调整的功能。针对上述三种类型,选取三组典型模式,对其实施过程进行介绍,并对其操作方式和效果进行扼要评论。

(一)山东"合村并居"

山东是最早开展村庄调整合并的省份之一,这与其乡村人口布局和空间布局基础有很大关系。据相关负责人介绍,山东目前有行政村 6.95

万个,数量居全国第一;平均人口 530 人,在全国居倒数第二。[①] 长期以来,高度分散的村庄和人口布局成了山东乡村发展的一大制约,全省上下优化城乡空间布局的愿望和动力一直比较强。2006 年的新农村建设规划中提出引导强村、强企兼并联合小村、弱村,在有条件的地区推进村庄整合和人口集聚,建设新型农村社区。2014 年规划中,计划到 2030 年形成 7000 个左右的新型农村社区,保留改造各类村庄 3 万个(见表 4-3)。2019 年,全省村庄分类中明确的搬迁撤并类村庄 2.1 万个,数量与 2014 年规划基本保持一致。[②]

表 4-3 山东省城乡空间布局调整规划

新的居民点类型		数量	现状村庄变动情况	人口预测
新型农村社区	城镇聚合型	3000	1.4 万个左右村庄纳入城市和小城镇统筹布局。	约 1400 万人
	村庄聚集型	4000	2.1 万个村庄撤并组建新型农村社区。	约 1800 万人
村庄	中心村	5000	改造提升后保留约 3 万个村庄。	约 2300 万人
	普通村	25000		

资料来源:《山东省农村新型社区和新农村发展规划(2014—2030 年)》。

山东城乡空间布局调整工作已经持续开展了近 20 年,建成新型农村社区 6000 多个,总体进度上半岛地区快于内陆地区,鲁西北快于鲁西南和鲁南地区。通过调整,城乡空间布局显著优化,群众居住条件逐步改善,村庄组织建设得到加强,乡村公共服务实现了有效的延伸覆盖。当然,地方政府在实施过程中存在一些急躁冒进的做法,比如补偿标准过低、先拆后建、对群众意愿尊重不够等问题,都必须彻底纠正并引以为戒。但要注意,这些都是工作方式和利益平衡问题,不能因此影响对城乡空间布局调整必要性的判断。

---

① 参见《介绍打造乡村振兴齐鲁样板有关情况》,http://www.shandong.gov.cn/vipchat1//home/site/82/882/article.html。

② 上述部分信息通过赴山东省有关部门实地调研获得。

（二）江苏"相对集中居住"

江苏也是全国开展城乡空间布局调整工作起步最早的地区之一。2006年，江苏启动了全省镇村布局规划工作，计划在20—25年内，将全省约25万个自然村逐步优化调整为4万个规划居住点。这一规划已经实施了15年时间，目前江苏共有行政村1.7万个，自然村17.6万个，可以说取得了积极成效。根据2018年的调查，江苏共有空心村225个，占全省行政村总数的1.3%，这个比例在全国是最低的，其中苏北153个，苏中72个，苏南没有。[①] 总体看，江苏村庄布局的集中度比较高、空心村占比较小，与山东以及内陆省份相比，城乡空间布局调整的压力要小得多。

自20世纪80年代以来，苏南地区就着力开展小城镇建设，逐步形成了布局合理的大中小城镇格局，现有的村庄在公共服务、生活功能、人居环境等方面基本达到了生态宜居的要求。总体看，苏南地区城乡一体化已经基本实现，城乡人口布局实现了相对均衡，未来城乡关系演化将会是一个长期的过程，不宜再采取大规模的人为干预措施。目前，江苏城乡空间布局调整的重心主要在苏中和苏北地区，尤其是苏北地区面临压力较大。

乡村振兴战略实施以来，苏北的淮安等地开展了乡镇布局优化和农村相对集中居住工作，协同推进新型城镇化和乡村振兴。淮安市洪泽区内辖洪泽湖，区内水域面积占56%，人口只有38万，城镇人气不旺一直是制约该区发展的一大瓶颈。2018年，洪泽区计划在全区建设相对集中居住点30个，其中城镇周边布局20个，优先引导搬迁农户靠近城镇居住；农村地区布局10个，基本实现有条件的农民全部集中居住。通过这一计划，有序引导约2万农户7万农民实现相对集中居住。[②] 目前，农村相对集中居住工作已经在苏北地区全面推广，这将为江苏实现乡村

---

① 参见《江苏省委农工办关于"空心村"调查的情况报告》（2018年9月）。
② 参见《洪泽区农村相对集中居住工作开展情况汇报》（2018年8月）。

全面振兴奠定坚实基础。

（三）陕西易地扶贫搬迁

近年来，按照中央脱贫攻坚工作要求，中西部省份在深度贫困地区开展移民搬迁工作，这应该被视作城乡空间布局调整的一部分。笔者以陕西省铜川市耀州区为例，对这一政策进行评述。

铜川市耀州区地处关中平原北部、渭北高原南缘，原称耀县，在这里诞生了西北第一个山区根据地——陕甘边照金革命根据地。耀州区过去属于国家扶贫开发工作重点县（区），脱贫攻坚启动时全区共有贫困村58个，建档立卡贫困人口7179户21877人，贫困发生率12.3%。2011年，《铜川市耀州区统筹城乡发展总体规划（2011—2030）》发布，耀州区对域内城乡空间布局作出安排。按照该规划，现状已经进入城镇开发边界范围的村庄整体撤并归入城镇，100人以下的自然村逐步搬迁撤并，对于人口规模略大的偏远村庄密切观察，远期有条件时予以撤并（见表4-4）。[①]2016年，耀州区制定了易地扶贫搬迁专门规划，对一方水土养不活一方人的村庄，在尊重群众意愿的情况下执行贫困户易地扶贫搬迁政策，其他搬迁户参照执行避灾生态等同步移民搬迁政策进行整体搬迁。

表4-4 铜川市耀州区城乡空间布局调整规划

居民点等级	数量	功能定位	人口规模
区域中心	1	耀州中心城区和铜川新区、关中北部区域中心城市、铜川市域中心城区	20万—30万人
重点镇区	9	各类旅游名镇、新型工业化城镇、现代农业专业镇	>1万人
中心社区	40	集聚区的管理中心、服务中心、居委会所在地，生产生活功能完善的居住社区	>2000人
旅游特色村	13	有特色农业或旅游资源的村庄	>500人
生态示范村	35	暂时予以保留更新村庄	500人左右

---

① 参见《铜川市耀州区统筹城乡发展总体规划（2011—2030）》。

照金革命根据地所在的照金镇山大沟深、基础设施欠账多，贫困发生率高出全区平均水平7个百分点，全区7个深度贫困村6个在照金。按照规划，耀州区将照金革命老区6561户22649名群众进行了移民搬迁。[①]在空间布局调整过程中，针对照金镇居民分散、镇区规模小、主导产业乏力的状况，耀州区在人口布局、产业布局、资金投入等方面向镇区倾斜，短短几年里就将一座贫困落后的山区小镇打造成为现代化的红色旅游名镇。

总体看，耀州区充分利用了易地扶贫搬迁政策，并结合前期规划适度扩大城乡空间布局调整范围，实现了新型城镇化与乡村振兴协同推进。如果各地都能充分用好易地扶贫搬迁政策，不但能够有效解决深度贫困人口的脱贫问题，而且能够为乡村振兴奠定重要的空间基础。当然，受制于自然空间、发展水平和人口布局等基础条件，中西部地区的城乡空间布局调整不可能与东部地区放到同一水平上衡量比较。未来乡村振兴中的空间布局调整，也必须针对不同的基础条件制定差异化的推进方案。

二、城乡空间重组的若干操作难题

《乡村振兴战略规划（2018—2022年）》对统筹城乡发展空间、分类推进乡村发展作出了重要部署，各地也制定了相应的规划或方案。但由于客观条件或者认识水平的约束，各地在操作过程中面临许多难以有效平衡和破解的难题，可能会影响政策的执行。下面，结合上述典型案例，对这些操作难题进行讨论。

（一）规划布局问题

1.哪些村庄有必要开展空间布局调整？这是各地操作中面临的首要问题，也是一个普遍难题。认识这一问题首先要对村庄类型作出合理划分。当前中国村庄可以分为三类：一是城中村、城郊村和经济发达村；二是典型农区村庄；三是生态功能区村庄。据大略估算，第一类和第三类各占15%，第二类村庄要占到70%左右。针对不同类型的村庄宜采取

[①] 参见《照金革命老区开发建设总体规划》（2016年9月）。

差别化的政策措施。

第一，生态功能区村庄亟须开展空间布局调整。因为历史原因，有很多村庄处于深山区、林区、草原和河流湖泊最高洪水位控制线范围内，这是农业社会中人地矛盾突出和资源争夺的结果。人类整体生存能力比较低的时代没有办法，现在应该有所改变。现代社会条件下，原本占据的保护地范围的土地，应该尽快腾退，还给自然。

第二，占中国乡村绝大多数的典型农区村庄需要进一步细分。一是空心村和小规模村庄，这部分村庄毫无疑问也属于优先调整的对象，宜通过撤并重组引导人口向城镇集聚。二是规模适中、布局集中的村庄，宜强化与周边城镇（村庄）的交通和经济联系，探索通过组建镇村联合体、村村联合体的方式进一步集聚提升。三是布局分散的村庄，宜借鉴"自治下沉"改革经验，将村民自治下沉到自然村（居民点）一级，增强小共同体的自治能力。

第三，城中村、城郊村和经济发达村需要开展治理体制调整。这些村庄，已经不是传统村庄那样的稳定的、结构化的共同体，而是带有城市色彩的"中间"形态的聚落空间。村庄的城市性在增强，乡村性在淡去，是一个不争的事实。这个时候，仍然沿用传统的乡村治理模式，无论设计得多么"现代化"，也是不符合治理需要的。这类村庄，当前可能不需要对其空间布局进行过多的人为干预，但需要变乡村治理体制为城市治理体制，使治理体制与空间形态、产业形态相适配。

2. 城乡空间布局调整的速度和节奏如何把握？这与对城市化水平以及农业从业人员比重的判断有很大关系。当前的统计数据中，城市化水平存在低估，农业从业人员比重存在高估。由此带来的问题是城乡空间布局规划往往滞后于人口布局的实际变动。上述山东新农村建设规划即是一例。按照这一规划，2030年农村人口预计为4400万，但实际上2019年山东城镇化率已经达到62%，农村常住人口已经不足3900万。也就是说，规划中的社区和村庄建设已经跟不上实际需要。考虑到统计上的偏差短期内很难得到纠正，未来城乡空间布局调整宜坚持超前规划、稳慎推进的原则，规划编制中适度超前，为未来发展留下空间，但在具体实施过程中，坚持成熟一个推进一个，不搞"一刀切"。

（二）规模区位问题

城市的本质是人口集聚引发经济集聚，乡村与城市的基质差异即在于人口规模和密度。人口分散、规模过小是制约村庄经济发展和公共服务供给的关键短板，当前乡村治理存在明显的经济效率损失。一是行政效率低。目前，村委会和居委会的正式人员都是4—5人，但一个村委会的平均服务规模约为1042人，而城市一个居委会的平均服务规模是7648人，从行政效率上讲前者不足后者七分之一（见表4-5）。现代社会治理的高效运转依靠的是一个专业分工体系的密切配合，城市居民事务大多不依赖社区解决，因此一个居委会可以服务近万人，而一个村委会只能服务千人左右。二是基础设施效率低。在大规模的乡村建设行动下，未来乡村基础设施不但要向村覆盖，还要向户延伸。但在平均一个村庄只有1000人左右的情况下，水电路气房等基础设施投入将是高度分散而低效的。三是公共服务效率低。当前，79%的村庄规模在1000户以下，这样的规模正好处于人口的不稳定区间，绝大多数村庄达不到公共服务规模的底线。城市社区尽管也有36%不足1000户，但城市社区只是一个治理单元，而非独立的住区单元，所以并不存在这个问题。城乡之间的差异将长期存在，但要尽量寻找优化方案。

表4-5 城乡社区自治组织规模比较 （单位：个，%，人）

		村委会		居委会	
		数量	占比	数量	占比
总数量		489403	100	117938	100
其中	1000户以下	386836	79	42544	36.1
	1000—3000户	88434	18.1	50370	42.7
	3000户以上	14133	2.9	25024	21.2
社区居委会（村委会）成员数		2153850		663419	
平均每个社区居委会（村委会）成员数		4.4		5.6	
平均每个社区服务的人数		1042		7648	

数据来源：（1）民政部编：《中国民政统计年鉴（2023）》，中国社会出版社2023年版；（2）国家统计局：《第七次全国人口普查公报》（2021年5月）。

城乡空间布局调整，最主要的着眼点即在于将分散的、空心化的和小规模村庄的人口通过多种形式集聚起来，实现规模效应。那么，作为一个独立的居民点究竟多大规模才合适？这一问题，可以依据相关理论和重要的约束条件作出估计。国际上，关于一个独立居民点适当规模的研究主要来自住区单元理论。日本学者的研究显示，英国大伦敦规划中一个住区单元通常为5000—10000人，美国一个住区单元通常为5000—15000人，日本札幌规划中将8000—10000人划分为一个住区单元。① 美国学者认为，村庄中心是最小的区域中心，那里零售商业活动常常是在杂货店、药店、小商店和餐馆里展开的，它们的服务半径为1—1.5英里（约1.6—2.4公里），服务对象为5000—10000个家庭。② 不同国家住区单元的近似规模并非偶然，这与教育、商业等公共服务设施的约束有很大关系。住区单元理论中，通常依据一所小学的辐射范围来确定住区邻里的适度规模。③ 据笔者调查，一所小学要办好，每个年级至少要有2个班（4—6个班为最佳），一个班30人左右，每年就要有至少60名左右的学生。即便按照平均10‰的人口出生率（现在实际出生率已经达不到）进行估算，每个住区单元至少要有6000人左右的规模才能支撑一所合格的小学。这已经是一个独立居民点规模的底线。而从公共设施和商业设施效率的角度讲，一般要4000户家庭（约15000人）规模的住区单元，才能够相应配套中学、零售市场、近邻公园、垃圾处理厂等设施。④ 长期看，一个居民点如果低于这个规模，商业设施会因难以赢利而关闭，公共设施则会因高预算支撑难以实现广泛覆盖。当然，不同国家和地区需

---

① ［日］日笠端、［日］日端康雄：《城市规划概论》，祁至杰等译，江苏凤凰科学技术出版社2019年版，第191—196页。

② ［美］彼得·卡尔索普、［美］威廉·富尔顿：《区域城市：终结蔓延的规划》，叶齐茂、倪晓晖译，江苏凤凰科学技术出版社2018年版，第68页。

③ ［日］日笠端、［日］日端康雄：《城市规划概论》，祁至杰等译，江苏凤凰科学技术出版社2019年版，第19页。

④ ［日］日笠端、［日］日端康雄：《城市规划概论》，祁至杰等译，江苏凤凰科学技术出版社2019年版，第200页。

要根据不同的地域条件、开发条件确定不同的标准，但总体看5000—15000人这个规模对于独立居民点来说具有较强的参考意义。

按这个标准来衡量，各地城乡空间布局调整后的居民点规模仍旧偏小。2020年6月，山东省9部门联合印发了《关于积极做好村庄规划有关工作的意见》，其中要求原则上按照半径2公里、3000—8000人的规模，构建城乡生活服务圈。调查显示，大部分合并后社区实际规模不足5000人。江苏洪泽的相对集中居住中，7万农户划分到30个社区中，平均每个社区只有2000多人，除却20个城镇周边社区不论，10个农村社区的人口规模显然是偏低的。陕西省铜川市耀州区只有重点镇区规划人口能够超过1万人，尚有数十个村庄人口在千人以下，长期看发展堪忧。

一个居民点如果规模达不到上述最低标准，就需要依靠周围的城镇或大型居民点提供经济补充。这时居民点选址更应该靠近城市或者优先保障道路与城市的连通性。然而，调查发现，许多新建社区为了照顾部分农民的耕作需求在选址上离城镇距离较远，几乎是"平地造新城"。由此带来的问题是：一方面，这些社区难以直接共享城镇公共服务，必须重新建立公共服务体系，推高了建设和运营成本；另一方面，部分社区带有过渡性质，才建成没几年又出现新的空置化、空心化现象。现实中，如果社区的规模区位不合理，人们会"用脚投票"作出选择。苏北某县在拆迁村庄附近修建了100多座双拼别墅，以优惠价格供拆迁户购买，但半年只卖出七八套，多数拆迁户不愿购买。原因是，这些房子离城市太远，虽然是房子不错但是生活不便，农民宁可多花几万元去附近镇上买楼房。

（三）社会治理问题

从各地实践看，城乡空间布局调整可能引发以下社会治理问题，需要在后续工作中予以改进。

1. 工作组织问题。在具体工作推动中存在以下问题：一是个别地区为尽快获得土地指标人为定进度、定时限，搞行政"一刀切"；二是部分项目补偿标准偏低，原有住房面积较小的农户存在"负债上楼"的情况；三是部分地区存在先拆后建、边拆边建的情况，虽然发放了拆迁过渡费，但有的农户为节省费用租住集装箱、简易板房，生活品质得不到保障。除上述三条硬伤之外，这一工作还暴露出一些体制机制弊端。一些官员反复强调必须95%以上的村民同意才能拆迁，这个标准看似严格，却未必符合实际。假设两种极端情形：一个1000人的村庄本不必搬迁，49人不同意却不能阻止搬迁；一个100人的村庄本应该搬迁，却因为5人不同意而无法搬迁。从这个意义上讲，无论这个同意比例定得多高，都难以获得无可置疑的正当性。解决这类问题，需要对自上而下的行政导入机制作出系统反思，探索形成上下结合的市场化运作机制。

2. 治理体制问题。部分地区将主要精力放在居民点空间布局调整上，组织建设没有及时跟上，治理体制显著滞后于空间调整。由此带来以下问题：一是合并后社区已经建立了新的组织机构，但原来各个村庄的党组织和自治组织仍在运行，社区管理出现交叉。二是新的社区组织机构迟迟未能建立，依靠原有村庄组织开展工作，社区管理出现断层。三是新建社区中来自不同村庄的居民之间在社区认同和生活习性方面陷入了深刻的紧张，居民之间"明和暗不和"，滋生了新的宗派力量，社区管理潜藏冲突风险。

3. 产权管理问题。农村实行土地集体所有制，合并前的各个村庄通常或多或少有一些资产和债务，这给新的社区管理带来不少困难。空间布局调整后，原有的宅基地一般已经置换为新建社区的土地使用权，产权比较清楚。问题主要出在承包地和集体资产方面。由于承包地和集体资产都是按原村庄的人口进行分配的，不同村庄之间显然存在差别，有时差别可能还很大。这个情况下，如果进行产权归并，势必带来大量的矛盾冲突。据调查，大部分新建社区都是采取"合村不并账"的运作方式，而为了管理土地和资产，就必须保留原有的村庄管理机构，这也是上述治理体制问题的根源之一。

三、城乡空间重组所涉学理问题的讨论

操作性难题来自具体的政策执行过程，问题的破解则需要基于更宏阔的理论认识，避免陷入头疼医头、脚疼医脚的窠臼当中。应对这些问题，需要超越村庄调整合并这种局部思维，将城乡空间布局变动置于农业社会—工业社会、中心地—分散地、崛起地带—衰退地带的相对性结构中去把握。

（一）基础认识：城乡空间布局调整的深层依据

城乡空间布局调整，本质上是农业社会空间形态向工业社会空间形态的转型。农业社会空间形态的基本单元是村庄，工业社会空间形态的基本单元是城镇。人类进入工业社会之后仍然会有村庄，但这种村庄形态是从属于城市化总体格局的，与农业社会的村庄有着本质的不同。

传统社会中农业生产方式、户均土地数量、余粮率等因素大致可决定乡村的空间形态和治理形态。在农业社会中，村庄是由"典型的农业和其他方面对土地使用而形成的"，村庄的规模与特定农业技术和农业组织形式下人们赖以生存所需要的土地面积正相关。[①] 村庄规模大小不一，同时受到土地约束、作物约束、技术约束等因素的影响。正如人文地理学大师德芒戎所言，"所有的农业社团，都有一个把它们拴在土地上的那些纽带所决定的结构：起因于防卫的需要，尤其是因共同劳动需要而在村庄中的聚居；根据作物从一块地到另一块地的轮荏而建立的极有规律的使用耕地的组织；土地界限的永久性；某些地区的灌溉设施——它们的位置支配着耕地的地域分布"[②]。而在工业社会中，村庄的规模布局实际上是不同产业交互作用的结果，农业的影响所占份额已经很小。

---

① ［德］克里斯塔勒：《德国南部中心地原理》，常正文、王兴中等译，商务印书馆2010年版，第5页。

② ［法］阿·德芒戎：《人文地理学问题》，葛以德译，商务印书馆1993年版，第11页。

农业社会中,"表明乡村聚落存在的房屋总是与生产场所相伴"[①],但在工业社会中这一点并不必然。技术进步所带来的农业产业革命也将带来乡村居住形态革命。工业革命之后,英国圈地运动导致小块农田合并为大块田地,农村经济更大程度朝着独立经营发展,使农庄——而不再是村庄——成为基本的农业单元。[②] 如今在中国,真正的务农者,如果从事大规模的粮食种植可能形成独居的个体农户,如果从事经济作物或者设施农业可能形成几户人家的散村,而更多的乡村居民已经与农业关系不大,农业生产和人口聚落在功能上逐步分离。这一背景下,依据人口布局、农民形态来重新构建乡村空间布局、居住形态就具备了相应的基础条件。

目前,关于乡村人口分散的事实及其弊端已经基本形成共识,但对于解决方式却莫衷一是。有一种观点认为应该让村庄自然演化,而不宜采取行政推动措施。自然演化不是不可以,我们今天面对的乡村布局就是工业化、城市化带动下自然演化的结果。但一些空心村、小规模村庄到了一定程度之后演化速度会大大变慢,还有一些深山区村庄演化了几百年变化其实也不大,对这些村庄就有必要在把握其演化趋势的基础上采取一定的政策干预措施。比如,山东将黄河滩区、鲁西北盐碱涝洼区、鲁西南采煤塌陷区等特殊区域的村庄列入优先迁建范围,主要就是基于这一考虑。而对一些城中村、城郊村和经济发达村,以及苏南—浙北、厦门—漳州、粤港澳大湾区等连片城市化地区,可以通过进一步放宽规划和土地政策,引导其自然演化。把握好干预与松绑之间的平衡,恰恰是更好发挥政府作用的体现。

(二)基础规则:中心地原理及其应用

当前乡村规划中,村庄分类的一个基础规则没有得到重视,即不同

---

① [德]克里斯塔勒:《德国南部中心地原理》,常正文、王兴中等译,商务印书馆 2010 年版,第 10 页。

② [法]阿·德芒戎:《人文地理学问题》,葛以德译,商务印书馆 1993 年版,第 141 页。

等级居民点之间的功能关联及演化趋势。实际上，经济地理学已经就此问题开展过深入研究，但这些研究成果未能在乡村规划领域得到充分应用。相关研究中，最为重要的当属克里斯塔勒创立的中心地理论，这一理论阐明了不同规模和类型的居民点之间的相对性关系，并确证了关于城乡空间布局演化的若干经济规律。① 其要点包括三个方面：

1. 人口布局。人口布局包含人口分布、人口密度以及人口结构的静态特征与动态变化。一定区域内，在人口总量既定的情况下，当人口呈现中心分布时比人口呈现均匀分布时中心商品的消费量更大。同时，在一定区间里，中心地人口密度增加，有利于劳动专业化和资本利用水平提升，中心商品消费也会得到增加。还有一个更为一般的事实是，收入水平、文化水平较高的人口将会带来更高的中心商品消费。②

2. 聚落形态。首先，假设存在两个同样大小、同等人口数量的区域，其中一个区域只有分散的专业农庄，另一个区域则有一些较大的村庄。那么，由于交通和需求的约束，前一区域将很难支撑较低级中心地（村庄）的发展，而是直接依靠较高级中心地（城镇）提供商品。长期看，前一区域的村庄会逐步走向衰落，如果专业农户有足够高的收入，这一区域的城市化进程会远快于后者。③

3. 交互作用。一个区域内中心地布局，受到市场因素、交通因素和社会政治因素的交互影响。集中生产和供应的商品与非集中生产和供应

---

① 中心地体系是建立在以下事实基础上的，即存在多种中心商品，而每一种中心商品都有特定的供求范围。由于中心商品供求范围的不同，会产生具有不同重要性和中心性的居民点，也就是不同等级的中心地。克里斯塔勒中心地理论的问题是他构建的中心地体系图式过于追求数学上的严密性，在高度复杂性社会条件下的分析效果尚不确定。不过，在城乡空间布局问题上中心地理论仍然堪用，因为我们并不是照搬理论图式，而只是借助这一理论来分析空间布局调整的经济合理性和政策可行性。

② ［德］克里斯塔勒：《德国南部中心地原理》，常正文、王兴中等译，商务印书馆2010年版，第40—50页。

③ ［德］克里斯塔勒：《德国南部中心地原理》，常正文、王兴中等译，商务印书馆2010年版，第46—47页。

的商品的划分,产生了中心地和分散地的差别,并使服务于有效交换的交通成为必须。市场因素的作用是平面的,而交通因素的作用是线性的,在这两个因素之外,社会政治因素(比如行政区划)叠加上去,会对中心地布局产生进一步的修正。①

上述经济原理需要结合人口聚落的实际情况进行应用。比如,各地的空间调整中,通常都是着眼于增加城镇及新型农村社区的人口规模和密度,这一点是符合中心地人口布局原则的。同时,在空间布局调整时还必须考虑居民点的聚落形态和特征。如果除区域性中心地外居民点极度分散,那么可以只加强中心地发展;如果除了中心地还存在若干辅助中心地(村庄),且短时间内不会消失,那么要同时考虑两类居民点的发展。从动态角度看,一定区域内人口增减和布局变化也会对不同等级中心地带来不同的影响。如果一个区域内只有若干小城镇而无较大城镇,即便将新增人口全部增加到某个小城镇,由于其中心功能短时间内难以提升,通常会将部分需求导流到周边城镇,从而带动辅助中心地的发展。如果一个区域内有一个较大城镇和若干村庄,当新增人口全部增加到这个较大城镇时,中心商品需求将同时转移到这里,这个中心地的重要性会得到加强,周边村庄会趋于消失。②山东黄河滩区移民和铜川市耀州区照金镇的崛起即分别反映了这两个规律。在典型农区,如果专业农户能有较好的收入条件,小型专业农庄的普遍发展可能会将较低等级的中心地(村庄)挤出,但对较高等级中心地的发展可能更为有利。③这一点在苏北地区有比较明显的体现。

总体看,合理的中心地体系实际是一个区域中人口和空间布局的函

---

① [德]克里斯塔勒:《德国南部中心地原理》,常正文、王兴中等译,商务印书馆2010年版,第99—113页。

② [德]克里斯塔勒:《德国南部中心地原理》,常正文、王兴中等译,商务印书馆2010年版,第118—120页。

③ [德]克里斯塔勒:《德国南部中心地原理》,常正文、王兴中等译,商务印书馆2010年版,第47页。

数。这意味着，编制乡村振兴规划，仅仅通过村庄现状调查来完成村庄类型划分是远远不够的，而是需要综合运用经济地理学方法开展更为全面的调查。这至少包括以下方面：（1）人口布局。包括人口规模、密度、变动趋势。（2）聚落形态。不同规模居民点的数量、分布及相互联系。（3）交通流线。连接不同居民点的交通路线、通勤区域、交通流量等。（4）经济状况。区域内产业布局、就业领域、经济联系等。在此基础上再开展村庄类型划分和空间优化调整，乡村振兴便有了更为可靠的空间布局基础。

（三）基础规制：规划在市场理性的经济体系中运作

城乡规划自其出现之日起就处于一种悖论当中。如果在一个纯粹的自由市场条件下，经济力量会决定一个地区的繁荣与衰落，废弃的农场、村庄和矿业城镇证明了这一点。但在现代社会，纯粹经济力量的支配所带来的后果可能是灾难性的，因此人们需要通过规划等手段进行干预。广义上讲，乡村规划的本质目标是实现农村发展，包括持续的经济增长，改善生活条件，使农村地区成为有吸引力的居住地并对国民经济作出贡献，等等。[①] 然而，一旦采取规划手段进行干预，其行为尺度则难于把握；如果规划完全替代了市场，经济力量失去了作用空间，则会走向另一个极端。

几乎每个国家的规划都曾经在替代市场的路上越走越远，这一点上，乡村甚于城市。英国是最早将城市规划扩展到城乡规划的国家，二战后，一度采取了针对土地开发权的强干预措施，规制成本高昂，效果却不尽如人意，终于在20世纪50年代末实现了市场价值的回归。经过这一过程，规划成为市场的"仆人"，从某种意义上说，只有当市场运作时，规划才开始发挥作用。[②] 经过反复的试错，主要发达国家都已经树

[①] ［英］迈克尔·伍兹：《农村》，王鹏飞、鲁奇、龙花楼译，商务印书馆2019年版，第106—107页。

[②] ［英］卡林沃思、纳丁：《英国城乡规划》，陈闽齐等译，东南大学出版社2009年版，第30页。

立起以市场作为城乡规划基础规制手段的理念。

在宏观尺度上,市场作用的结果表现为崛起地带—衰退地带相对性关系的变动。面对乡村衰退问题,发达国家最初的措施主要是鼓励移民、加强培训以及帮助失业者建立小型农场。英国著名的《巴罗报告》将之看作更为广泛的工业区位问题的一部分,提出应当研究工业区位以便预测未来哪里可能产生衰退,并在衰退真正发生之前,促进工业、公共设施的发展。①然而,实践证明这只是一种空想。某个地区的崛起与衰退是一个长期经济趋势的结果,通常来说很难在短期内改变,也很难通过规划手段进行扭转。规划的意义在于,把握和引领发展的长期趋势,顺应人口布局、优化空间布局、重建社区活力,实现区域的良性发展。同为美国"锈带"上的衰落型城市,底特律尝试实现"再增长",结果最终因为人口流失、入不敷出宣布破产;而扬斯敦努力实现"精明收缩",通过工商业收缩和生态建设、社会建设的加强换来城市活力的再现。②如果不考虑崛起—衰退的长期趋势,非要人为加以改变,往往会走向失败。

市场条件越是发达,规划决策者越是应该懂得敬畏。在传统空间布局中,中心商品的类型和价格是决定中心地大小、布局和范围的基础性因素。其中,公共服务设施依靠政府提供,商业活动要依靠市场导流,规划布局既要考虑服务供给效率,又要考虑商业盈利空间。而互联网和电商的兴起,改变了中心商品的定义和范围,原来的一些中心商品可以依靠电商实现分散供给,公共服务的内容和供给方式也日趋多元。这意味着空间布局约束条件的高度复杂化。这种情况下要通过技术经济手段判断市场的范围和尺度,已经变得越来越困难。如何让城乡规划在市场理性的经济体系中良性运作,是摆在政府面前的一项必修课。

---

① [英]卡林沃思、纳丁:《英国城乡规划》,陈闽齐等译,东南大学出版社 2009 年版,第 20—22 页。

② 何帆:《变量:看见中国社会小趋势》,中信出版社 2019 年版,第 179—180 页。

规划的市场化运作本质上是土地产权配置的市场化。现代产权理论中，通常把规划权看作对土地产权的一种分割，其本质上是公权对私权的一种管制。[①]这意味着，规划权行使的一个前提是成熟的土地产权市场体系。如果土地产权配置本身就是缺乏市场理性的，那么根本就谈不上规划与市场的关系问题。于中国而言，实现规划的市场化运作首先要实现土地产权的市场化配置，这意味着必须同步开展土地产权制度改革和规划管理体制改革。

四、城乡空间重组的政策调整思路

构建适应于乡村治理现代化的空间秩序，必须通过空间布局的优化调整推进城乡形态的加速演进。主要发达国家城乡形态演化已经比较成熟，但中国目前还处于各类功能区分化的初步阶段，这一分化受到多重因素的影响。

第一，空间布局基底对于城乡形态演化具有根本影响。原住民国家与移民国家的空间布局基底有着很大不同。中国很早就形成了典型的小农社会，这一社会形态映射到空间布局上的结果是村庄规模小而密、耕地资源碎且散，城市发育受多种因素的抑制而难以扩张。现代化进程启动后，这一空间布局随着工业化、城市化进程不断演化，基本趋势是城市数量不断增加、规模不断扩大，而村庄逐步收缩乃至走向消亡，但这一过程是极其绵密而漫长的。这意味着，大规模原住民国家的现代化进程中城乡形态演化相比于移民国家要缓慢得多。

第二，产业形态变动对于城乡形态演化具有重要影响。从宏观上讲，产业集聚是引发城乡形态变动的核心诱因。正是由于产业向大中城市集聚的趋势，才导致了城市的扩张和乡村的收缩。这个宏观规律几乎已经成为共识，目前认识还比较模糊的是在中微观层次上产业形

[①] 北大—林肯中心编：《土地制度的国际经验及启示》，科学出版社2018年版，第20—22页。

态对县域城乡形态的影响。这一影响主要存在以下内在机制：（1）随着农业生产力提高，农业空间将逐步转变为"以农业为基础的工业单位"，乡村单元和半稠密地带的分离会进一步显现；（2）农业高度发达条件下对劳动力的需求会继续降低；（3）农业现代化要持续推进，必须在县域范围内形成广义的农业产业链支援。据此，在一个良性发展模式中，县域范围内会形成小城市、现代市镇、专业农庄梯次布局的空间形态。

第三，公共政策导向对于城乡形态演化具有调节影响。从中长期趋势看，城乡形态演化受到发展规律和经济约束的影响，但在短期内公共政策的导向会形成显著的调节影响。日本曾经推行的市町村合并，就有效促进了城乡空间形态的演化，而其中存在的一些政策弊病也给后续演化造成了阻滞。过去多年里不少省份推行了城乡空间布局调整工作，山东的"合村并居"、江苏的"相对集中居住"、中西部地区的易地扶贫搬迁和生态移民搬迁，都有效推进了城乡形态的现代演化。

从根本上解决城乡空间重组遇到的操作难题，要顺应城乡形态演化趋势，超越村庄调整合并的局部思维，将城乡空间布局调整置于农业社会—工业社会、中心地—分散地、崛起地带—衰退地带的相对性结构中去把握。现代化过程中，基层建制单位的合并是一个普遍趋势，这既是农业生产技术边界变动的必然结果，也是实现乡村治理现代化的实际需要。未来政策框架一个总的出发点，还是要立足乡村振兴的需要稳步优化城乡空间布局，不能因为局部问题或者操作难题就放弃调整。相关政策的演进中，有几个重要节点：一是县域城乡融合发展。城乡融合是党的十九大提出的，2021年中央一号文件明确把县域作为城乡融合的重要切入点，为这一政策范式的落地提供了更清晰的空间方位。二是以县城为重要载体的城镇化建设。2022年，中央办公厅、国务院办公厅印发《关于推进以县城为重要载体的城镇化建设的意见》，提出分类引导县城发展、提高县城对乡村的辐射带动能力，明确了县域范围内推进乡村振兴的核心引擎。三是县域空间统筹布局。2024年中央一号文件，要求强化对县域内产业结构和空间布局的统筹,构建以县城为枢纽、以小城镇为节点的县域经济体系。可以看到,随着乡村振兴战略尤其是乡村建设行动的深入,相关政策思路正在逐步变得清晰。未来主要是沿着勘定的政策方向,明确政策细化和改进的具体举措。

(一)提升县域统筹布局水平

第一,科学确定中心地体系。从全局看,县城以上的城市大多可以作为主要中心地,周边人口可以大胆向这些城市集聚;人口规模稳定、经济活力良好的镇区可以作为辅助中心地。典型农区和生态功能区的空心村、小规模村庄是比较明确的分散地;从长期趋势看,大部分距离中心地半小时车程以上的乡镇都会逐步收缩,未来也会成为分散地。一个中等规模的典型农区县,按一般规律来说只需要县城这一个主要中心地再加上三至四个辅助中心地就足够了,这意味着现有的建制镇和乡政府驻地的集镇也有很大一部分要收缩转型。新发展格局下,哪些建制镇未来有可能成为县域的辅助中心地,其实形势已经比较明朗了,从现在开始空间布局和产业布局就应该向各级中心地倾斜,聚焦建设重点,避免资源无序耗散。

比较特殊的情况有三类:一是经济强镇。全国有200多个镇区人口在10万以上的特大镇,其中很大一部分可以作为主要中心地而非辅助中心地。二是连片城市化地带。长三角、粤港澳大湾区等连片城市化地带内部已经形成一个大中小城市协同发展的格局,这类地区内部不宜再区分中心地和分散地,而是应该将其整体视作一个区域或次区域的高等级中心地进行打造。三是衰退地带。比如东北、西北地区很大一部分县城都在衰落,这里已经不是县域统筹的问题,而是要进行市域统筹,只有地级以上城市可以作为主要中心地。对这些地区而言,除守住战略要津,一般性的县城和小城镇都不宜再进行大规模投资开发。

第二,统筹县域服务设施。从规划上讲,服务设施可以分为四种形态:(1)单独型,比如大学、宗教场所;(2)凝聚型,比如超市、娱乐

广东东莞松山湖华为小镇（陈明 摄）

　　虎门大桥、深中大桥、港珠澳大桥将珠江两岸紧密联系在一起，粤港澳大湾区特别是珠江口的几座城市已经实现了连片城市化，穿行其中很难看到典型意义的乡村。华为智能终端全球总部入驻东莞松山湖之后，带动了周边城中村、城郊村的升级蝶变。

场所；（3）联结型，比如派出所、消防站；（4）分散型，比如小学、医院。① 这四类设施中，单独型的可以不作特别规制，凝聚型的只要交给市场配置就不会产生大的偏差；对于联结型和分散型的设施，一定要发挥好中心地的枢纽作用，强化县域功能集成和系统联动。

第三，严控对村庄投资。过去几年的乡村建设中，针对村庄的投资规模远超县城和乡镇，这个做法需要尽快纠正。考虑到绝大部分村庄人口外流的趋势，对村庄的投资即便有短时拉动效应，也难以产生长久回报。休闲观光旅游产业已经过度饱和，新投产项目要从严把控，已投产项目中不能正常运营的要坚决退出。未来，村庄投资一定要控制规模，主要是保民生底线，重点聚焦到常住人口一些必备生活设施的改造上，帮助他们就地具备现代生活条件。

（二）强化典型农区市镇建设

第一，优化市镇产业布局。自然资源部等部门曾提出过一个关于一二三产业融合发展用地的指导意见，意见中大部分内容是可以参照实施的，不过部分内容有必要调整改进。② 一是规模较大、工业化程度高、分散布局配套设施成本高的项目要尽量上移到县级以上产业园区。过去，很多镇都有自己的工业园区，大部分镇级园区的活力明显不足，存在不少仰赖补贴或者以囤地为目标的"僵尸企业"，从长期着眼应该开始做减法了。二是除必须布局在地头的设施，各类农产品加工、仓储物流、冷链配送产业基地也应尽量向城镇开发边界内集聚。三是以镇为单

---

① 单独型设施和周边人口没有直接关系，凝聚型设施主要靠商业流量支持，联结型设施为周边人口提供不可或缺的公共服务，分散型设施是因为周边人口的需求而催生的。后面二者差异在于，联结型设施即便使用者很少也需要存在，比如没有火灾也要设消防站；分散型设施如果使用者很少就难以支撑，比如没有足够的学生，学校是无法正常运转的。二者的共性在于，都需要考虑辐射半径，布局不合理都会引发效率损失。参见［日］日笠端、［日］日端康雄：《城市规划概论》，祁至杰等译，江苏凤凰科学技术出版社 2019 年版，第 164 页。

② 参见《自然资源部 国家发展改革委 农业农村部关于保障和规范农村一二三产业融合发展用地的通知》（2021 年 1 月）。

位开展全域土地综合整治盘活的农村存量建设用地要优先用于城镇开发边界内的建设。

第二，补齐做强农业产业链。从农业专业化节点功能出发，市镇应该具备为农业产业链上下游提供技术支持、设备维护、营销渠道、金融保险等专业服务的机构和设施。目前，典型农区的大部分市镇乃至县域还没有形成完整的农业产业链，未来应该把补齐做强农业产业链作为市镇发展的核心任务。补链强链要注意两个问题：一是现有的机构和设施未必能够直接提供有效的专业服务。比如，覆盖到每一个乡镇的农技推广体系实际已经不能有效提供农业专业化服务，这个体系如果不是被商业化机构替代，也必须与商业化机构结合，才有可能重新焕发生命力。二是一定要采取市场化手段吸引和支持企业入驻。现在乡镇一级财政已经十分紧张，很多地方甚至出现流动性枯竭，不能再为此大规模举债投资。实际上，专业农户有生产需求，农业企业也有布局意愿，政府要做的主要是提供良好的平台环境。

第三，提升市镇集聚和服务能力。一是大幅精简合并公共机构，推动镇级政府"强身瘦体"，节余财政资金用于改进公共服务；二是盘活存量低效利用的公共资产，用于支持产业集聚；三是优先发展高水平养老服务，吸引镇域乃至更大范围老年人在市镇养老；四是推动空心村和小规模村庄搬迁撤并，引导镇域人口和土地向镇区集中；五是建立镇村联合体，将市镇临近村庄并入市镇范围，推动镇区连片发展；六是改善市镇空间肌理和居住形态，果断停止建设集合住宅，试点开展自主规划和自主建设，提升市镇生活品质。通过上述措施，吸引镇域和新增产业链人口向市镇集中，再加上这些人口所带动的家庭人口，就能够显著扩大市镇规模。人口规模扩大之后，能够催生一些新的服务业发展，从而形成"品质—人口—活力—品质"良性均衡。

（三）推动村庄开放发展

当前，城镇已经是一个开放性结构，但村庄仍然带有较强的封闭性特征。受制于多方面的约束，村庄难以跟随经济社会发展趋势及时实现人口布局、空间布局的适应性调整,这已经成为制约中国城乡形态现代化的最大障碍。从实际出发,必须解除掉村庄自身的"枷锁",打破村庄固化封闭状态,通过人口布局、空间布局以及关联经济社会功能调整,实现乡村系统与城市系统开放衔接,从微观单元上推动城乡形态的现代转型。

第一,人口布局。引导村庄不直接从事农业的人口向县城和市镇等中心地集中。排在第一梯队的是高龄老人和残障人士,这些人没有生产能力,依赖外部照护生存,在城市集中照护比村庄的分散照护效率高出一大截,照护水准也更高。除此之外,还可以引导不直接从事地头生产的常住户、保留农村住宅的非常住户向县城和市镇转移集聚。政策上引导主要是处理好搬迁前后的利益关系,从典型调查看,如果不花钱或者花很少的钱就能够向县城和市镇转移,有相当一批农户是有这个意愿的。

第二,村舍布局。针对集聚提升和特色保护型的村庄,应该深化改革促进各类建设用地打通属性、统筹安排,推进村舍重组、合理布局。针对拟搬迁撤并村庄,闲置和废弃宅基地不再安排建设,形成规模连片后及时复耕复垦;村庄中零星的工业、商业等经营性建设用地,入市时逐步向县城和市镇调整集聚;参照集体经营性建设用地入市改革政策,尽快探索集体公益性建设用地利用政策。典型农区村庄,应该配套与专业农户农业生产直接相关的烘干、仓储、农机具用房等必要设施,搬迁撤并过程中要统筹考虑专业农户的生产生活条件,为将来专业农庄的建设升级留下空间。

第三,农田布局。城乡形态现代化进程中,农业空间和农村空间的"可分性"不断增强。过去我们通常把农田和村庄捆绑到一起看待,现在要打破这一认识束缚。考虑到大部分的农村人口将离开直接的地头生产,因此不论村舍布局调整进度如何,农田建设可以率先打破村域束缚,朝着规模化、连片化、宜机化的方向发展。自然资源部提出要研究推动批量增加耕地,在当前技术经济约束下荒漠化、盐碱化土地的改造成本太高，短期内批量增加耕地潜力最大的来源还是村庄建设用地。从这个角度出发，未来要进一步加大村舍布局的调整优化力度，从而为批量增加耕地释放更多空间。

第四节　城乡空间跃迁的国际比较与政策优化

除了上述物理空间的调整外，世界各国特别是原住民国家现代化过程中都会通过"尺度跃迁"等空间治理政策来实现空间秩序的适应性调整。[①]这其中既包括行政区划调整等刚性政策，也包括行政制度创新等弹性策略。[②]此前，各地在空间治理上其实有过不少政策举措，但这些措施大多着眼于城市甚至是城市群层面，很少将目光投放到乡村。一个良好的空间布局基础是乡村治理现代化乃至农业农村现代化的底部支撑，包括中国在内的所有原住民国家，在走向乡村现代化过程中都要首先解决空间秩序与治理现代化要求不相适应的问题。

从空间秩序角度讲，当前中国乡村既是一个"分散性空间"又是一个"边缘性空间"，这是制约乡村治理现代化的关键问题所在。现代化的乡村形态应该是"大聚居、小分散"，大部分乡村居民点能够具有一定的规模效应（一般在1万人以上），少量散居的专业农户依托小城市获取公共服务。显然，当前我国大量中小村庄的分散性布局与此图景相去甚远。由此带来的直接难题是，在推动公共资源的补偿性配置过程中，一方面以较高的边际成本来逼近结果平等，从公域范围内来讲实际有损"帕累托最优"；另一方面，广义的公共服务很多是私营部门提供

[①] Smith, N., "Contours of a spatialized politics: Homeless vehicles and the production of geographical scale", *Social Text*, No.33, 1992.

[②] 黄柔柔、洪世键：《"空间—权力"动态匹配：尺度跃迁视野下珠三角地方政区空间治理模式与变革展望》，《公共行政评论》2020年第4期。

的，受公共政策影响很小，分散村庄的设施缺失难以大幅改善。[①] 在地理空间上，一定会产生中心地—分散地的差异，但如果发展均衡，中心地和分散地之间会形成有效的功能互补。在一个理想状态下，市镇可以为乡村提供市场和贸易中心，可以作为商品和服务生产以及向农村地区分配的中心，可以为乡村提供兼业机会；乡村则可以为市镇提供自然文化价值、健康福利价值、公共安全价值、走廊和扩展空间价值，等等。[②] 我们当前面临的问题是市镇发育迟缓，带动乡村发展的专业化节点功能明显不足，使乡村陷入了边缘化境地。对此，本节围绕"空间—治理"问题，援引中国和日本的若干案例，对乡村现代化中的空间秩序和治理演进作出讨论。

一、日本的市町村合并与广域行政

日本面对现代化过程中出现的空间与治理不匹配的问题，先后推出了市町村合并与广域行政两项互补性政策。前者的主要任务是通过空间布局和行政区划的调整来提升居住单元与治理单元的适应性，后者的主要任务则是解决既有行政区划下跨区域公共事务的协调问题。

（一）市町村合并

近代以来，为推动政府分权和权力下放、应对老龄化和少子化趋势、满足居民生活圈扩展需求、改进地方财政状况，日本先后推行了三轮大规模的市町村合并，即明治大合并、昭和大合并和平成大合并（见表4-6）。

[①] ［美］特里迪布·班纳吉、威廉·克里斯托弗·贝尔：《超越邻里单位：居住环境与公共政策》，李丽译，江苏凤凰科学技术出版社2018年版，第233—234页。

[②] van Leeuwen, E. S., *Urban-Rural Interactions: Towns as focus points in rural development*, Heidelberg: Springer-Verlag Heidelberg, 2010, pp.29–30.

表 4-6　日本历史上三次市町村合并浪潮　　（单位：个，人）

市町村合并	合并前	合并后	实施背景
明治大合并 (1888—1889 年)	市町村数量		为解决教育、税收、建设、救济、户籍事务处理的分散问题，根据《町村合并标准》（明治21年），以300—500户的标准对全国町村进行合并，合并后町村数量约为原来的五分之一。
	71314	15859	
	平均人口		
	550	2400	
昭和大合并 (1953—1961 年)	市町村数量		战后为提升学校管理、消防、警察、卫生等市政事务效率，根据《町村合并促进法》（昭和28年）等，按照每个町村8000人左右的标准合并，合并后市町村数量约为原来的三分之一。
	9868	3972	
	平均人口		
	5400	11500	
平成大合并 (1999—2010 年)	市町村数量		为适应现代化需求，提升行政效率，在广域联合基础上推进市政合并，目标是保留1000个左右市町村，合并后人口低于1万的地方自治体从1537个大幅减少到459个。
	3229	1727	
	平均人口		
	36387	68947	

资料来源：総務省：「『平成の合併』について」（平成22年3月）、市町村数の変遷と明治・昭和の大合併の特徴，https://www.soumu.go.jp/gapei/gapei.html；王明远：《在自愿的基础上：日本如何合并农村》，https://opinion.caixin.com/2020-06-24/101571674.html。

从操作方式上看，明治和昭和时期的合并采用的是"合村又并居"的方式，通过行政区划调整将若干村庄整合进一个治理单元，同时对于高度分散的村庄也不排斥通过搬迁方式实施空间布局调整。比较类似于中国的"合村并居""相对集中居住""易地搬迁"等空间重组政策。到了平成大合并时，则更多是采用了"合村不并居"的方式，这一阶段无论是"新设合并"还是"编入合并"，都是只进行区划调整，而鲜有居民点搬迁的案例。

日本的三次市町村合并特别是晚近的平成大合并取得了比较明显的成效。一是有效推进了城市化进程。城市化的本质是人口集聚带来经济集聚，平成大合并虽然没有实现物理空间的集聚，但合并后增强了以中心城市为核心的区域经济联系，从而带动了城市化发展。二是降低了地方政府财政负担。根据日本总务省行政自治局的估计，合并后地方议员人数大约减少21000人，年度支出将减少1200亿日元；合并

10年以后，由于人事行政效率提升，每年可以节约财政支出1.8万亿日元。① 三是提升地方公共服务能力。合并后，卫生、保健、农业等各类公共组织人员得以集中和联网，实现专业技术上的支持互补，从而促使地方公共服务能力不断提升。

（二）广域行政

现代化过程中，除了人口布局与治理单元不匹配等问题外，人们的日常活动还常常会超出常住地的行政区域，交通等跨区基础设施需要得到充分建设和维护，土地利用和开发也需要更多的区域性协调，这一背景下日本适时推出了一系列广域行政措施。日本的广域行政合作机制分为非法人机制和法人机制两大类型，每种类型下又有若干具体合作方式（见表4-7）。

表4-7 日本广域合作机制（2018—2020年）

合作机制	制度内涵	运用状况
非法人机制		
合作协议	地方公共团体基于合作协议协同处理跨区域的公共事务。	缔结件数：319件；其中，都市圈内部协议240件。
理事会	地方公共团体联合开展管理执行、联络协调、区域规划的制度。	设置件数：211件；其中，消防21件，救急45件。
共同设置专门机构	地方公共团体的内设机构联合设立专门委员会或者专责机构。	设置件数：445件；其中，护理分级认定127件，公平委员会114件。
事务委托	一地方公共团体将特定事务委托给另一地方公共团体管理和执行。	委托件数：6628件；其中，居民证副本开具1402件。
事务代替执行	一地方公共团体将特定事务交由另一地方公共团体代为管理执行。	代替执行件数：3件；其中，供水1件，污染防治1件。
法人机制		
部分事务组合	地方公共团体为共同处理其部分事务而设立的专门地方公共团体。	设置件数：1466件；其中，垃圾处理400件，消防268件。
广域联盟	地方公共团体设立的专门地方公共团体，负责处理大范围的公共事务。	设置件数：116件；其中，高龄护理51件，残疾分级认定31件。

资料来源：広域行政・共同处理制度の概要，https://www.soumu.go.jp/kouiki/kouiki.html。

---

① 参见総務省：「『平成の合併』について」（平成22年3月）。

两种方式相比，非法人机制更为灵活，地方政府之间可以运用这些合作机制方便地协同处理一些日常事务。但其不足之处也很明显：只能解决单一事务（比如消防、应急）或者日常生活中的小事（比如开具居民证副本），对于一些复杂事务则缺少必要的制度化权力，难以发挥实质作用。因此，近些年来，具备条件的地区更倾向于设立法人性质的部分事务组合或广域联盟。

部分事务组合和广域联盟在性质上都属于特别地方公共团体，一般来说由市町村或特别区联合组建，主要负责处理联合单元或其执行机构的部分公共事务。与部分事务组合相比，广域联盟具有更广泛的行政权力，比如可以负责广域行政区内市政规划的制定与实施，而且可以直接从中央政府或县政府获得权力事务转移。[①]广域联盟从1995年开始设立，截至2018年，日本全国已经建立了116个广域联盟，目前的总体趋势是广域联盟逐步增加，部分事务组合的数量逐步减少。[②]

（三）政策评析

日本的市町村合并和广域行政两项政策为解决现代化过程中行政区划、居住单元、治理单元三者之间的错置问题提供了有效的政策范本，不过其也存在一些不足和缺陷。

第一，日本的市町村合并尽管取得了一定成效，但从长期看存在较大的历史局限。一方面，人口流出趋势并未实质性改变，大量偏远居民点仍然在走向空心化；另一方面，市政合并后，为顾及偏远居民点的公共服务供给水平，存在市政设施的过度建设。随着偏远居民点人口的进一步减少，许多设施利用率变得更加低下，长期看设施的管护也成为一笔不小的负担。如果进一步观察日本中小城市的空间布局，就会发现这里呈现出"农田分割城市、城市分割农田"的大地景观，从而造成了城

---

① 参见広域連合，https://www.soumu.go.jp/kouiki/kouiki1.html。

② 参见総務省自治行政局市町村課：「地方公共団体間の事務の共同処理の状況調（平成30年7月1日現在）」の概要（平成31年2月）。

日本秋田县村庄（陈明 摄）

  日本尽管经过了三轮的市町村大合并，但村庄布局依然比较分散。由于政府对农业的高额补贴，很少会有农民主动退出农业。这意味着村庄的自然演化将非常缓慢，日本恐怕要长期保持这种土地低效利用的格局。

市集聚效应和农业生产效率双低的格局。日本的市町村合并特别是晚近的平成大合并没有触及传统村落的地理空间布局，这其实是难以适应现代化要求的，在工业化城市化道路上，势必要暴露出比较大的局限性。近些年，日本恩格尔系数走高、农产品竞争力不足、乡村面临较为严重的凋敝和解体问题都与此有关。①

第二，广域行政是一种比较灵活的治理单元重划措施，但这一政策的运用需要具备几个关键条件：一是有成熟的中央—地方分权机制，行政层级比较少，管理链条不是太长；二是地方政府是一个有限政府，政府需要负担的公共事务边界清楚；三是广域联盟等特别地方公共团体内部能够实现有效治理，并能与地方政府良好协作。要具备这些条件，首先意味着已经有一套现代化程度比较高的社会治理体系，同时广域行政还要求在现有治理体系之上附加额外的制度成本。这一措施恐怕只能适用于日本这类中小规模的国家，对于大国而言如果需要借鉴则必须对政策本身进行大幅的调整改造。

二、中国优化空间秩序的改革尝试

面对现代化中的空间秩序问题，中国也出现了一些与日本类似的举措。四川省成都市和浙江省瑞安市分别从治理单元调整和治理边界重构两方面切入，开展了相应的改革，这些措施与日本的市町村合并和广域行政具有异曲同工之处，值得进行比较探究。

（一）成都：治理单元调整

为解决都市圈发展中人口布局、空间布局和治理单元不匹配问题，成都开展了城乡社区治理单元的调整，有效提升了空间与治理的匹配度。

1. 确定社区规模标准。成都市根据城乡形态、主导功能将城乡社区划分为城镇社区、产业社区和乡村社区三大类型。在这一划分基础上，

---

① 张玉林：《"现代化"之后的东亚农业和农村社会——日本、韩国和台湾地区的案例及其历史意蕴》，《南京农业大学学报（社会科学版）》2011年第3期。

综合多方面的研究意见，基于适宜的人口规模和人口密度，确定了社区适宜的空间规模（见表4-8）。

表4-8　成都市三类社区规划人口和空间规模（单位：人，平方公里）

社区类型		常住（就业）人口规模	空间规模	类型说明
城镇社区	城市社区	10000—15000（3000—5000户）	二环内：0.3—0.5 二环到三环：0.5—1 三环外：1—2	位于城镇开发边界内、以居住功能为主导的社区，主要考虑常住人口规模。
	场镇社区	4000—7000（1000—2000户）	3—5	
产业社区	园区型社区	10000—50000	4—10	位于产业功能区内，以产业功能为主导的社区，主要考虑就业人口规模。
	楼宇型社区	5000—30000	0.3—1.5	
乡村社区		1500—5000（500—1500户）	3—5（山区可扩大到10）	位于城镇开发边界以外，农业生产农村生活融合的社区，主要考虑常住人口规模。

资料来源：《成都市城乡社区发展治理总体规划（2018—2035年）》（2019年10月）。

2. 社区规模优化调整。社区的类型划分、规模确定等工作为优化空间布局奠定了重要基础。按照成都市的规划，以上述不同类型社区的适度规模为蓝本，将现状规模与适度规模进行比较，优化调整和厘清现有社区（村）边界、范围。

调整之前，成都共有4300多个城乡社区，按照规划预估，调整后数量大致在3900—4200之间。看似数量变化不大，实际其中三类社区间数量的结构性变动不小。从实际操作结果来看，城镇社区数量小幅增加，按照产城融合要求新设一批产业社区，乡村社区数量大幅减少，有效破除了制约空间秩序优化的行政壁垒。位于成都市主城区南部的天府新区，正好处于成都市城乡融合发展的前沿界面，这里可以成为观察成都社区规模优化调整的一个窗口。总体看，天府新区调整前社区总量

147个，调整后减少到119个，但乡村社区数量从88个大幅降低到58个，而城镇社区数量从59个小幅上升到61个。其中，城市化水平比较高的华阳街道、万安街道城镇社区进行了小幅合并，城市化水平较低的几个街道，主要是对乡村社区进行合并和转置（见表4-9）。

表4-9 四川天府新区村（社区）优化调整情况统计 （单位：个）

	调整前数量			调整后数量		
	乡村社区	城镇社区	合计	乡村社区	城镇社区	合计
天府新区	88	59	147	58	61	119
其中：						
华阳街道	0	28	28	0	24	24
万安街道	5	9	14	4	7	11
正兴街道	2	10	12	2	8	10
兴隆街道	10	1	11	3	6	9
煎茶街道	10	1	11	6	3	9
新兴街道	15	2	17	10	4	14
永兴街道	12	2	14	8	3	11
籍田街道	21	3	24	15	4	19
太平街道	13	3	16	10	2	12

数据来源：笔者对四川天府新区的实地调查。

3.融合城乡社区治理。从天府新区的实践看，在社区规模优化调整的基础上，还采取了一系列推进城乡社区治理一体化的措施。这些措施主要包括以下两个步骤：

第一步，构建公园城市组团、功能片区、城乡社区、公园街区"四级空间体系"。其中"一个城市组团就是一个产业功能区"（如成都科学城，30—50平方公里尺度）；城市组团划分为若干个功能片区，这是规划建设管理统筹推进的基本单元（如鹿溪智谷片区，10平方公里尺度）；功能片区划分为若干个城乡或者产业社区，是社区治理和建设的基本单

四川成都的田园综合体（陈明 摄）

　　成都在公园城市建设中，坚持城乡融合发展，将城市近郊闲置的农村集体建设用地盘活利用，建设了一批功能多样的田园综合体，既丰富了城市景观，又能够更好地满足人们的休闲娱乐需求。

元（一般 1—3 平方公里，人口 3 万—5 万人）。①

第二步，依循新区城乡嵌套交融的空间特征，将乡村地区全域纳入功能区管理。发挥国家农业科技中心辐射带动作用，通过打造"企业家小镇""会展小村"等示范项目，推动城市高端功能向乡村延伸。②

通过两个步骤，一定程度上将产业功能区与广袤的乡村腹地带动进来，有利于避免发展过程中城市与乡村的断裂。

（二）瑞安：县乡权责重构

当前，乡村人口大幅减少，但县乡机构规模和结构并没有大幅调整；县域范围内，一些部门人员不足与一些部门人员冗余的情况并存；在县乡关系中，随着经济社会活动的变化，原有的权责边界被打破，但适应性的分权结构并未完全建立起来。2020 年以来，浙江省瑞安市为破解"千针一线"的基层困局，解决基层治理中权责不对等、人事不对称的问题，从调整治理边界的角度开展了县乡权责重构改革试点。这项改革的核心是通过县乡（镇）层面的权责重构、体系重整、资源重配，构建集约高效、权责对等的基层治理体系。

1. 厘清县乡职责边界。聚焦问题反映集中的自然资源、城乡建设、生态环境、市场监管、应急管理、综合执法等方面，开展部门和乡镇（街道）职责梳理工作。乡镇（街道）结合工作实际提出与部门职责交叉重叠问题清单，经由多方协商后报市委审批。③ 经过两轮梳理，瑞安从全市 77 家部门的 5457 项权力事项中，梳理出 98 项"高频"事项的职责边界清单（见表 4-10）。清单实行动态调整机制，对于将相关职责下放乡镇（街道）或新增乡镇（街道）工作事项从严管理，实施考绩事项准入机制，严禁新设或变相设立"一票否决"事项，确保基层减负落

---

① 参见《四川天府新区公园社区发展治理白皮书》（2021 年 4 月）。
② 参见《"中国改革 2020 年度 50 典型案例"之一：天府新区深化改革打造"新时代公园城市典范"》（2020 年 12 月）。
③ 参见《瑞安市开展县乡权责重构改革试点工作方案》（2020 年 4 月）。

到实处。①

表 4–10 瑞安市县乡职责边界清单示例

工作事项	部门责任		乡镇（街道）责任	法律法规及文件依据
	牵头部门	协同部门		
被征地农民参保登记	人力资源和社会保障局：负责政策制定、业务指导，各辖区经办机构根据乡镇审定名单办理手续。	自然资源和规划局：负责拟定征收项目涉及的被征地农民参保指标。	负责政策宣传和被征地农民参保资格审定。	（1）《中华人民共和国社会保险法》；（2）《浙江省人民政府办公厅关于深化完善被征地农民社会保障工作的通知》；（3）《瑞安市征收农民集体所有土地管理办法》。
城中村改造管理	住房和城乡建设局：（1）编制全市城中村改造年度计划；（2）城中村改造策划书审查备案和项目启动审核；（3）牵头对改造项目涉及未登记房屋进行认定；（4）核准改造户安置建筑面积和安置建筑规模。	（1）自然资源和规划局：负责对改造项目集体土地上未登记房屋进行认定。（2）发改、资规、环保、人防等部门根据各自职责，做好改造项目的指导、监督和管理工作。	（1）制定本辖区内改造年度计划；（2）编制城中村改造策划书，对项目启动、实施方案进行审查、报审；（3）对改造项目涉及的未登记房屋进行初步认定；（4）组织协调和监督本辖区内改造项目的实施。	（1）《关于印发瑞安市城中村改造管理办法的通知》；（2）《瑞安市城中村改造征地范围内历史遗留问题未登记发证房屋认定处置暂行办法》。

资料来源：《瑞安市第一批县乡职责边界清单》（2020年7月）。

2. 优化乡镇组织架构。探索乡镇（街道）大部制运行机制，基本思路是在保持机构编制总体稳定的前提下，推动职能相近、联系密切的乡镇（街道）内设机构、事业单位与部门基层站所实行集中办公、归口管理。② 经过试点探索，瑞安市采取了"4+X"功能中心的改革架构，即统

---

① 参见《瑞安市县乡权责重构改革工作情况汇报》（2020年10月）。
② 参见《瑞安市开展县乡权责重构改革试点工作方案》（2020年4月）。

一设立党建服务中心、综合治理中心、综合执法中心、政务服务中心，并选设 X 个性化功能中心，将乡镇（街道）内设机构、事业单位和基层站所全部融入功能中心，打破管理壁垒（见表 4-11）。①

表 4-11 瑞安市乡镇"4+X"功能中心示例

乡镇	机构设置		功能整合示例
马屿镇"4+3"功能中心	统设功能中心（4个）	党建服务中心、综合治理中心、综合执法中心、政务服务中心。	曹村镇旅游管理中心整合了镇农办、文化站、自然资源与规划所、生态环保所、综合执法中队、路政中队、乡悦旅游发展公司、进士旅游发展公司的职能，实现了区域内旅游规划、旅游招商、运营管理一站式运作。
	个性化功能中心（3个）	工贸发展中心、农业农村发展中心、村镇建设中心。	
曹村镇"4+2"功能中心	统设功能中心（4个）	党建服务中心、综合治理中心、综合执法中心、政务服务中心。	
	个性化功能中心（2个）	旅游管理中心、建设发展中心。	

资料来源：浙江省瑞安市实地调查。

3. 强化基层服务能力。平衡处理好"基层减负"和"基层强身"的关系，一方面切实减少基层负担，另一方面强化基层服务能力。加大县乡编制资源统筹调配，通过职能部门编制向基层站所倾斜、乡镇（街道）挖潜盘活加强一线工作、选派机关干部担任村第一书记或负责重点项目攻坚、安排新录用公务员和选调生挂职锻炼等方式充实基层力量。截止到 2020 年，共下沉 773 名人员编制充实基层，占到县级机关人员总数 20%。②在此基础上，推进政务服务事项向基层延伸，采用直接赋权、委托放权、部门派驻、服务前移等 4 种方式，明确将 559 项政务服务事项下沉到乡镇（街道），实现与群众生产生活息息相关的所有政务

---

① 《瑞安市"4+X"功能中心运行机制（指导版）》（2020 年 6 月）。
② 《瑞安市县乡权责重构改革工作情况汇报》（2020 年 10 月）。

服务事项在乡镇（街道）政务服务中心可办理。①

（三）政策评析

1.成都治理单元调整政策。

第一，关于社区类型划分问题。社区类型划分是成都治理单元调整改革的基石。在现阶段，城乡社区治理确实存在一定差别，将城市社区和乡村社区适度区分是合理的。但在城乡社区之外把产业社区作为一种类型划分出来，则无疑是成都此项改革中的一大硬伤。所谓的产业社区，实际是城市中的一部分产业集聚空间，其与城乡社区交织在一起，无法完全剥离。一般来说，良好的城市规划布局要求居住空间和产业空间适度混合，以在片区尺度上实现动态的职住平衡。同时，城乡社区管理一般是面向居住需求的，而产业功能区的管理是面向生产需求的，将产业功能区划定为与城乡社区同一维度的社区类型并无合理依据。

第二，关于社区规模适度问题。从规划数据看，成都关于城市社区的规模设定还是比较合理的，天府新区的城市社区规模优化调整后综合效率得到提升，也对此形成了印证。需要着重指出的是，规划中关于乡村社区规模的设定存在较大的问题。乡村社区的一般规模设定为3—5平方公里，人口估计为1500—5000人，折算下来人口密度处于300—1500人/平方公里这个区间范围内。这一标准存在两个问题：一是总体规模偏小，一般来说一个独立居民点的底线是8000人左右，如果低于这个规模，公共设施和商业设施都难以获得规模效率。比照这个标准，成都规划中连场镇社区的规模设定都有些偏小，乡村社区就更显得分散。二是人口密度偏低，规划中的300—1500人/平方公里刚好是不稳定区间，难以持续获得发展活力。可以理解的是，成都之所以设定这一标准，是为了照顾乡村人口和空间布局现状，尽量减少村庄搬迁撤并。但过度照顾现状，或者完全回避搬迁，恐怕也不利于乡村现代化的推进。

---

① 中共瑞安市委、瑞安市人民政府：《关于在全市推开县乡权责重构改革的通知》（2020年7月）。

2. 瑞安县乡权责重构政策。

瑞安的县乡权责重构在不触及行政区划和机构编制的情况下，对治理体系进行柔性调整，是一种典型的行政制度创新。瑞安这项改革的特色和亮点就是针对县乡尤其是乡镇层面，深度梳理县乡职责边界，将原来较为分散的乡镇机构精简强化为几个功能中心，有效提升了基层治理能力。这一做法的优点是受空间基础和现行体制的约束较小，便于在县域范围内落地实施，具有较强的推广价值。

当然，这一政策也存在一些不足之处：首先，不触及治理单元问题，意味着乡镇间人口、产业不平衡问题将长期持续，实力较弱的乡镇要想取得良好的治理绩效是比较难的。其次，不触及现有机构编制，在现有乡镇组织框架下另行设立若干中心，这样的运行方式短期可以，长期看会存在治理结构稳定性问题。最后，通过统筹全市编制资源加强基层，并非制度化举措，这部分人群工作的动力、活力和稳定性都存在较大不确定性。总体而言，瑞安的这一改革措施带有试点意义，是否能够成功倒逼乡镇组织体制的调整，还需要进一步观察。

对瑞安经验的分析可以延伸到对县镇关系的普遍思考上。从国际通行经验来看，处于城乡之际的乡镇在乡村发展中具有重要的带动作用。乡镇不但能够为乡村居民提供教育、医疗、购物等基本公共服务，还能够为他们提供非农就业机会和创新活力。[①] 中央办公厅、国务院办公厅印发的《关于加强和改进乡村治理的指导意见》明确提出"构建县乡联动、功能集成、反应灵敏、扁平高效的综合指挥体系，着力增强乡镇统筹协调能力，发挥好乡镇服务、带动乡村作用。"然而，由于各地县镇能力的不平衡性突出，落实这一要求要依据不同的县镇能力结构分类施策。

按照县镇能力矩阵（见表4–12），可以把全国县镇关系分为四种情形：

---

① van Leeuwen, E. S., *Urban-Rural Interactions: Towns as Focus Points in Rural Development*, Heidelberg: Springer–Verlag Berlin Heidelberg, 2010, p.157.

表 4-12 县镇能力结构矩阵

	乡镇综合能力强	乡镇综合能力弱
县城综合能力强	I	II
县城综合能力弱	III	IV

第 I 类是县镇双强型,这种情况在东南沿海发达地区比较常见,典型的如广东、苏南等地。第 II 类是强县弱镇型,这种情况多出现在北方沿海发达地区,典型的如山东、苏北等地。第 III 类是弱县强镇型,这种情况多出现在较发达地区的特殊区域,全国 200 多个特大镇有不少处于这一县镇结构当中。第 IV 类是县镇双弱型,中西部欠发达地区多半属于这种情况,典型如西北干旱区、东北高寒区等。

第 I 类和第 III 类地区,城市化水平比较高,乡镇通常可以不靠县城给养独立发展。这时可以根据财力和人力水平适度强化乡镇建设,发挥其区域中心作用,有条件的乡镇可以往小城市方向发展。第 II 类地区,乡镇依附于县城生存,自身不具备独立的带动和服务能力。这种情况下宜收缩乡镇一级的组织机构和财政支出,由县城发挥统筹协调、统一服务、集中建设的功能,必要时可将若干乡镇合并为一个片区统一管理,以提升行政效率和公共服务效率。第 IV 类地区由于自然因素和经济趋势的影响,应预见到大部分县城、乡镇都可能会走向衰落。这种情况下,宜将资源上收到地级市或者某一个县城进行统筹协调,调整区域内部的区划格局,以最大限度减少资源耗散。

三、城乡空间跃迁的政策调整思路

任何国家的乡村现代化,都需要基于人口布局和空间布局来为乡村寻找适当的功能组合,在此基础上再叠加政策支持和内生改善。中日两国在现代化过程中都采取了一系列优化空间秩序的政策措施,应该说每项政策都有可资借鉴之处,也都存在一定的局限和不足。总体把握上述政策措施,其经验意义在于:为解决城乡空间布局与现代化要求不相适应的难题，需综合运用空间单元重划、治理单元重组以及产权单元重构等方式，探寻适应中国乡村现代化实际的改革框架。在这一框架之下，需有一系列细化的政策安排，以供不同类型、不同条件地区借鉴和选用。

（一）空间单元重划

改进乡村空间秩序首先应该依据人口布局、空间布局的现状来进行空间单元重划。当然，这种重划未必是一步到位来调整行政区划或者空间布局，而是可以考虑拆分为若干容易操作的步骤。

第一，按照空间特征确定规划单元。以往制定各类规划时，往往依据县、镇、村等行政区划范围来确定规划单元，由此带来的问题是各类规划不能准确反映发展集聚的空间特征，也难以对空间秩序的失衡断裂发挥修正作用。中央要求，要打破行政区划界限，依据区域性空间肌理和发展集聚特征，按照宜大则大、宜小则小的原则来确定国土空间规划单元。[①]四川省公布过一个信息，决定打破县域内行政区划和建制界限，以片区为单元编制乡村国土空间规划。[②]这一做法是对中央精神的贯彻落实，具有先行先试意义。

第二，按照规划单元划分政策单元。习近平总书记强调，要细化主体功能区划分，按照主体功能定位划分政策单元。[③]这意味着，国土空间规划不仅是主体功能区划定、土地利用、城乡规划的基本单元，还要将之作为政策瞄准的基本单元。要想很好落实这一要求，确定国土空间规划单元时，就必须合理确定片区内的中心地—分散地，统筹考虑片区内的人口布局、聚落形态、交通流线、经济状况，为将来产业发展、基础

[①] 参见《中共中央 国务院关于建立国土空间规划体系并监督实施的若干意见》（2019年5月）。该文件同时明确，将主体功能区规划、土地利用规划、城乡规划等空间规划融合为统一的国土空间规划，实现"多规合一"，强化国土空间规划对各专项规划的指导约束作用。

[②] 参见《科学编制乡村国土空间规划 做深做实两项改革"后半篇"文章 大力推动乡村全面振兴和县域经济高质量发展》，《四川日报》2021年11月2日，第1版。

[③] 习近平：《推动形成优势互补高质量发展的区域经济布局》，《求是》2019年第24期。

设施和公共服务等政策实施预留条件。当然，考虑到部分政策具有跨区域特征，规划单元和政策单元不可能在所有政策上完全一致。

（二）治理单元重组

确定了规划单元和政策单元之后就要注重依托片区来协调社会治理活动，条件成熟的，可以逐步开展行政区划调整和空间布局重组。

第一，按照空间单元协调社会治理。如果若干分散村庄被划分到了一个规划单元，同时重要的基础设施、公共服务的政策单元又基本重合，可以考虑以此作为基本的治理单元，调整社会治理的管辖尺度开展跨区域行政管理。比如从党建角度，可以考虑在新的治理单元内部开展区域化党建，打破原有组织架构的界限壁垒，推动事务共商、资源共用、成果共享，以组织融合引领和保障空间融合。在网格化管理方面，也可以依据不同类型单元的特征，来确定网格的布局和组织方式，提升网格化运行效率。实际上，日本的广域行政就是跨区域行政管理的一种有益尝试。上述过程可以作为治理单元全面重组的一个前置程序，条件成熟后再开展行政区划甚至空间布局的调整，就会显著降低制度摩擦。

第二，依托治理单元开展区划调整。空间单元、政策单元、治理单元三个层次的运作趋于成熟之后，可以据此开展行政区划的调整，这也意味着乡村现代化进程中空间秩序的优化调整逐步从弹性向刚性过渡。这方面，成都村庄（社区）规模的优化调整、四川全省范围内的乡镇区划调整等工作都作出了积极探索。区划调整过程中，一些分布在生态功能区或者高度分散的居民点，需要开展适度的空间布局调整。如果放任这类居民点自由演化，可能会带来资源投入的巨大浪费，还可能会给城镇化战略带来长期阵痛。这方面日本的市町村合并已经有不少教训。当然，城乡空间布局的调整要避免强制搬迁、大拆大建等短期化倾向。

第三，按照县乡联动配套组织变革。开展治理单元重组，除了管辖尺度和行政区划的调整措施之外，还必须配套县乡层面组织机构的变革。这一工作的两个重要依据是：（1）2021年4月发布的《中共中央 国务院关于加强基层治理体系和治理能力现代化建设的意见》要求，深化基层机构改革，统筹党政机构设置、职能配置和编制资源，设置综合性内设机构。（2）2019年6月中央办公厅、国务院办公厅印发的《关于加强和改进乡村治理的指导意见》要求，构建县乡联动、功能集成、反应灵敏、扁平高效的综合指挥体系，增强乡镇统筹协调能力。根据上述精神，县乡层级的党政组织需要联动改革，尤其是实现乡镇层面的"强身瘦体"。这方面，可以参照浙江瑞安县乡权责重构改革中的有益经验。

（三）产权单元重构

集体化时期，村庄一级的产权单元和治理单元就基本是重合的，也就是我们通常说的"政社合一"。改革开放后，这一体制在乡镇层面废除了，但在村庄层面实际上一直保留至今。过去，在经济现代化水平不高、治理现代化要求尚未提上日程的时候，这一体制存在的弊端很大程度被遮蔽了。如果不进行空间单元和治理单元的调整，这一体制还能将就着运行下去。但在乡村现代化过程中，城乡空间秩序的调整已经是大势所趋，空间单元重划和治理单元重组之后，产权单元的重构就势必要跟上，否则就会对乡村治理现代化形成掣肘。

产权单元的重构并非要与新划定的空间单元或治理单元一致起来。事实上，作为国家通达公民个人的两种不同制度，这二者并没有任何重合性的要求。现代治理中，如果产权单元与治理单元出现一致，那么更多的可能是一种偶然情况。产权单元的重构要着眼于农村集体经济发展的实际，根据区域性的经济联系来划定。农村集体经济不可能都以村庄为单位实现与市场经济的有机衔接。

配套城乡空间秩序调整，开展产权单元的重构可以遵循以下路径：（1）鼓励已经进城落户、稳定生活的农业转移人口有偿退出各项农村权益；（2）以农业生产为主的区域，引导退出的土地承包经营权向专业农户集中，由在村的专业农户联合组建新的农村集体经济组织，推动土地规模化经营；（3）以特色产业为主的区域，引入现代经济主体与若干村集体经济组织组建产业联合体，农户通过股权分享经营收益。

笔者曾给某农村综合改革试点区做过一个方案设计：（1）空间布局

上，将乡村观光带上五个村庄划定为一个特定的空间单元，统筹基础设施和公共服务配置；（2）社会治理上，在单元内部实现一张网格统揽，优化网格化管理的层级设置和链条布局；（3）产业发展上，推动集体经济组织与市旅游公司组建产业联合体，发展新型集体经济。这里面已经同时兼顾了空间单元重划、治理单元重组、产权单元重构的含义，具有比较强的改革试点试验价值。

第五章
分工秩序与乡村治理体制变革

现代化的本质是人的现代化，人的现代化离不开能力的提升，这既包括个人能力也包括共同体（社会）的整体能力。而促进人类能力发生质的提升的，则是分工的出现与拓展。因此，在定义和讨论现代化有关的问题时，首先要扣住分工这个线索。一个现代化乡村的基本特征是：农业劳动生产率达到较高水平，城乡要素得以自由流动，农业产业政策与农村社会政策相对分离，乡村经济活动和社会治理实现专门化、专业化。① 表面上看，乡村治理水平与经济发展水平具有明显的相关性。其内在逻辑是：经济发展水平高意味着该地区经济活动的专业化、市场化程度高，其背后是经济分工的深化与拓展；这种情况下，人被卷入市场的程度加深，原有社会结构对人的束缚变弱，社会治理必然更为顺畅。从这个意义上讲，乡村治理现代化的一个重要前提是乡村经济社会分工的深化与拓展。

现代化的社会治理追求的是一种适应性效率。适应性效率不同于经济效率，亦非单纯的行政效率，而是指在面对重大社会问题时，具有通过竞争迅速耗散超额租金，从而实现动态稳定的体制灵活性。② 当前，我国乡村产权管理、社会治理很大程度上仍旧受到集体成员权的影响，乡村社会公共领域和私人领域时常纠缠不清，这些都是人际关系化治理的特征。由于土地产权秩序的过滤和屏蔽，社会基础变动所引发的治理需求变动无法顺畅传导到治理体制层面，超额租金的耗散机制难以建立，乡村适应性效率还比较低。建基于"政经合一"之上的村民自治活动时

---

① 党国英：《论城乡社会治理一体化的必要性与实现路径——关于实现"市域社会治理现代化"的思考》，《中国农村经济》2020年第2期。

② ［美］诺思、［美］瓦利斯、［美］温格斯特：《暴力与社会秩序：诠释有文字记载的人类历史的一个概念性框架》，杭行、王亮译，格致出版社、上海人民出版社2013年版，第182—185页。

常引发村庄政治波动,作为一种小共同体内部围绕着有限资源控制权的争夺,周而复始的乡村政治冲突难以带来制度改进。[①] 本质上讲,我国的村庄不但是一个居住单元,还同时是一个产权单元、一个治理单元,村庄中"政经不分"是造成乡村适应性效率低下的根源。本章的主题即在于讨论分工深化、乡村依附性关系解体与乡村"政经分开"之间的内在逻辑。

第一节 分工深化、去依附与乡村现代转型

长期以来,人们比较重视劳动分工的经济效应,但对分工的社会效应及其扩展秩序认识不够。不理解分工的政治社会意义,就难以把握人类社会现代化进程的本质,也就难以理解乡村现代化的真实意涵。

一、广义分工、扩展秩序与现代化的起点

(一)经济分工及其扩展秩序

亚当·斯密在《国富论》的开篇即提出:劳动生产力的进步是分工的结果;人性中互通有无、物物交换和互相交易的倾向,是分工产生的根本原因;分工的兴起和深化,往往为市场规模所局限。[②] 这是理解经济分工的三条基本认识。斯密在提出分工理论时,主要关注的是分工在提升劳动生产率方面的作用,至多拓展到分工深化与市场规模的相互促进。而时至今日,分工的无限深化已经被视作现代经济增长的根本原因。

古典经济学理论认为,商品交换和远距离贸易促动了专业化和分工

[①] 张静:《基层政权:乡村制度诸问题》,社会科学文献出版社2019年版,第228—237页。

[②] [英]亚当·斯密:《国富论》,郭大力、王亚南译,上海三联书店2009年版,第3—14页。

的产生。专业化是个体（组织）在已知的约束条件下作出经济决策的结果，专业化抉择的网络化则带来了分工的深化。专业化直接增强了个体（组织）的生产能力，分工的无限深化则带来全局性的报酬递增。二者互为表里共同促进了共同体（社会）总体能力的提升。这种能力，一方面表现为社会物质财富的极大涌流，财富积累的速度以几何级数增长；另一方面，又表现为财富"普及于社会一切不同的阶级"[①]，人与人在经济方面的平等大大增进了。

大规模分工的社会，财富积累和经济平等水平显著提升，进一步催生了社会其他方面的进步，这也就是哈耶克所说的"扩展秩序"，或者称之为"广义分工"。如果要对这一演进过程作一简化分析，大体可以将其概括为：交换、分工、财富、产权、竞争、道德、法治、自由，等等。在这个过程中，分工具有超边际特征，不仅局限于经济领域中的超边际，而且从经济分工跨越到社会各领域的分工，即促进了政治、经济、法律等不同领域的专门化、专业化。这已经超越交换或者交易的本能行为，而毋宁是财富扩大到一定程度后为维护财富和竞争秩序而演化出的制度安排。

（二）分工扩展秩序的社会历史意义

马克思也认同分工所带来的扩展秩序。他认为，分工除了扩展到经济领域以外，还扩展到社会的其他一切领域，到处为专门化、专业化的发展，为人的细分奠定基础。[②] 不仅如此，马克思还对分工扩展秩序的社会历史意义进行了详细阐述，其内在逻辑大体包含以下机制：

一是劳动分工扩展为社会分工。"自然的差别，在共同体互相接触时引起了产品的互相交换，从而使这些产品逐渐转化为商品。交换没有造成生产领域之间的差别，而是使不同的生产领域发生关系，从而使它

---

① ［英］亚当·斯密：《国富论》，郭大力、王亚南译，上海三联书店2009年版，第7—8页。

② 马克思：《资本论》第1卷，人民出版社2004年版，第410页。

们转化为社会总生产的多少互相依赖的部门。在这里，社会分工是由原来不同而又互不依赖的生产领域之间的交换产生的。"①

二是分工预示着共同体的终结。"商品交换是在共同体的尽头，在它们与别的共同体或其成员接触的地方开始的。但是物一旦对外成为商品，由于反作用，它们在共同体内部生活中也成为商品。"② 这种趋势一旦展开，共同体也就离解体不远了。

三是分工带来了个人的独立。"我们越往前追溯历史，从事生产的个人就越不独立，越从属于比较大的整体"，他本人就是"共同体的财产"。而分工将个人力量转化为物的力量，分工的进一步扩大则带来了生产和交往的分离，分工由此带来了社会关系的必然独立化。③ 这为现代社会秩序奠定了基础。

马克思进一步讨论了高度工业化条件下分工所带来的人的异化与复归。在他看来，分工只能靠分工不断深化加以消除。然而，分工和专业化水平也并非越高越好，因为分工深化会带来交易成本的上升，最优的分工水平应该能够在专业化所带来的报酬递增与交易成本之间达成某种平衡。但在发展中的一个重大悖论是，一个社会的专业化和分工程度越高，与交易有关的衡量成本便越大，发明有效伦理道德准则的成本也就越大。诺思认为这一自相矛盾的难题，乃是发源于第二次经济革命的近代社会中许多问题的根本原因。④ 专业化和分工意味着社会复杂程度的加深，如何在一个高度复杂的社会中建立公正的社会秩序，是人类面临的时代命题。本章讨论的乡村社会分工和治理问题，很大程度上即寓于这一悖论当中。

---

① 马克思：《资本论》第1卷，人民出版社2004年版，第407—408页。
② 马克思：《资本论》第1卷，人民出版社2004年版，第107页。
③ 《马克思恩格斯选集》第1卷，人民出版社1995年版，第107、118—119页。
④ ［美］道格拉斯·诺思：《经济史上的结构和变革》，厉以平译，商务印书馆1992年版，第65页。

（三）低度分工水平下的社会形态

人类借助于专业化和社会分工实现财富大幅增殖，走出马尔萨斯陷阱，满打满算也不过二三百年时间。在此之前长达数千年的时间里，人类社会普遍处于低度分工水平状态。要认识分工及现代化的真实含义，有必要对传统社会的生存状态作一个描述，同时这也可以为乡村社会转型分析提供一个参照框架。

传统社会具有以下特征：（1）生产特征。社会分工水平很低，导致生产效率低下、物质匮乏，用今天眼光看传统世界几乎是一个没有积累的社会。（2）阶级特征。极少数特权者垄断绝大部分资源，社会等级秩序比较固定，社会流动性差，穷人的生存状况不易改善。（3）交易特征。市场不发达且货币化程度很低，农民只是部分参与不完全的市场，契约关系约束下的交易活动无法大规模展开。（4）治理特征。解决资源稀缺性问题依靠的是强制、惯例和权威，公共领域泛化与公共生活狭窄并存，人无隐私和自由可言，处于支配地位的是人与人、人与共同体之间的依附性关系及统治—服从关系。（5）变迁特征。传统社会的变迁是通过"简单再生产"完成的——不断瓦解、不断重建、经常改朝换代，但是社会形态并无变化。[①]

传统社会里，市场化程度低、资源总量小、宗法力量强大，权势人物往往与有限资源相结合而产生贪欲和控制欲。他们为了更好地生存，就必须奴役和剥夺别人。由此不难看出的一个道理是，低分工、低效率人群凑在一起，必然形成一个压迫性、依附性的社会。传统社会，实际没有独立的城市经济，可以认为整个社会都是低度分工水平的社会，当然乡村尤甚。大航海时代和工业革命以来，城市率先进入现代社会分工体系，实现了现代化；而乡村特别是欠发达地区的乡村长期游离于社会分工体系之外，成为落后的代名词。乡村社会现代化的问题，实际上也就转换为如何使大规模分工渗透进乡村社会，促进乡村依附性社会关系

---

① 马克思：《资本论》第 1 卷，人民出版社 2004 年版，第 415 页。

解体的问题。

二、去依附：传统乡村转型的政治经济逻辑

在发展经济学的框架中，传统乡村的转型实际就是一个经济结构变迁问题，分工问题的讨论也主要聚焦于其带来的效率提升上。现在我们认识到，乡村依附性关系的解体同样也是乡村社会卷入社会分工体系的结果。但这个过程的展开在任何国家都不是一个纯粹的经济问题，而毋宁是一个政治经济问题，因为每个国家都有自己独特的"体制存量"。

（一）传统乡村：分工介入和秩序扩散的最后堡垒

在全球化条件下，贸易互联、信息互通早已打破了传统的国界，国际分工体系在动态中不断深化。然而即便是在这样的条件下，全世界仍然有数十亿乡村居民处于封闭和半封闭状态，未能充分进入社会分工体系。揆诸历史，可以发现无论是在发达国家还是欠发达国家，乡村从来都是分工深化最后的堡垒。这一方面受到社会分工演化规律的影响，另一方面又受到社会上下层结构之间关系的制约。

就社会分工本身的规律而言，乡村很难独立启动分工进程。斯密从人性中互通有无的交易倾向出发演绎出局部市场的必然性，并进而认为分工的兴起与扩展受到市场规模的局限。[①]波兰尼则认为，分工真正的起点是远途贸易，而非近距离交换。[②]穆勒持有同样的认识："在文明的早期阶段，当每一地区的需求肯定都很小时，产业只是在这样一些人当中蓬勃发展，这些人控制着海岸或通航河流，能把全世界或所有沿海地区或通航地区当作其产品的市场。"[③]"如果他们（乡村）离最近的非农产业

[①]［英］亚当·斯密：《国富论》，郭大力、王亚南译，上海三联书店2009年版，第10—14页。

[②]［英］卡尔·波兰尼：《巨变：当代政治与经济的起源》，黄树民译，社会科学文献出版社2017年版，第112页。

[③]［英］约翰·穆勒：《政治经济学原理及其在社会哲学上的若干应用》，赵荣潜等译，商务印书馆1991年版，第153页。

太远，以致不能把其作为吸收剩余产品的市场，从而不能靠其使他们的其他需要得到满足，那么一般说来就不会生产出这种剩余产品或与其相等的东西。"①综上可见，传统时代乡村几乎占据全局，城市尚未得到有效的发展，近距离的城乡之间抑或乡村内部难以形成必要的商品市场，只有通过远距离贸易才有可能真正启动大规模分工。

分工与城市，实际上是互为表里的；分工一旦启动，必然带来城市的崛起。正如马克思所说："一切发达的、以商品交换为中介的分工的基础，都是城乡的分离。"②城市大规模出现之后，分工深化的进程大大加快了。但这一进程却带有将乡村排挤到分工体系之外的技术性格。分工深化、贸易网络都先是在全球工商业系统中进行整合，同一地区的城乡之间虽然在地理空间上更加接近，但全球依存度却带有分工联系上的优先性。世界市场兴起之后，分工主要在全球工商业也就是城市之间展开，全球化实际成为城市的全球化。这个过程中，农业产业当然会介入全球分工链条，但其是作为城市经济依附者的形象出现的。更为重要的是，农业产业介入全球分工，甚至实现了农业经济向工业经济的转变，并不意味着乡村社会卷入了社会分工体系，更不意味着乡村现代化的实现。③

城乡分离之后一定会有一个再融合的过程，但这个过程是极其缓慢的。从现代社会兴起的大历史观来看，社会上层结构与下层结构的互动是影响这个过程的关键。黄仁宇对此作过深刻分析：现代化过程中，每个国家既要改组上层结构，适应新的法制；又要翻转下层结构，以便促进社会交换；此后还要重建或改组当中制度性的联系，实现上层结构和

---

① ［英］约翰·穆勒：《政治经济学原理及其在社会哲学上的若干应用》，赵荣潜等译，商务印书馆1991年版，第144页。
② 马克思：《资本论》第1卷，人民出版社2004年版，第408页。
③ 刘守英、龙婷玉：《城乡转型的政治经济学》，《政治经济学评论》2020年第1期。

下层结构的适配。①纵观近代以来大国崛起的历史，因为经济社会条件的差异，不同国家的上下层结构调整通常遵循不同顺序。历史发展的事实是：英、美等国因为缺少严密的一元化控制体系，一旦条件成熟上下层结构变化起来都很快；德、日等国历史上缺少统一的中央政府，上层的政治集权与下层的社会重组成了一个合二为一的过程；中国历史上私人产权比较发达，社会交换和分工的自由度要远远超过西方，但由于中央集权的政治文化性格不断绵延和递进，限制了下层结构的持续演化。

下层结构变化，归纳起来并不复杂。其实就是土地产权受到法律保护，社会领域各要素能够公平自由交换，资金融通、人才流动、技术扩散能够有效展开，使原来的农业社会逐步与商业社会习惯相适应。但在改革开放之前的体制中，上层对下层的禁锢和压力不能放松，指令经济联通上下，分工体系难以嵌入，现代化的社会基础始终难以形成。改革开放后，上层放松了对下层的控制，社会分工体系才得以卷入乡村的经济社会进程，现代化逐渐具备了实现的条件。

(二) 农民形态：分工深化与农民分化

改革开放以来，中国乡村先后经历了三波分工深化的浪潮。第一波是乡镇企业的兴起，第二波是民工潮的出现，第三波是专业农户的崛起。20 世纪 80 年代，工业化开始大步前进，乡镇企业兴起给当时的中国乡村乃至整个中国带来了极大的冲击，但短短十数年间大多数的乡镇企业便销声匿迹，少量存活下来的也转制或转场。可以说，乡镇企业虽然短暂地将工业分工体系引入了乡村，但并没有在乡村生根发芽，也没有能够实质性改变乡村社会。进入 90 年代，城市化的大幕拉开，大量农民工涌入城市，这个过程一直持续到今天还没有结束。这个过程中，乡村充当的角色是为城市经济体系源源不断地提供劳动力，进城农民卷入了社会化大分工，但乡村社会亦未发生本质变化。总的来说，前面两

---

① [美] 黄仁宇：《资本主义与二十一世纪》，生活·读书·新知三联书店 2015 年版，第 35、230 页。

波分工浪潮并没有直接触发乡村的分工深化和社会进步，但毋庸置疑的是这为乡村社会分工的启动奠定了基础。因为，如果没有全局性的工业化、城市化进程，农业商品化则无从谈起；如果没有上述进程带来的乡村人口减少和人地关系重组，农业商品化也只会带来过密的劳动投入，而难以转化为乡村的现代化。

近十年来，第三波分工浪潮大规模启动，专业农户崛起成为中国乡村最典型的特征。农业的分工和专业化进程乃是积微成著、润物无声的，这个进程容易感知，但要总体概括则颇为不易。我们用三个替代性的指标来反映其中的变化。一是农林牧渔业总产值与第一产业增加值的比值，自1978年以来呈总体上升态势，体现出农业产业链的延长和迂回交易的增加；二是租赁作业费占直接费用的比例超过40%，已经比1978年时翻了一番，体现出农业生产内部环节分工的深化；三是特定区域内规模化种植的农作物品种在减少，各种作物的优势区域渐趋显现，体现出农业生产区域分工的逐步深化。这一波分工浪潮是实实在在归于农业、落在乡村的，而其直接结果则是带来了农民的分化。当前，就典型农区而言，乡村中主要有三类农户：一类是专业农户，一类是小农户，还有一部分处于二者之间的过渡状态。

专业农户，是专业化程度高、技术水平高、经营收入高的商品化农业生产者。当前作为中国农业主导形态的是商品化家庭农业生产，其直接的组织单元是家庭农场，专业农户实际是家庭农场的人格化主体。还有一部分从事农业社会化服务的专业户，也可以归入专业农户范畴。根据大致的估算，农场主直接耕种的土地超过5亿亩，专业户通过社会化服务进行管理的土地达到16亿亩。这意味着，专业农户已经成为乡村振兴的中坚力量。

小农户的情况则要复杂一些。正确理解小农户的境况和内涵，需要把握两个关键问题。首先，小农户不同于传统社会的小农。在有关农民研究的传统中，小农是有着严格定义的。沃尔夫指出，理解小农的一个重要前提是整个社会以小农的租税和利润作为社会结构的基础，社会其他群体依赖小农供应的粮食和收入维系生存。小农这个概念,反映了剩余生产者和统治者之间的一种不平等的结构性关系。①显然,今天的小农户是不符合这一基础条件的。其次,绝大多数所谓小农户不是真正意义的农民。现在作为小农户主体的是老弱贫病等留守人群,这部分人的主要收入不是务农,而是城市家人汇回工资;他们中的一部分已经将土地流转出去,剩余部分或许也干一点农活,但主要的农业生产是依靠社会化服务组织完成的。从这个意义上讲,绝大多数所谓小农户已经不是通常意义上的农民,他们是城市化的留守者或者说后备梯队。

无论专业农户还是小农户,都是分工深化的结果。专业农户是第三波分工的直接成果,而小农户实际是第二波分工的"家庭剩余",以家庭为单位看实际也已经纳入了社会分工体系。目前的乡村社会中,无论是专业农户还是小农户,都具有独立对接市场的权利和能力,只是具有不同的核算方式;二者都已经超越了传统时代低度分工水平下的农民的特征,成为具有独立行动能力和价值取向的行为主体。

(三)现代乡村:专业农户崛起与依附性的衰落

今天的中国乡村,历经坎坷终于走到了人的独立性这一步,站在了现代化的门槛上。其核心逻辑无外乎列宁早已说过的"独立地和市场发生关系,同时造成人格的提高"②。

一些保守主义者认为,农民在现代化的过程中,遭遇了"强制商品化"被迫卷入资本主义的商品关系当中,从而丧失了自我维持再生产的自由。③这种认识很大程度上来自一些论者的想象,在理论上是肤浅的。一百多年前,孟德拉斯在法国农民身上看到的景象是:在传统世界中得到塑造的农民可以悠然自得地在现代世界中活动。一旦那些"经济

---

① Wolf, E. R., *Peasants*, New Jersey: Englewood Cliffs & Prentice-Hall, 1966, pp.10–12.

② 《列宁全集》第1卷,人民出版社1984年版,第376页。

③ [英]亨利·伯恩斯坦:《农政变迁的政治经济学》,载叶敬忠主编:《农政与发展当代思潮》第1卷,社会科学文献出版社2016年版,第17、28—29页。

动机"并入严密的和有意义的经济规则,就会立刻被农民所接受。当这些缺乏文化的庄稼汉走出农场时,会以惊人的可靠直觉去创立一些全新的和非常适合现代要求的机构(如农业技术研究中心、农业集体利益协会、家庭乡村培训所,等等)。最终,现代农业核算方法导入了法国,这正是在他们的推动和要求下所获得的结果。[①] 这个描述如果移植到今天的中国乡村,一点都不显得违和。专业农户规模升级和技术迭代的速度令人震惊。农业农村部监测的家庭农场平均规模达到400亩,农场跨越村庄乃至乡镇渐成常态;专门从事作物育种、花卉培育、水产养殖的农户与科研机构组成创新联盟,催生了推动科技进步的新型组织;山东的菜农、湖北的小龙虾养殖户已经超越一般性的生产者角色,开始在全国乃至世界各地开展技术指导,成为技术扩散的重要力量。

专业农户深度卷入市场分工体系,生产效率和经营收入普遍提升。在广泛的市场契约协作网络的支持下,专业农户直接参与产业链上下游乃至全球市场的竞争与合作。这个格局下,他们的收入主要依赖自主经营和市场竞争,不需要借助宗法力量来维持生存和寻求庇护。他们的目光在更广大的市场上,小共同体中的超经济强制和依附性关系失去了作用空间。此外,无论是家庭农场还是社会化服务组织都是独立的生产经营单元,专业农户经营过程中必须独立面对市场风险并作出决策。这意味着,专业农户"人格的普遍提高"速度将远远快于普通农民,从而成为乡村现代化的引领力量。近年来,在专业农户支撑起的乡村中,小农户也已经以各种方式实现了与现代农业发展的有机衔接。大部分的小农户具有独立核算意识和行动能力,而且其背后通常还有若干已经完成城市化的家庭成员支援。在相对收入和经济机会的引导下,小农户还在不断向城市迁移。即便是最底层的贫弱农户,在脱贫攻坚工作的带动下,也在经济上脱离了绝对贫困,并且进入了人格进步提升的轨道。各类农

---

① [法]孟德拉斯:《农民的终结》,李培林译,社会科学文献出版社2010年版,第12页。

山东寿光专业农户在西藏建设的玻璃温室（陈明 摄）

技术进步和技术扩散不但会带来农业生产格局的重大调整，还会带来农民形态的深度演进。专业农户往往是集土地密集、资本密集、技术密集于一身，现代意义的农民实际是从事农业这一特定产业的企业家。

户以不同方式共同卷入市场分工体系,全面促进了传统乡村关系的解体和一个专业化社会的生成。

总之,商品化程度越高,依附性关系被社会分工和自由交易排挤得越多,乡村作为一个传统共同体的地位就越是风雨飘摇。作为乡村振兴的中坚力量,专业农户的独立和进步将成为整个乡村社会现代化的支撑,同时必然带动乡村社会关系登上一个新的平台。

第二节 "政经分开":乡村治理现代化的逻辑指向

乡村人口减少条件下,经济分工扩大到乡村社会,带动农民能力提升和依附性关系解体,为乡村治理体制的调整开辟了新的空间。在这一背景下,乡村治理的若干现实问题,有了重新认识的必要。在这里,我们只讨论最关键的三个问题,即公共领域与私人领域、产权单元与治理单元、社区自治与社区民主。这三个问题讨论的结果最终都指向同一个改革目标——"政经分开",即实现乡村政治事务、经济事务和社会事务的专门化、专业化。

一、公共领域与私人领域

治理是国家对公共领域经济社会秩序的构造和调节行动,乡村治理是合理配置各种公共资源以构造乡村秩序的过程。因此,讨论乡村治理问题就必然涉及对公共性的认识。

近年来,一种关于乡村公共性认识的舛误流行市肆,影响甚广。这一认识大致由以下几个命题组成:(1)税费改革之前,乡镇政府虽然强制征税,但是深刻理解农民诉求,会尽可能为农民提供公共品;取消农业税后,乡镇再也不关心农民的生产生活秩序,分散的农户难以通过合作解决公共品供给问题。(2)在土地确权颁证、集体产权制度改革的背景下,资源资产量化到人,就会将社会还原为个体,从而让社会失去公共性。（3）乡村治理中，村庄内部必须保持一定程度的政治性，通过调整土地能够激活村庄政治，从而带来乡村善治。①

这套逻辑在理论和实践上都经不住推敲，其错误的根源在于对公共性概念的误读。一般来说，如果某项事务无法克服私人活动的外部性，就会认为这一事务具有公共性特征；公共品供给的行动空间通常被视作公共领域。从经济学上讲，一项事务如果能由私人活动完成并且不会给他人带来损害，那么就不应被归入公共领域，因为一旦纳入公共领域势必带来额外的交易费用。而从政治学上讲，公共领域导源于个人利益与个人意识的社会实现。二者表述方式不同，但实际都指向同一个逻辑，即公共领域是以私人领域的边界来界定的，如果没有"私"就不会有"公"，这是现代公共性的核心要义。在传统中国，"公"表达的是一种内含共同性的先行于私的概念，这种共同性中不包含平民百姓的"私"（个人利益），其核心伦理是"均分"和"反利己"。②显然，这种"公"的概念恰恰是对低度分工水平下依附性共同体状态的理论抽象。

正是由于混淆了传统和现代公共性概念的差异，上述认识把政府和村庄组织视作乡村公共品供给的唯一来源，把产权改革明确的公私边界当成公共性的最大敌人，把地权纠纷激活的政治性当成公共性的活力源泉。这是显而易见的三个反事实判断。首先，公共品供给的方式是一个时代范畴。纠纷调解、宗族祭祀等事务随着人口的疏解而迅速收缩；安全防卫、扶危济困正成为政府的一般性公共管理活动；一些人反复强调的共同生产，则通过专业农户的自主合作得到了很好的解决。其次，土地产权制度改革是改进乡村公共治理的基础。传统社会中所谓的公共领域实际是一种无限扩大了的"公共领域"，其中的公共性实际是一种过分牺牲私人权利的"伪公共性"。乡村治理中的大量问题，比如干部贿

---

① 贺雪峰：《乡村治理与农业发展》，华中科技大学出版社2017年版，第62—63、153—156、230页；贺雪峰：《治村》，北京大学出版社2017年版，第111、245页。

② ［日］沟口雄三：《中国的公与私·公私》，郑静译，生活·读书·新知三联书店2011年版，第239、289页。

选、小官巨贪、乡痞横行等，都与"公私不分"有关。土地产权制度改革重建私人领域，非但不会造成公共性的丧失，反而是公共性的前提。再次，乡村的去政治化是乡村治理现代化的关键要义。新中国成立之际，我们靠激活农民的政治性来推进民主革命进程，但这也造成了农政问题始终与政治问题密切勾连，带来不少麻烦。特别是在"政产不分"的条件下，往往导致土地问题的政治化，特殊的产权秩序成为乡村治理现代化的阻滞。

为破解乡村社会中公共权力与集体产权纠缠难解的复杂局面，中央对"政经分开"改革进行了专门部署。2015 年中央办公厅、国务院办公厅印发的《深化农村改革综合性实施方案》首倡"政经分开"；2016 年《中共中央 国务院关于稳步推进农村集体产权制度改革的意见》再提此事，要求有条件的地方"实行村民委员会事务和集体经济事务分离"。这一改革的逻辑实质是"公私分开"：将土地等集体资产量化到人、确权到户，将产权问题交由专门的集体经济组织管理，社会治理聚焦到真正的公共领域，乡村治理现代化便具备了制度基础。

二、产权单元与治理单元

还有一种观点，认为乡村的产权单元要与治理单元一致起来，这样二者就有了对称性，可以实现配置高效和治理有效。[①] 这种认识与上述公共性认识的舛误具有相似性，一定程度上可以视作上述认识的翻版。这个谬误可以用简单的反证法予以证伪。在城市中，产权单元是法人财产和个人房产，治理单元是街道、社区等基层网格，没有任何一个城市的产权单元和治理单元是重合的。难道能以此否认城市中产权配置和社会治理的有效性吗？不过，提出产权单元和治理单元的关系这一命题并非毫无意义，因为这与当前分工深化和去依附条件下的中国乡村变革密切

---

① 邓大才：《产权单位与治理单位的关联性研究——基于中国农村治理的逻辑》，《中国社会科学》2015 年第 7 期。

相关。

产权单元与治理单元重叠，不是中华文明的传统。中国传统社会实行的是大一统下的编户齐民制度，国家直接向小自耕农抽税。为了防范地主豪强坐大，国家非但不会要求将产权与治权合二为一，还会通过分家析产、防范兼并等制度来限制产权单位的扩大。宋代以后，土地产权多数时期处于一种准私有状态，为扶弱济贫、祖先祭祀等需要而设立的公共产权比例很低。这种情况下，产权单元通常是家户，治理单元通常是村庄，二者长期处于分离状态。产权单元与治理单元的重叠曾经出现于人民公社时期，实际也就是"政社合一"体制。这一制度的典型特征是以规模替代效率，不求活力增强但求数量优势，即便不考虑公正性问题，也难以长期持续。一旦开放人口流动和产权交易，这种体制很快就会在实质上被打破，并演化为制度层面的变革。

将产权单元与治理单元一致起来的观点，仍然是从控制和汲取、而非从公共服务和社会活力的角度出发来思考社会治理问题的。但乡村社会基础结构已经发生重大变化，分工深化和去依附的背景下，旧的体制已经失去了存续的空间。首先，随着改革深化土地产权逐步固化到家户，村庄集体的所有权权能已经十分有限；而在开放性的产权秩序下，产权流动早已打破了社区的边界。其次，村庄集体经济组织全面组建，村级治理体系则逐步成为国家正式治理体系的一个组成部分；前者朝着市场前行，后者被行政吸纳，二者已经渐行渐远。再次，作为乡村经济主体的专业农户深度卷入市场分工，其生产活动不但跨越社区，甚至跨越国界；乡村经济活动早已纳入市场调节的轨道，农民的经济空间与政治空间日益深刻地分离了。

现代社会中，产权和治理是以国家为后盾、由国家直接通达公民个人或法人的两类不同的制度安排。从制度单元的角度看，产权单元和治理单元本质上没有什么必然联系，更没有取得一致的必要。从公民个体的角度看，经济组织成员权和社区成员权是两种不同意义的成员权，两种成员权服从不同的制度逻辑。经济组织的成员权资格，一般来说通过经济投入或者股份合作制改革取得，其服从的是依据投入获得回报的经济逻辑；而社区成员权资格，通常依据居民的常住地获得，其服从的是公共服务均等化的政治逻辑。因此，要构建一个现代化的治理体系，必须把产权制度和治理制度、把经济组织成员权和社区成员权区分开来。这同样也是乡村"政经分开"改革的核心要义之一，也是分工深化和去依附条件下乡村居民的普遍诉求。

在现代化的治理体系中，真正影响治理单元的不是产权单元，而是治理半径。治理活动要分出层级，基层治理事务琐碎繁杂，治理半径过大或者过小，都会对治理效率造成影响。我国宪法规定："城市和农村按居民居住地区设立的居民委员会或者村民委员会是基层群众性自治组织。"从这一表述来看，无论是村民自治还是居民自治，在宪法的规定中都是按照居住地来划分的。如果沿着这一逻辑深入，某个居住地范围内的常住人口增加或者减少，群众自治组织的规模就应该相应扩大或者收缩。即便做不到即时调整跟进，也可以每五年或者十年根据人口普查结果进行一次调整。但在现实中不是这么回事。城市中的街道社区，通常会随着人口规模的变动进行重划，以确保工作效率。但在乡村治理中人们往往会忽视这个常识，一些地方组建了很多不大不小的居民点，公共服务低效问题长期得不到解决。

通常来说，城市居民自治组织的调整比较便捷。根据城市居民委员会组织法的规定，按照便于自治的原则，一般100—700户设立一个居民委员会。这个标准制定较早，而且是面向全国的，因此偏低，后来各地都按照本地实际制定了更具体的标准。比如，成都市2019年制定了城乡社区自治组织规模的最新标准，城市居委会一般按照3000—5000户（1万—1.5万人）的规模设立。① 北京市于2021年出台了社区居民委员会设立标准，居民委员会按照2000户6000人左右的规模设立，一般

---

① 参见《成都市城乡社区发展治理总体规划（2018—2035年）》（2019年10月）。

不超过3000户9000人。① 举这两地的例子是为了说明，城市社区居委会的规模确实是在按照居民规模进行调整，这一制度的运行与最初的制度设计是一致的。

乡村的情况就复杂得多。当初设置村民委员会的时候，确实是按照当时村民的居住地范围来确定自治组织边界的。但村民自治中的一个独特之处在于，按照村民委员会组织法，村民委员会要管理本村属于农民集体所有的土地和其他财产，作为村民自治中最高权力机构的村民会议要决定土地承包经营、宅基地使用、集体经济发展等各类集体资产管理事项。同时，大部分村庄的村民自治组织和村集体经济组织并未真正分离，村民委员会成为事实上的村庄集体经济管理组织。在村庄"政经合一"体制下，村民既是社区自治组织的成员同时也是农村集体经济组织的成员，而且两种成员权在某个具体成员的身上是无法分割的。

在过去那种村庄人口固化不变的情况下，区分两种组织范围和两种成员权是没有太大意义的，但在如今城乡人口布局大幅调整的趋势下，情况就大不一样了。人口流动会带来社区人口与集体经济组织人口的非对称性分布，继续开展自治活动就必须选定一个范围作为成员边界的依据。实践中，绝大部分村庄实际是以农村集体经济组织成员作为本村成员的依据的。也就是说，不管一个村民流动到哪里，只要他还是某个村庄集体经济组织的成员，那么理论上他就应该参加这个村的村民自治活动。且不说这一制度运作是否与法律规定相冲突，实践中就已经在不同场景中衍生出了不少问题。

第一类场景是经济发达地区的城中村和城郊村。在城市化过程中，这些村庄已经基本完成了城市化，有些虽然还保留着"村"的名字和乡村治理体制，但实际已经是城市经济形态了。这些村庄常住人口中有大量的"新居民"，但在实践中只有本村的原住民能够参与社区自治活动，而迁居者理论上还是其故乡村庄的成员，不能在常住地参加基层群众自

---

① 参见《北京市社区居民委员会设立标准》(2020年12月)。

治。一个更麻烦的问题是，这类村庄通常要由集体经济收入负担大量社区公共服务，在广东一地就存在几千人的集体经济组织要负担几万人的社区公共服务支出的情况。

第二类场景是典型农区的空心村和小规模村庄。由于人口大量外流，这类村庄中常住人口很少，早已不能支撑村民自治组织的运作，集体经济组织更是形同虚设。长期以来，很多村庄固守着原来的成员范围，通过一些数字化方式开展沟通协商，其实并无实质性意义。未来，随着一些村庄规模的快速收缩，将失去单独建立村民自治组织的条件和必要。

上述问题如果长期悬置，不但经济上难以为继，也会引发一系列政治问题。乡村治理体制改革，很重要的一点就是依据乡村人口布局变动的趋势，重新划定治理单元，并通过适度引导使乡村人口朝着规模效率的方向迁移。推进这一改革，首先要从理论上对两种成员权作出区分：以居住地常住人口的范围划定社区成员权边界，理论上只要是一个社区的常住人口，就应该在这里参与基层群众自治活动；以所属的集体经济组织范围划定集体经济组织成员权边界，理论上集体经济组织成员只与集体经济的决策和收益挂钩，与社区治理并无关系。这本质上是一个技术问题，具有政治中性的性质，可以大胆推进。

三、社区自治与社区民主

社区自治与社区民主实际是两个范畴，社区自治是针对社区与政府的关系而言的，社区民主则是针对社区成员间的关系而言的，二者不应混为一谈。自治是共同体成员自主管理共同体内公共事务的活动。自治与民主之间有交集，但不可能完全一致。在小共同体中，自治是民主的必要条件但非充分条件。传统中国乡村社会具有一定的自治色彩，但这种自治来自人对共同体及其领袖的依附，这种自治与民主毫无关系。至于选举，则只是民主和自治的一种操作方式，小共同体的自治与民主都不必然依赖选举实现。作为我国基本政治制度之一的基层群众自治制度，其制度的内核首先是自治，也就是解决群众日常生活中的自我管理问题；其次才是民主，解决自治体成员间的利益协调问题。

基层群众自治制度来自于对村民自治实践的理论总结。然而，这一制度经过 30 多年的发展，却出现了一个尴尬局面——作为基层群众自治内核的"内生性自治"实际上被消解了。其中内含有两个问题：一是选举替代自治，二是行政吸纳自治。具体来说，一方面，原本是作为自治实现手段的"民主选举"在制度演化中替代自治成为村民自治制度内核；另一方面，村民自治组织事实上已经成为国家政权的末梢，并且在被逐步地正规化。由此带来的一系列问题是：首先，随着乡村社会演化，村庄常住人口变化非常大，同样是村，少的只有几十人，大的逾万人，采用同样的治理体制显然已经不符合实际了。其次，较大规模的行政村实际是一个陌生人社会，在这样的社会中开展投票选举，这种做法带有相当强的扩散性，与国家治理的整体制度存在摩擦。最后，在分工水平比较低，社会依附性关系占据主导力量的乡村社会，人们对自治和民主的需求是比较低的；而在分工深化和乡村社会依附性关系解体之后，人们自治与民主的需求上来了，可村民自治制度事实上却被行政化的治理体系所吸纳了，这时基层群众自治以什么样的形式实现又成为一个新的问题。

针对这些问题，需要对当前乡村治理体制进行调整。一是重建社区自治。村民自治之所以难以为继，根本原因是列入自治的内容太多，而且把大小事务交由"民主投票"处理。很多事关全局性治理，使得政府不得不出手；还有很多事项关乎村民私人领域，村民也不断伸张权利。以至有人说民主程序最难的地方，是在于确定哪些事务不是由民主投票决定的。① 从这个意义上讲，基层自治的未来首先是要缩小自治范围，关乎全局性的治理问题和关乎私人性的产权问题都应该退出自治领域，基层自治回归日常生活领域以安居为主要内容的公共事务的自主管理。

---

① 周其仁：《城乡中国》（下），中信出版社 2014 年版，第 16 页。

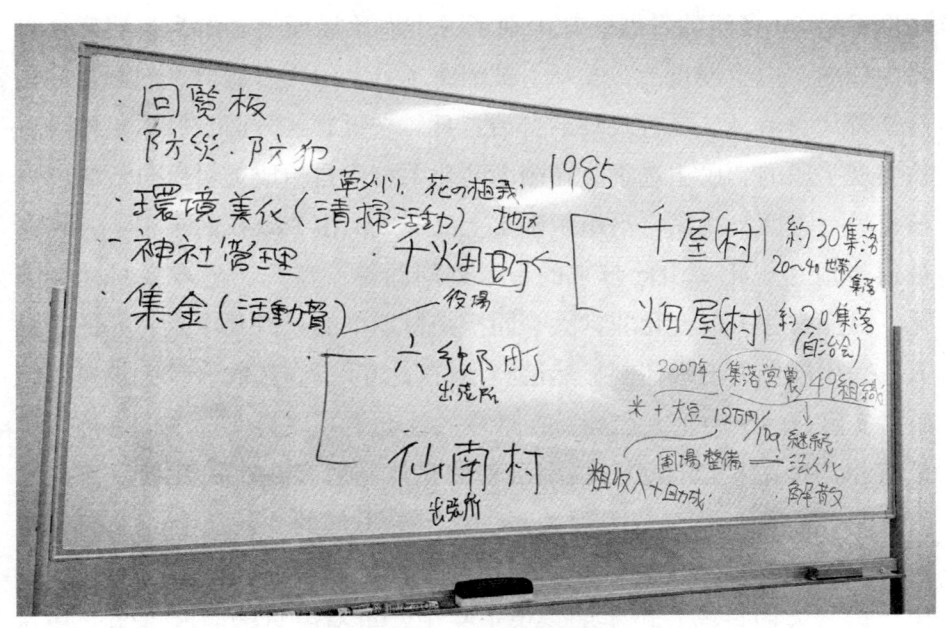

日本村庄自治的内容（陈明 摄）

  日本的町内会、自治会等基层自治组织属于不具有法人资格的"任意团体"，自治的内容也都比较简单。在日本秋田县的研讨会上，一位日本学者记录了当地居民罗列的自治内容，全部列出后也只有寥寥几项。

二是调整治理单元。社区自治中最好不要形成派系纷争，因为基层自治的价值就在于养成公民集思广益以谋公共福利的习惯，维持邻里间的友好关系。如果派系纷争、利益竞争成为人们行为的动机，人们就会互相猜疑，上述自治的价值和意义也就不存在了。[①] 如果在规模较大的村庄中实行投票选举，这一问题就难以避免。因此要实现这个目标，调整乡村治理单元就成为一个必然举措。核心思想是：正式治理的单元要调大，建立正式的政治与行政机构；基层自治单元要调小，不再设立专门的权威机构。三是改进自治方式。过去我们一直认为自治就一定要建立一个公共权威，而最符合现代治理理念的方式似乎就是选举，这就使得基层自治带有了政治意味。实际上，自治完全可以从政治范畴之外的意义来理解，如果共同体成员能够一起制定公共事务的目标，则可以认为实现了自治，同时也实现了民主。[②] 在乡村去依附的背景下，乡村居民的独立性、自主性都大大增强，在一个小规模的共同体中，开展直接协商的条件是具备的。通过上述调整，可以全面建立社区自治制度，至于社区内部哪些公共事务需要选举或投票由自治体依据自身条件确定，政府只管法治底线。

第三节 村庄"政经分开"改革的制度分析

村庄"政经分开"改革是指村级事务中经济管理与社会治理的相对分离，当前实践中的主要形式是村级党组织、自治组织和集体经济组织的功能分开，有的地方也称作"政经分离""股社分离""经社分开"改革。

[①] ［英］詹姆斯·布赖斯：《现代民治政体》下册，张慰慈等译，吉林人民出版社2001年版，第940页。

[②] ［美］卡尔·科恩：《论民主》，聂崇信、朱秀贤译，商务印书馆1988年版，第8—9页。

当前的"政经分开"改革针对的是村庄层面的"政经合一"体制。公社时期全盘集体化塑造了乡村"政社合一"体制,改革开放后,人民公社转置为乡镇政府,乡镇一级的"政社合一"体制被打破;生产大队和生产队虽然也转置为建制村和村民小组,但村庄一级的"政经合一"体制却被保留下来。这一体制存在一系列弊病:一是集体成员界定无固定规则可循,成员认定往往是政治角力的结果,一遇政策调整、利益扩张、成员变动等情况,往往就要引发新一轮博弈。二是不少村庄以自治之名对抗法治,在成员认定、产权管理、土地调整等问题上屡屡发生"判决"与"票决"的冲突。三是村庄集体经济除维持自身运转,还要负担村级社会治理、基础设施、公共服务等各项开支,集体经济负担甚重。四是一些村庄经济体量庞大,公权力"含金量"畸高,内部人控制和超经济强制问题突出,少数人侵占、支配集体资产甚至透过这一物化形式支配和控制"集体"的问题屡禁不止。上述弊端不断在村庄现代化转型中制造着"体制性摩擦",经济发达地区的城中村、城郊村问题尤为严重。

早在2006年,江苏苏州就开始了"政经分开"的改革探索,此后广东佛山、浙江杭州等经济发达地区启动了相关试点工作,这项改革写入中央文件时已经有较多的经验积累。当前,此项改革的工作重点主要聚焦于经济发达村的村级组织功能分离。而实际上,"政经合一"体制的问题涉及全部类型的村庄,其中弊病也绝不仅仅是村级功能交叠问题。换言之,"政经分开"改革对中国乡村而言具有普遍的必要性和适宜性,针对不同类型村庄,改革又具有一系列不同的制度含义。如果仅仅把改革局限于现有范围(很多经济发达村实际也没有落实到位),"政经分开"改革的意义将大打折扣,同时深化农村改革的一系列后续任务也会因此步入困顿。

一、政治与经济的"可分性"与"不可分性"

政治和经济是人类文明中的两大基本领域,两个领域紧密联系、互为支撑，二者在某些场景下是可分的，而在另一些场景下又是不可分的。讨论"政经分开"改革，不可一概而论，首先要廓清改革的场景、层次和边界。

（一）现代社会系统中政治与经济分工的必然性

传统社会中，政治领域与经济领域、公共领域与私人领域实际是一体的，并不存在相互独立的政治活动和经济活动。如波兰尼所言，一直到19世纪之前，没有任何社会的经济是由市场控制和调节的，人类的经济行为是嵌含到社会关系之中的。[①]这样的社会中，不存在广泛的市场交换基础上的社会分工体系，当然也就不可能因为分工深化带来不同领域的扩展秩序。

世界的现代化进程，是以一种"政经合一"的方式起步的，但最终让位于"经济秩序"的独立扩张。英国、荷兰等较早开启现代化进程的国家，最初是由君主将王权的一部分授予商人，允许其代表国家开展海外殖民活动。我们熟知的东印度公司就是其中的典型，其在殖民地不仅具有开展商业活动的权利，而且具有行政管辖权、司法权等政治权力，实际是母国官方权力在殖民地的延伸。德国、日本等后来崛起的强国，则是由政府直接开办资本主义工商业，来推动国家现代化进程。政治力量的加持有助于早期资本主义的对外扩张，但这并不是资本主义经济秩序形成全球影响的主要原因。后来，原初的殖民体系土崩瓦解，但现代化、全球化的经济体系扩张的脚步非但没有放慢反而不断走强。资本主义之所以成为一种全球性秩序正因为它本质上是一种"经济秩序"而非"政治秩序"。[②]

现代经济秩序的扩张，一方面促成了经济体系内部的分工深化及其扩展秩序的出现，另一方面则间接推动了现代国家的崛起，这两方面因

---

① ［英］卡尔·波兰尼：《巨变：当代政治与经济的起源》，黄树民译，社会科学文献出版社2017年版，第94—96、110页。

② ［英］吉登斯：《现代性的后果》，田禾译，译林出版社2011年版，第60—61页。

素为政治与经济的分化创造了历史条件。现代化过程本质上是分工的出现与拓展带来人类能力的大幅提升，从而推动工业化、城市化起源与扩散的过程，其中的一个重要面向就是广义分工及其扩展秩序所促成的经济、政治、法律等不同领域的分化。分工首先带来了社会财富近乎无限的增殖，社会财富的增加扩大了整个社会的市场容量，从而为分工的无限深化奠定了基础。这个基础上，人类逐步摆脱了整体性的贫困和依附状态，商业阶层日渐崛起，为了自身利益和交换的便利，人们对契约、民主、法治等领域的专业化需求日益强烈。此后，现代国家承担起了政治领域的专业化任务，而经济领域的专业化则成为商业阶层的责任，政治领域与经济领域的分离成为一种必然趋势。

随着政治领域与经济领域分工的日渐成熟，最终会导向一种权利开放秩序。权利开放秩序的一个重要特征，就是存在能够独立运转的政治与经济系统。经济组织无须通过参与政治来维护权利、实施合同或免被征用，它们的生存与竞争权利不是建立在特权的基础之上。这一秩序下的市场比之传统或封闭国家的市场，要更为自治，这种自治是内生于权利开放秩序的。[1]

（二）国家治理中政治与经济分开的不可能性

汉语中的"国家"可以作两种理解，一则可以理解为包容了国家与社会含义的民族国家（Nation），一则可以理解为国家的政治体系及公共权威机构（State）。当作前一种理解时，国家治理实际是包含了政治、经济、社会等各领域的总体性治理范畴；作后一种理解时，国家治理则是国家、市场与社会划界而治基础上，国家对市场失灵和社会失灵部分发挥元治理作用的过程。[2] 可以看出，无论从何种意义上理解，国家治理

---

[1] ［美］诺思、［美］瓦利斯、［美］温格斯特：《暴力与社会秩序：诠释有文字记载的人类历史的一个概念性框架》，杭行、王亮译，格致出版社、上海人民出版社2013年版，第151页。

[2] 郁建兴：《辨析国家治理、地方治理、基层治理与社会治理》，《光明日报》2019年8月30日，第11版。

都含有政治活动对经济和社会合理干预的成分,在国家治理中要完全将政治与经济分开是不可能的。

关于国家治理中政治与经济的关系,郑永年有一个有意思的观点,他认为西方国家治理中政治与经济是分离的,而中国自古以来就把经济发展视作国家责任,因此并不存在独立于政治的经济。[①]这个话只说对了一部分。确实,现代国家中有的更强调"政府责任",有的更强调"自由权利",有的更强调"社会福利",但无论哪一种政府范式,只是政治影响经济的深度和边界有所不同,这是一个连续谱系,不存在非此即彼的本质差异。

先说西方,西方的政治与经济分离实际上说的是社会系统中的分工和分化,而非国家治理中的政治和经济关系。反之,现在为各国所通用的宏观调控、金融调节、产业发展等政策工具,几乎无一例外都是西方国家创造的,难道这些是西方国家治理中政治与经济分离的结果吗?再看中国,尽管说与西方相比,中国政治对经济的卷入要深一点,但也绝不至于到了"从来没有把经济视为一个独立的领域"的程度。反之,我们一直强调的是"发挥市场在资源配置中的决定性作用,更好发挥政府作用",这实际是关于中国国家治理中政治与经济关系的一个最好的注脚。

现代社会系统中政治领域与经济领域的分工具有必然性,但这并不否认国家治理中政治与经济统筹的必要性。而且现代化程度越高,经济系统和政治系统的互相影响就越是深刻,现代国家的长期增长有赖于高效的社会技术与生产技术的适配。[②]现代经济发展的根本动力来自分工的无限深化,但一个悖论在于专业化和分工水平越高,衡量社会交易的成本便越大。因此诺思说:"专业化增益和专业化费用之间不断发展的

[①] 郑永年:《国家与发展:探索中国政治经济学模式》,《文化纵横》2019年第1期。

[②] [冰]思拉恩·埃格特森:《并非完美的制度:改革的可能性与局限性》,陈宇峰译,中国人民大学出版社2017年版,第27页。

紧张关系，不仅是经济史上结构和变革的基本原因，而且是现代政治经济绩效问题的核心。"①对于后发国家而言，转型必须发生在这样的过程中：一系列制度、组织和个人行为不断地强烈变迁，每一步转型带来的变动都可以通过现有的政治经济体系来支撑。②所以说，现代社会中，政治、经济、司法等制度之间关联日益紧密，不同国家的资本分层结构和政治分权结构或许有很大不同，但国家治理中的政治与经济都必须密切配合。

（三）社会治理中政治与经济分开的必要性

社会治理是国家治理的重要方面，但二者作为相对性概念出现时，就有了全局和局部的差异。社会治理通常是指社会自主运行、多元共治的领域，在日常运用中，社会治理又几乎等同于基层治理，我们平时提及城市治理、乡村治理等概念时，其实是省略了城乡社会治理中的"社会"二字。

一些人经常用现代社会分工中的政治领域与经济领域的分化来论证村庄"政经分开"的合理性与正当性，其实是错置了问题的准星。事实上，社会分工中政治领域与经济领域的"可分性"是就人类社会系统整体而言的，国家治理中政治与经济的"不可分性"是就国家发展乃至国际关系的全局而言的，二者都不能直接应用于社会治理的具体场景。社会治理面对的是一个微观场域，这个场域中的政治活动和经济活动都已经有国家直达个人（法人）的制度安排，没有必要再由小共同体权威横加干预。社会治理中的多元主体、协同共治，首先是以各方主体的独立运转为前提的。微观场域中政治活动实际上表现为具体化的权力，而经济活动很大程度上表现为具体化的产权，这时如果政治和经济不能分

---

① ［美］道格拉斯·诺思：《经济史上的结构和变革》，厉以平译，商务印书馆1992年版，第236页。

② ［美］诺思、［美］瓦利斯、［美］温格斯特：《暴力与社会秩序：诠释有文字记载的人类历史的一个概念性框架》，杭行、王亮译，格致出版社、上海人民出版社2013年版，第205页。

开，就会形成权力对产权的干预和支配，势必会引发冲突。综上，社会治理中的"政经分开"不是社会系统意义上的领域分离，亦不是对国家治理中"政经关系"的解构，而是在微观场域中政治组织、经济组织和社会组织的分置并行、分别操作，具有明确而具体的含义。

关于村庄"政经分开"，大部分人的目光聚焦在经济层面，认为改革的核心意义是重构了市场运行的微观基础，更关注经济发展、股东分红、规范支出等具体问题。这些问题固然重要，但更重要的是这一改革对于乡村社会治理改善的基础性意义。制度会对人的行为模式产生重要的影响，而在所有制度中产权制度处于根本性地位。前面提及的乡村发展中的一系列问题，乃至像村霸横行、小官巨贪、民主不畅等治理问题，其实都与"政经合一"体制下村社权力对村民产权的不当干预有很大关系。可以简单算一笔账：现行制度下，65亿亩土地资源的资产价值是锁定的，除此之外大约有7.7万亿农村集体资产，其中大部分也是无法进入市场流通的固定资产，这意味着村庄"政经分开"改革能够直接带来的经济效能其实十分有限。但上述土地和集体资产管理中的衍生问题，却关乎9亿集体经济组织成员、7亿农村户籍人口、5亿农村常住人口的秩序稳定。从这个意义上讲，村庄"政经分开"改革的政治意义或许远远大于其经济意义。

二、村庄"政经分开"改革的进展与评论

现阶段村庄"政经分开"改革面临两类问题：一类是现实问题，一类是深层问题。现实问题是指在目前改革试验和推广中存在或者暴露的问题；深层问题则是指现阶段改革中尚未部署，改革应当触及却还没有到达的领域。对于深化改革而言，后者更为重要。

（一）改革进展

中央作出村庄"政经分开"改革部署之后，东部经济发达地区不少村庄都开展了改革试点。我们选取江苏、广东和浙江的三个典型案例，对改革进展作简要勾勒（见表5-1）。

表 5-1 "政经分开"改革的典型模式

起始时间	试点地区	关键内容	通俗称谓
2006年	江苏省苏州市高新区	（1）组织功能、选民资格、人员管理、议事决策、资产财务"五个分开"；（2）人员分流、事权分清；（3）农民入股、集体投资、按股分红；（4）合村并居、改善服务。	枫桥模式
2011年	广东省佛山市南海区	（1）各类组织分置并行、分设账户、分开选举；（2）资格认定上，变"无偿配股"为"出资购股"；（3）股权管理上，变"封闭运行"为"合理流动"；（4）公共服务上，变"集体兜底"为"财政供给"。	南海模式
2017年	浙江省杭州市拱墅区	（1）人员、资产、财务、职责四分离；（2）土地征收为国有，预留10%给股份经济合作社作为发展用地；（3）社区、业委会、物业公司协同治理；（4）经济合作社单独建立党组织，负责人"一肩挑"。	拱墅模式

资料来源：根据实地调查和网络信息自制。

1. 基本情况。三个案例既能反映地区性差异，同时也能反映出不同时期改革的阶段性特征。江苏省苏州市高新区是最早开展"政经分开"改革的地区，枫桥街道的相关经验受到中央重视，被视作"政经分开"改革的发源地；广东省佛山市南海区的改革虽然起步稍晚，但改革探索较为深入，对全国改革具有很强的引领带动作用；浙江省杭州市拱墅区是在中央作出部署后启动改革的地区，也正因为启动得晚，才更好地融汇了各地改革试点的经验，取得了更为综合的效果。后续提及三地改革时，分别称之为"枫桥模式""南海模式""拱墅模式"。

2. 改革成效。归纳起来，改革成效主要有三点：（1）规范集体经济运行。改革前，集体经济组织不但要负担自身运营成本，而且同时要负担多个村级组织的运行开支和人员福利，改革首先明确了不同组织的事权和支出责任。比如，"枫桥模式"中，将原来由集体经济组织负担的18项福利进行分类梳理，取消3项、分流3项，其余12项转交街道财政承担。①（2）促进集体经济发展。从三地经验来看，改革后集体经济组织能够专事经营，集体收入和农民分红都有了较大改善。2020年，枫桥街道兑现股份分红达到9225万元，2005—2020年累计兑现股份分红达10.6亿元。②"拱墅模式"中，经营效益好的股份社年人均分红超过10万元，但发展不平衡问题也比较突出，经营效益差的甚至入不敷出。（3）改善城乡社区治理。一是合村并居、提升效率。"枫桥模式"中，将原来24个村整合为7个社区，有效解决居民点布局分散问题，对改进行政效率和公共服务效率具有立竿见影的效果。二是成员廓清、减少冲突。改革的一个重要逻辑是公共组织成员权与经济组织成员权分开，不同组织的成员依据所属的组织类型享受相应的权利，避免了不必要的冲突干扰。

3. 演化逻辑。三种模式代表了三个时代，不同模式的对比能够发现村庄"政经分开"改革的演化逻辑。（1）财政投入逐步增加。改革前，很多公共事务都需要集体经济组织承担无限支出责任，改革后这一部分逐步由地方财政负担。这个过程通常是渐进的，会经历一个财政支出比例逐步上升、集体经济支出比例逐步下降的过渡期。（2）股权管理不断改进。股权管理看似容易，一般逻辑是只要根据某个时点上确定的规则把股权固化下来就行了。但事实上，由于过去"政经合一"状态下形成的行为惯性，几乎所有地方的集体股权虽然名义上固化了，但总还是有人会提出股权主张，处理不好就会形成冲突。对此，"南海模式"中率先探索了"出资购股"做法，允许特殊类型群体出资购买股权，通过可达成的交易将外部利益内部化，取得了很好效果，在多地得到推广。（3）土地利用趋于规范。早期的"枫桥模式""南海模式"，实际都是在土地管理不完备的阶段通过农地非农化获取了超额的建设用地回报，

---

① 刘柳：《"政经分开"的"枫桥探索"》，《中国老区建设》2016年第1期。
② 周建越：《动迁居民喜领"压岁红包" 苏州高新区壮大农村股份合作社集体经济，持续提升原村民股红分配》，《苏州日报》2021年2月22日，第1版。

由此走上致富道路的。随着土地管理的完善，这种做法已经行不通了。"拱墅模式"是通过将原来集体土地整体征收为国有，再留出一定比例（通常为10%—15%）用于集体经济发展。未来这会是一个主流做法，同时也可与集体经营性建设用地入市改革结合起来，形成综合方案。（4）社会治理更受重视。三个案例中一个共同经验是，越来越能够遵循城市化的实际，积极推动乡村治理体制向城市治理体制过渡，实现了治理形态与居住形态、产业形态的适配。"南海模式"中，自治组织转设为社区服务中心，从管理型机构深度向服务型机构转变；"拱墅模式"中，创新社区、业主委员会、物业公司协同治理模式，在党组织带领下集中力量解决社区物业管理中的突出问题。随着改革演进，人们开始把更多注意力转移到当地社区治理的改善方面，而非只盯着集体经济问题，改革的政治意义逐渐凸显出来。

（二）现实问题

第一，产权改革逡巡不前。现行的村庄"政经分开"改革是以农村集体产权制度改革为基础的，如果产权制度改革不到位，"政经分开"也就成了一句空话。当前，农村集体产权制度改革在股权管理和股份分红两个关键方面都存在明显不足。就人们最为关注的股权问题而言，中央的部署是要逐步赋予农民对集体资产股份占有、收益、有偿退出及抵押、担保、继承权。目前，占有、收益、继承等权能得到了比较好的落实，但有偿退出、抵押、担保这些功能基本没有启动。在改革的前沿地带，允许在现有集体经济组织内部进行抵押、担保，这其实更像是传统共同体的内部救济措施，与现代意义上的经济权能相去甚远。此外，在股份分红问题上，股份社成员对分红有一种逐步增长的惯性期待，很多地方通过财政补贴、举债分红等方式来满足这种要求，显然是难以为继的。

第二，账务分离不够彻底。村庄"政经分开"改革的核心含义是组织功能分开，组织功能分开首要内容就是账务分离。但在实际运作中，很多地方名义上开展了"政经分开"改革，实际上账目并没有真正分开管理。一是非经营性收入的入账比较随意。比如，一些来自各级财政的直接补助，原本是用于集体经济发展的，但在实际入账时则成了村民自治组织的收入；而原本是补贴公共基础设施管护的资金，可能又进入集体经济组织的账户。二是人员经费管理缺乏明确规则。特别是在干部交叉任职的情况下，"一肩挑"干部的工作支出和工资福利在哪个组织列支带有很大的随意性。三是资产登记管理混乱。理论上讲，改革后经营性资产应该登记到股份经济合作社（或其他集体经济组织）名下，公益性资产应登记到村委会（或改制为居委会）名下。但实际操作中，多数地方只是明确租赁物业等经营性资产由股份经济合作社运营并享有收益，但资产登记管理往往沿袭成例，缺乏制度规范。

第三，财政投入难以兜底。现行村庄"政经分开"改革设计中的一个重要支点是地方财政要逐步负担起社区公共服务投入。一个现实悖论是：经济发达地区有必要开展村庄"政经分开"改革，但越是发达地区其公共服务标准就越高，财政兜底的难度就越大。从目前的实际看，希望实现社区公共服务由财政兜底，只是一个规范意义上的理想设计，在绝大部分地区都还难以实现。"南海模式"中，虽然将社区公共服务开支列入地方财政预算，但也只能确立一个目标就是公共服务的财政投入水平逐年增加，集体经济投入逐年减少。如今，南海区集体经济组织每年仍然要向村（居）提供约16亿元的公共服务支出，占到集体经济组织可支配收入的22%。① 此外，很多地方是"小集体、大社区"，社区中居住着大量的"新居民"，几千人的集体经济组织要负担几万人社区的公共服务支出。这些问题如果长期得不到解决，一方面是经济上难以为继，另一方面也容易引发新的矛盾和不满。

（三）深层问题

多年的试点和推广之后，很多地方的改革又陷入了困境，这些困境

---

① 卢宪英：《"政经分开"改革及农村社区治理机制创新——对"南海模式"的分析与探讨》，《中国发展观察》2018年第15期。

反映出村庄"政经分开"改革所面临的一系列深层问题。

第一，目前村庄"政经分开"改革隐含的一个预设是，只有经济发达地区的经济发达村有必要开展此项改革。比如，有人认为没有发达的集体经济，搞"政经分开"是缺乏操作对象的；没有强大的公共财政，搞"政经分开"则会带来公共服务断档。[①] 从这种观点出发，经济发展水平似乎既成了改革的牵引条件又成了改革的约束条件。但持此观点者忽视的问题是，经济发达村占比不超过15%，除此之外占中国乡村绝大部分的典型农区村庄也处于"政经合一"体制之下，运行中也出现了各种各样的问题，是不是这些村庄就不需要改革或者不具备改革条件呢？经济发展水平低难道是保留"政经合一"体制的理由吗？如果占中国乡村主体的典型农区村庄得不到改革，那么"政经分开"改革推广的意义究竟有多大？当然，必须承认的是现有的"政经分开"改革探索和试点方案确实覆盖不了典型农区大量的普通村庄，因此要回答上述问题，就必须回到"政经分开"改革的原初逻辑，重新讨论其可能的推广意义。

第二，中央提出了村干部"一肩挑"的要求，部分地区难以把握"一肩挑"与"政经分开"改革的关系。2019年，《中国共产党农村工作条例》印发，要求村党组织书记应当通过法定程序担任村民委员会主任和村级集体经济组织、合作经济组织负责人。而过去一些地区的村庄"政经分开"改革中，比较强调避免村庄各类组织负责人交叉任职，该条例出台后很多地区对中央的要求难以把握，显得无所适从。实际上，村干部"一肩挑"特别是"一肩三挑"在推行过程中暴露出了不少问题，从近期中央文件来看已不对之作硬性规定。但由于"政经分开"与"一肩挑"两项工作之间的关系始终没有说清楚，造成了一些地区改革的迟滞。

第三，"政经分开"之后的后续和配套改革没有跟上，探寻新经验的步伐明显放缓。"政经分开"是全面深化农村改革的起点而非终点。

---

① 马光选：《"政经分开"的理论逻辑、实践逻辑与实践类型》，《云南行政学院学报》2020年第1期。

村庄"政经分开"改革的目的是通过不同类型组织的功能分离促进乡村集体经济和社会治理的良性运转,但这不是一个自然而然的过程,还需要开展一系列配套改革。实地调查中可以看到,近年来各地的村庄"政经分开"改革试验速度明显放缓,早期改革完成后,对于发展集体经济、改进社区治理的后续探索和成熟经验很少。比如,如何建立城乡统一的产权平台,农村股份经济合作社如何开放运行,集体经济如何更好地与市场经济有机衔接,转型社区如何真正实现与城市社区治理的一体化,等等。这些问题得不到解决,即便推行了"政经分开",大部分地区的集体经济和社区治理也只能是将就着运行,难以实现真正的城市化,甚至会造成"半城市化"结构的固化。

三、村庄"政经分开"改革的若干延伸讨论

(一)"政经分开"改革的一般含义与推广意义

"政经分开"改革的一般含义是经济事务与政治事务的分离,在村庄社区层面的要求是从制度上将产权改革、经营管理、社会治理活动分开,实现乡村经济活动与治理活动的专门化、专业化。由于这项改革是从经济发达村破题的,目前几乎所有的改革探索和政策总结都只涉及了经济发达村的组织功能分开这一个问题,对不同类型村庄"政经分开"改革所涉及的丰富的制度含义未作讨论,特别是没有触及占中国乡村主体的典型农区村庄的情况,释放的改革红利有限。实际上,从一般含义出发,广义的村庄"政经分开"改革至少涉及以下内容:(1)集体经济管理与社会治理体系功能分开;(2)土地产权制度与户籍登记制度功能分开;(3)农业产业政策与农村社会政策功能分开;(4)行政管理与群众自治功能分开。全面推行村庄"政经分开"改革可以从这四个方面入手。

第一,集体经济管理与社会治理体系功能分开。核心含义是,集体经济由股份合作社专门经营,社会治理事务由村党组织和村民自治组织管理。典型农区村庄集体资产确实不多,但并不因为其资产少改革就失

去了意义，"政经分开"实际为下一步集体经济与外部资本的联合夯实了制度基础。至于说公共服务就更不是一个问题，因为典型农区公共服务的基准水平不高，况且本来就主要是由地方财政负担的，改革既不会增加财政负担，也不会降低服务标准。

第二，土地产权制度与户籍登记制度功能分开。核心含义是，土地承包权、宅基地使用权、集体收益分配权等权益只与农村集体经济组织成员身份挂钩，与户籍性质和登记地点脱钩。[①]改革后，土地确权和集体产权制度改革中固化的权益，不再受任何非经济因素影响而调整变动；涉及拆迁征地时补偿标准只与土地房屋挂钩，不与户籍身份挂钩。目前，城镇还有2亿多未落户常住人口，影响落户的原因，除少数特大城市存在承载力约束之外，绝大多数情况是因为农民工怕失去农村权益而主观退却。2015年中央城市工作会议上，习近平总书记就提出"将农民的户口变动与'三权'脱钩，以调动广大农业转移人口进城落户的积极性"[②]。如果这一改革能够推行，进城农民落户将再无后顾之忧，既能保留农村土地权益，又能享受城市公共服务。

第三，农业产业政策和农村社会政策功能分开。核心含义是，产业政策直接瞄准专业农户，社会政策直接瞄准农村居民。改革后，各级政府的政策性项目和补贴根据其性质直接与家庭农场、合作社、农业企业等市场主体对接，与村庄建设不直接相关的政策性项目，不再由村级组织作为"二传手"承接。这一改革既能减少中间环节财务风险、提升资金使用效率，又有利于现有村级组织向专业化的社会治理机构转型。

第四，行政管理与群众自治功能分开。核心含义是，现行村级党组织

---

① 早在2011年，浙江温州就推行了"三分三改"。所谓"三分"，是指"政经分开""资地分开""户产分开"；所谓"三改"，是指股改、户改、地改。其中已经涉及户籍问题，主要是指户口与产权关系分离，去除依附在农村户口上的一系列附属功能。这项改革是比较彻底的，但或许由于其过于超前，在当时的情况下难以推广，主要局限在温州地区进行，至今其他地区的改革大多没有达到这一深度。

② 习近平：《论"三农"工作》，中央文献出版社2022年版，第153页。

和村民自治组织聚焦到村庄政务清单事项的管理，通过村庄日常生活领域的自主管理开辟真正的自治空间。目前村民自治组织是一个"半行政、半自治"的机构，由此带来了选举替代自治、行政吸纳自治等一系列问题，行政管理和群众自治都难以搞好。改革要将村庄行政管理事务与村民自治事务的边界划分清楚，避免自治对行政的干扰和行政对自治的干预。改革的具体思路是在建制村一级，逐步建立党政统合的正规化机构专事行政管理，探索在建制村以下的日常生活领域开展居民"生活自治"。

可见，村庄"政经分开"改革具有丰富的制度含义，目前在经济发达地区开展的经济管理与社会治理分开的改革，仅仅是"政经分开"改革的一个方面。"政经分开"是一项基础性改革，从广义上全面推广对深化农村改革具有底盘支撑作用。这一改革基础上，再配套以各项农村权益的退出（转让）改革，提高土地制度改革系统性集成性，中国农业农村现代化发展将会有一个大的跨越。

（二）"政经分开"改革与基层治理改进方向

有一种看法认为，很多地方开展村庄"政经分开"改革后，呈现出"经济强、社会弱"的格局，这一局面传导到社会治理领域之后的结果是"经济自治消解社会自治"。[1]这个看法存在很大的问题。改革地区大多处于城市化推进的前沿地带，改革后原有的村民自治组织不再承担经济功能，大部分地区依据城市化的实际将其转置为城市社区管理机构，因此在表面上出现了社会自治消解的假象。事实上，这种变化，与其说是经济自治消解了社会自治，毋宁说是城市治理替代了乡村治理。这实际是一个非常大的进步。之所以有人认为存在问题，是用乡村治理的固化思维来审视城乡社会治理的变局所造成的。关于推行村庄"政经分开"改革后基层治理的演化方向，需要重点把握以下问题。

第一，村干部"一肩挑"与村庄"政经分开"改革的关系。首先，

---

[1] 李博阳、吴晓燕：《政经分离改革下的村治困境与生成路径》，《华中师范大学学报（人文社会科学版）》2019年第6期。

村干部"一肩挑"是就主要负责人而言的，经济发达地区以经济管理与社会治理分开为中心的村庄"政经分开"改革是就组织功能而言的，二者并不矛盾，两项要求完全可以兼容。同时，2021年中央一号文件已经明确，在有条件的地方积极推行村党组织书记通过法定程序担任村民委员会主任，因地制宜、不搞"一刀切"，特别是不再强调党组织书记一定要兼任集体经济组织的负责人。[①]这意味着当前的阶段性方针是集体经济组织负责人可以暂时不纳入"一肩挑"的考虑。进一步看，中央提出村庄干部"一肩挑"的目的是加强党在基层治理中的领导作用，而在城市化过程中特别是推行村庄"政经分开"改革后出现的一个重要变化是，社区与股份社在空间和数量上不重合、不对等，客观上使得维持原有村庄的"三位一体"架构已经不可能了。对此，"拱墅模式"探索的一个经验是新组建的40个股份经济合作社100%建立党组织，推行党组织书记和股份社董事长"一肩挑"（目前这一比例已经达到95%）。这一经验有效统筹了"一肩挑"和"政经分开"两项工作的关系，具有重要的推广意义。

第二，村庄"政经分开"改革与城乡空间重组及治理重构。村庄"政经分开"改革的典型地区大多已经走过大规模的城市化历程，成为城市的一部分，这些地区开展空间布局重组的需求并不多。而典型农区存在大量的空心村和小规模村庄，面对城乡人口布局的深刻变动，这些村庄或早或晚必须经历空间布局的重组，除此别无他途。在典型农区已经开展的探索中，空间调整相对容易，但重组后社区内资产、债务、户籍相互纠缠的问题已经成为后续工作的难点和痛点。现在看来，要推进典型农区的城乡空间重组和治理重构，"政经分开"改革已经成为一个不能绕过的前置程序。从试点地区经验看，由于改革有效分离了集体经济组织和社区治理组织之间的牵连，确实给社区治理重构带来了便利。

[①] 参见《中共中央 国务院关于全面推进乡村振兴加快农业农村现代化的意见》（2021年1月）。

三个典型案例中，原有的村庄自治组织都已转型为社区服务机构，并且还灵活调整了治理单元和管理尺度。这一经验在典型农区具有更大的推广意义。

第三，村庄"政经分开"改革与城乡社会治理一体化。当前，我国的乡村治理在两个层面区别于城市治理：从人口布局上讲，乡村治理主要面向人口稀疏、群体简单的居民点，城市治理则面向人口稠密、群体多元的地区；从治理体制上讲，乡村治理是指发生在与实体城市或广域都市不同的法定权责和管理模式下的治理。前一方面在全世界具有普遍性，即便是在发达经济体中，由于人口密度等自然技术特征的差异，城乡之间也会有不同的公共服务供给规范。后者则具有很强的特殊性，通常被称作城乡二元治理体制的就是这一方面，而"政经合一"体制恰恰是支撑二元治理体制的关键。前面提及的广义上"政经分开"的内容，在城市治理中并不是"问题"，而是自然而然的事情。如果"政经分开"改革得以全面推行，城乡二元治理体制的制度基础将被瓦解，城乡社会治理一体化有望快速实现。

（三）"政经分开"改革与集体经济资本重组

发达地区开展村庄"政经分开"改革后带动了集体经济发展，但仍然存在一些问题；更广泛的典型农区在推行"政经分开"改革后会带来什么样的经济红利，则尚未说清楚。集体经济要发展好，必须符合市场经济的运行机制，这既是中央的要求，也是经济发展的本质。集体经济要与市场经济有机衔接，须具备几项基本条件：（1）集体经济组织具备一般市场主体地位；（2）集体资本能够与外部资本自由合作；（3）股权结构可以上下穿透。

第一，关于集体经济组织市场地位问题。2021年印发的《中华人民共和国市场主体登记管理条例》所列举的市场主体，并不包含集体经济组织。当然，集体经济组织可以作为一个出资人与外部资本联合组建公司，这一规定并不构成集体经济发展障碍。但未来仍然有必要打通集体经济组织直接公司化转制的渠道，转制决策可以交由集体经济组织成员依法行使。

第二，资本联合重组的平台和接口问题。经济发达村的集体资本与外部资本的联合尽管还有约束，但接口和通路都是开放的，基本能够适应市场需求。问题比较大的是典型农区村庄，这些村庄集体资本积累薄弱，单个村庄不具备与大资本谈判的资格和条件，少数村庄的联合仍然无法克服规模不足的劣势。一个可行方案是，根据不同的资产属性，选取农工综合体、不动产投资信托基金、社会企业等形式对农村集体资产进行打包经营。联合打包的范围至少要以县域为基本单元（甚至可考虑扩大到市域），可考虑借鉴国有资产监督管理机制，在市县一级设立"集体资产监督管理委员会"，作为一个人格化代表来代行集体资本监督管理职能。

第三，集体经济组织股权穿透问题。传统的集体所有制中，集体成员权不包含潜在份额及其解体后的实现，即便形成某种股权关系，也只能理解为收益份额，无法穿透到成员个体。但经过多年改革，集体成员权的权能越来越完整，通过村庄"政经分开"改革将附着于集体成员身份上的政治和社会属性剥离后，实现股权向成员个体的直接穿透是集体经济组织的必然选择。

现代化过程实际是一个分工不断深化的过程，这一过程从经济分工向社会分工扩展，逐步带来政治、经济、法律等不同领域的专门化、专业化，这就带来了政治领域与经济领域分工的必然性。现代社会中，国家治理层面政治活动与经济活动实际不可能完全分开，总是会互相交织和影响；而社会治理中特别是微观场域的治理中政治活动必须与经济活动分开，否则势必带来公权（力）与私权（利）的相互干扰。这里所讨论的村庄"政经分开"改革，限定于微观场域政治活动与经济活动的具体分离，符合现代社会治理中政治与经济分工的一般逻辑，且不会给国家治理的"政经统筹"造成影响。当前，"政经分开"改革只在少数经济发达地区村庄得到推行，本章的分析证明广义上的村庄"政经分开"具有丰富的制度含义，对于中国乡村具有广泛的适用性和必要性，绝不仅仅是在集体资产厚实的经济发达村才有意义。从操作性角度讲，应当以江苏、广东、浙江等地改革方案为蓝本，尽快制定具有全局性指导意义的改革意见和不同类型村庄的改革方案。

第六章
乡村治理现代化的趋势与展望

认识乡村治理现代化的趋势与走向，要从农民形态、产权制度、空间布局和分工秩序等多个维度进行全局性把握，这构成了分析中国乡村治理现代化的一个广义框架。未来，村庄类型分化和乡村社会转型会日趋加深，加之乡村治理体制改革和治理体系建设的不断深入，典型农区乡村治理现代化水平提升比较确定，但城中村、城郊村和经济发达村潜藏的治理风险要高度重视。为应对国际压力和外部风险，从现在到2035年，乡村治理基础因素的调整会较此前有所放缓，但为防范发展停滞带来的内生问题，仍要在风险可控、红利较大、潜能充分的领域深化改革。

第一节　乡村治理现代化的趋势性特征

一、农民形态及其社会治理含义

人既是社会治理的对象，也是社会治理的主体。特定人群的社会经济特征和群体行为特征决定了其社会治理的基本需求。如果治理活动顺应这一需求，则事半功倍，反之则可能无法带来有效治理。农民是乡村治理的对象和主体，农民形态是乡村治理最基础的影响因素。在现代化过程中，人类社会发生了从农业社会向工业社会乃至更复杂文明形态的转型，农民则从传统小农逐步向现代农民乃至高素质的现代农民转型。当前，农民形态演化呈现出以下趋势性特征：

第一，乡村人口比重和农业就业份额持续下降，乡村现代化接近门阶水平。乡村现代化是一个农村居民和农业人口持续减少的过程。不同国家均衡水平不尽相同，但一般来说一个经济体要实现乡村现代化，其乡村人口比重通常要低于30%，农业就业份额要低于10%。目前，我国乡村人口已经降低到33.8%，农业就业份额已经降低到24%左右，乡村治理现代化具备了初步基础。

第二，专业农户崛起势头迅猛，正在成为乡村振兴的中坚力量。现在还有大约2亿小农户，而专业农户不过1000万户，如果单纯从数量上讲，中国农村似乎还是一个典型的小农社会。但如果从产能集中度的角度看，当前在养殖业中不超过1%的养殖户（场）实际上承担了超过50%的产能，种植业的集中度略低一点，大约是不超过5%的农户（场）承担了50%的产能，而且专业农户的规模和数量仍然处于快速扩张状态。从这个意义上讲，专业农户将在未来乡村社会治理中发挥主导作用。

第三，农民市场化水平不断提升，将带来乡村有序政治参与的改善。根据民政部的统计以及部分典型调查，近十年来村委会选举中投票比例不断提升，这意味着乡村有序政治参与在不断扩大。然而，中国社科院2020年组织的一项大规模调查显示，超过四分之三的受访者认为对村庄事务的影响主要来自村支书和村主任，有超过四分之三的受访者表示从未或只是偶尔参与村庄事务讨论。[①] 有人据此认为农民政治参与主体意识不强，现代政治观念有待提升。直观看上去，似乎出现了一个政治参与提升而主体意识下降的"悖论"。

事实上，只有认识到这一"悖论"的虚假性，才能深刻理解农民政治参与的行为逻辑。首先，当农民生活境况改善和市场化程度提升后，会对制度化的政治参与表示出更多认同，这就表现为投票率的提升。其次，随着治理法治化水平提升，小农户切身利益受村庄权威的影响减小，因此不会把更多精力放在村庄事务上面，但这并不代表农民主体性下降。更进一步地，上述调查中没有呈现出来的是：一方面，专业农户会表现出对村庄事务更多的关注，但这未必一定表现为对公职竞争的兴趣，而是更关心产权稳定、技术效率以及产业发展的便利性等内容。另

---

① 中国社会科学院农村发展研究所"中国乡村振兴综合调查"（CRRS2020）。

一方面，农村居民更为富裕之后，对于日常生活事务中合作的兴趣会大为增加，但这又未必与公共权威生成机制挂钩。发达国家通常会在小共同体内部生成民主性的"生活自治"，就是这个道理。

农民形态的历史性转变勘定了乡村治理现代化的关键走向。传统乡村中社会分工水平很低、缺少商品化的市场交换，传统小农生产效率低下、几乎没有积累，习惯依附于共同体及其人格化代表。传统社会治理的关键性特征表现为公共领域泛化与公共生活狭窄并存，强制和惯例是治理的主旋律。现代化进程中，农民通过商品化农业生产普遍进入社会分工体系，乡村市场化水平不断提升，更多的农户会逐步迈入富裕阶层，个体的生存空间大幅拓展，农民对于村庄共同体的依附关系逐步松解。这是现代农民与传统小农的核心差异。其中蕴含的社会治理含义是，强制和权威的作用在乡村治理中逐步式微，农民群体的有序政治参与不断扩大，但对法治化下公共权威的竞争兴趣未必显著增强，取而代之的是对社群的自主合作关系兴趣的普遍增加，合作秩序的生成为乡村善治提供了丰厚的土壤。

二、产权制度及其社会治理含义

产权是社会构成的基础性制度，产权制度是社会秩序的基础。特定的产权安排会带来特定的治理秩序——产权秩序。从全局而言，产权制度与社会秩序互相内生，产权秩序的演化是一个长历史过程，短期内通常处于"锁定状态"；但在微观场域中，通过产权制度的局部优化实现社会治理秩序的帕累托改进并非不可能，改革开放以来农村改革与乡村治理的协同进步已经证明了这一点。当前，产权秩序演化呈现出以下趋势性特征：

第一，农村产权制度趋于成熟和稳定，由此引发的乡村社会冲突大幅减少。本世纪的第一个十年是农村社会冲突比较严重的时期，其中不少是农村土地产权引发的。进入新时代以来，农村产权冲突大幅减少，主要有以下三点原因：一是土地确权工作化解了部分矛盾。2010年以来，农村土地确权工作稳步推进，目前承包地确权工作已经完成，其中隐含的纠纷大部分在确权工作过程中得到妥善解决；宅基地历史遗留问题多，进展较为缓慢。二是集体土地产权的调整受到更多约束。过去，各地普遍存在集体内部土地承包权的调整，尽管法律上一直禁止这一做法，但很多地方以自治之名对抗法治，事实上也得到了默许。近年来，在司法实践和政策执行中，更强调对农民土地承包权的保护，特别是党的十九大提出保持土地承包关系稳定并长久不变，第二轮土地承包到期后再延长30年，为土地关系以及农村社会稳定提供了制度基础。三是全面从严治党和扫黑除恶斗争的推进，少数村干部滥用权力支配集体资产乃至借此控制集体组织的行为得到了有效制约，这也是秩序改进的一个重要因素。

第二，产权的保护与放活，是现阶段改革中一对难以处理的问题。中国农村改革是从产权的重新界定开始的，集体土地所有权锁定的前提下，通过产权的分离分化重新界定了农户的剩余索取权，从而实现了生产力与产权的激励相容。改革早期，从任何群体角度看，对农户产权的保护与生产力的放活都是一致的。在乡村现代化背景下，如果希望产权制度持续为中国农业竞争力提升释放红利，势必要构建更加开放性的土地产权秩序，也就是土地产权要有更灵活的流转方式，这意味着会有一部分农户的产权逐步退出。从法律设计上，当然必须坚持"依法自愿有偿"原则，但即便如此仍旧面临两个困境：一方面，相当一部分人始终认为这不利于农民的权利保护；另一方面，很多地方的治理体系和治理能力也确实难以支撑改革的依法有序推行。因此，能否同步实现对分离分化的农村产权的保护和放活，是评估未来产权秩序走向的一个重要变量。

第三，村庄"政经分开"改革开始破题，但推进路线图尚不明确。"政经分开"包含村庄产权管理与社会治理分开、经营管理与村民自治分开、产业政策与社会政策分开，等等。"政经分开"有利于产权单元的灵活设置并将为实现财产权制度的城乡一体化创造条件。如果城乡公共产权归属于不同类型的法人所有，其在市场体制中遵循相同的交易规则，城乡二元的制度基础将不复存在。经济较为发达的佛山、苏州、杭州等地陆续开展了"政经分开"改革，取得了积极成效，这项改革在城中村、城郊村和经济发达村铺开的条件基本成熟。同时要注意，"政经分开"并非经济发达村的专利，对于典型农区的大量普通村庄而言其实也有改革红利可寻，只是目前缺少充分探索。

中国乡村因为较为特殊的产权安排，实际上形成了一种既与城市社会有所区别、又与国家治理存在张力的独特的产权秩序，产权秩序的走向很大程度上勘定着乡村治理现代化的前途和方向。当前，农村产权制度趋于成熟和稳定，如果能够妥善处理好产权保护与放活的关系，并适时扩大"政经分开"改革的成果，乡村产权秩序必将会有更大程度改善。

三、空间布局及其社会治理含义

治理活动依托于特定空间展开时，空间布局也就具有了秩序含义。城乡空间秩序的深度调整，是每个原住民国家现代化进程中都必然要面对的问题。当前，空间布局演化呈现出以下趋势性特征：

第一，国土空间尺度上，乡村类型与功能区划深度分化。经过数十年的城市化进程，广袤的乡村早已不是一个均质的存在。"十四五"规划中，将国土空间划分为城市化地区、农产品主产区、生态功能区三大空间格局。根据这一划分标准，中国乡村可以划分为三种类型：（1）城中村、城郊村和经济发达村；（2）典型农区村庄；（3）生态功能区村庄。实际上，不同类型村庄已经有了本质上完全不同的空间特征和演化方向，其中一些甚至已经与农业农村关系不大。

第二，城乡空间尺度上，空间跃迁与空间重组渐次展布。面对人口布局和空间布局的变化，城乡尺度的空间秩序改进主要有两种方式：一是空间重组，即对居民点的物理位置进行调整，以实现人口集中、资源集聚、治理集成的目标。山东"合村并居"、江苏"相对集中居住"就是其中的典型操作方式。二是空间跃迁，即在不触动现有居住形态的前提下，通过行政区划调整或者行政组织整合等方式达到提升治理效率的目标。日本的市町村合并和广域行政是这方面的典型代表，近年来四川在全省试行的乡镇区划改革也是一个成功范例。

　　第三，乡村空间尺度上，治理单元和治理半径深刻调整。到了乡村微观治理层面，空间秩序面对的变量高度复杂，已经很难有统一的治理模式，通常要根据实际情况探索。比如，为了减少传统宗族与治理现代化的摩擦，广东清远、湖北秭归等地将治理单元下沉到自然村一级，取得了良好的效果；为提升公共服务供给效率，浙江有的地方把治理半径适度扩大，在镇村两级中间增加了服务区一级，主要的公共服务在这一层级进行集中供给，平衡了效率和均等问题。

　　未来，城中村、城郊村和经济发达村中的一部分将逐步发育为比较成熟的城市形态，另一部分则可能固化为"半城市化"形态；生态功能区村庄将在经历一个短暂的空心化过程后快速趋于消失，留下来的主要是极少数特色村庄；而占比最大的典型农区村庄将会在禀赋结构和地方政策影响下持续缓慢分化，相当一部分可能收缩为供少量专业农户生产生活的专业农庄。对于空间形态大幅变动之下的乡村治理，如何判断其走势并拿出区别于传统治理方式的新方案，是未来乡村治理的一个大课题。

四、分工秩序及其社会治理含义

　　农民形态、产权制度和空间布局构成了乡村治理的平台因素，平台因素与治理活动的互动形成了特定的合作秩序、产权秩序和空间秩序，这也就是我们说的基础秩序。基础秩序的分析一定程度上都指向乡村经济社会分工的深化与拓展。与上述因素不同的是，分工本身就具有秩序含义，或者说，分工本身就是治理体制的一部分。

　　长期以来，"两委"关系是困扰中国乡村治理的一个难题。近几年，大部分的村庄又建立了村务监督委员会和集体经济组织，再加上各式各样的理事会、议事会、监事会，小小村庄叠床架屋，本已纠缠不清的

"两委"关系更趋复杂。2019年以来,中央多次要求村党组织书记通过法定程序担任村民委员会主任和村级集体经济组织、合作经济组织负责人。实现村级组织主要负责人"一肩挑",将原来的所谓"两委"关系化解于无形,解决了困扰乡村治理多年的弊病。

党的领导是一种总体性的制度安排,各类村级组织的负责人由同一人兼任,并不否定组织间的职能分工。特别是村民委员会事务和集体经济事务分离,也就是"政经分开",是中央明确提出过的。在推行"一肩挑"过程中,要切忌退回到"政经不分""政社合一"旧体制中去。当前村级治理的目标是党组织全面领导村庄各项工作,并分别通过领导村民自治组织和集体经济组织管理社会和经济事务。但按照目前法律,村民自治组织的功能几乎覆盖了全部村级事务,既制约了党的全面领导作用,也挤压了集体经济组织自主经营的空间。如果要实现乡村治理正规化的目标,必须对村民自治制度进行系统性变革。当然这是一个长期工作。

村民自治是一个历史范畴,认识本质必须回到本源。人民公社解体之后,生产大队和生产队功能失效,出现了"治理真空"。面对这一问题,一些地方组建了村民"自组织"处理部分公共事务,这是村民自治组织的雏形。为缓解基层组织财政供养压力,国家很快将村民自治加以制度化并在全国推广,这实际是古已有之的"大国末梢定理"再次启用。[①] 村民自治组织最初的任务其实是维护社会治安,但随着制度演化,今天村民自治的功能已经远远超过了初创时期。村民委员会的本质属性是"基层群众性自治组织",从这一组织性质而言其并不必然是"政治自治"。虽然法律规定村民委员会实行"民主选举",但作为一种自治的实现机制这并非不能讨论。传统乡村普遍实行自治,但这种自治与民主毫无关系;现代社会中自治未必要依靠选举实现,选举也并不必然意味着民主。从这个意义上讲,村民自治制度的变革不应拘泥现行体制,而

---

① 周其仁:《城乡中国》(下),中信出版社2014年版,第4页。

应该回到自治的本质和治理的需要去重新思考。

乡村人口特别是农业人口大幅减少条件下,原有的城乡区划体制、村庄治理方式、农业组织制度都已经不适应新的情况,而需要作出适应性调整。只要不采用强力干预,乡村人地比例比较低的情况下,从事非农活动者倾向于集中居住,而真正务农者将趋于分散居住,进一步的结果就是,传统的小农社会趋于解体,农业和村庄将趋于分离。考虑到乡村的分化,村民自治制度的改革可以在"政经分开"前提下沿着以下几种思路推进:(1)如果一个村庄规模已经扩张到小城镇标准,完全可以转置为城市并建立城市治理体系,原有的村民自治将转型为城市居民自治。(2)如果一个村庄已经收缩为只有几户专业农户的小型居民点,那么这个时候完全可以将其归并到周边城镇或村庄进行管理,而不必为这几户人家建立单独的自治体,更没有必要让少数人去搞选举。(3)除过以上两类村庄,占当前乡村社会主体的是居于中间的不大不小的村庄。现代社会治理条件下这些村庄面临的情形是:大量的公共事务已经由政府承担,党组织在村庄管理中发挥领导核心作用,村庄经济活动交由集体经济组织承担。再考虑到市场化条件下农村居民普遍去政治化的特征,村民自治的最佳选择恐怕不是强化所谓的"民主"(特别是"选举民主"),而是突出加强"自治"(特别是"生活自治")。

第二节　乡村治理体制改革与治理体系建设

实施乡村振兴战略之后,乡村治理体制改革和乡村治理体系建设正式提上政策日程,各方面开展了一系列探索。尽管很多工作仍处于起步探索阶段,但在分析乡村治理现代化趋势时,也具有一定的参考意义。"乡村治理体制"和"乡村治理体系"是乡村治理中既有区别又有联系的两个概念。归纳来讲,乡村治理体制是国家治理体制总体框架和正式制度的一部分，官方要求是"建立健全党委领导、政府负责、社会协同、公众参与、法治保障的现代乡村社会治理体制"，这是乡村治理工作的基石和基础；乡村治理体系则是指依据国家治理总体框架确定的针对乡村的治理方式和工作体系，官方表述是"健全自治、法治、德治相结合的乡村治理体系"，这为推进乡村治理现代化提供了重要的工作遵循。

一、深化乡村治理体制改革

2017年，党的十九大提出实施乡村振兴战略，要求"健全自治、法治、德治相结合的乡村治理体系"，这是乡村治理概念第一次出现在高级别政治文件中。2017年底召开的中央农村工作会议，进一步提出"走乡村善治之路"，并将之作为中国特色乡村振兴道路之一，标志着乡村治理作为一个政治话语开始走向成熟；2019年，中央办公厅、国务院办公厅印发《关于加强和改进乡村治理的指导意见》，标志着新时代乡村治理的政策范式基本形成。

改革开放后到党的十九大之前近40年时间里，乡村治理长期处于一种"半正式"状态。很多地方对于乡村财政保障缺口较大，乡村发展与建设始终处于游离状态。虽然对于乡村治理体制也有明确规定，但乡村权力关系的运行一直带有较强的地方性色彩，一些地方甚至基层党政关系也表现出模糊化特征。乡村振兴战略实施以后，乡村治理体制改革的一个核心取向是"乡村治理正规化"。总结分析此后几年出台的若干重要文件，可以发现关于乡村治理正规化10个方面的具体部署：（1）党的领导一元化；（2）县乡功能集成化；（3）村庄组织行政化；（4）制度规范体系化；（5）村级工作规范化；（6）民主协商日常化；（7）集体经济统筹化；（8）民生事务兜底化；（9）治安防控立体化；（10）财政保障预算化。简言之，乡村治理正规化的核心内容是重新确立党委领导下的党政统筹体制在乡村治理中的领导地位，并突出强化财政供给对于乡村发展的保障地位。乡村治理正规化是乡村治理体制改革的重要方向，但其全面落实需要一个长期过程。实践中，将一套正规化的治理体制导入复杂多样的乡村社会时，也暴露出了一系列困难。

首先，乡村治理领导体制需要作进一步探索。为确立党在乡村治理中的领导核心地位，2019年，中央印发《中国共产党农村工作条例》和《中国共产党农村基层组织工作条例》，要求"村党组织书记应当通过法定程序担任村民委员会主任和村级集体经济组织、合作经济组织负责人"。但在实施过程中，"一肩三挑"的做法面临不少实际困难，因此后续的政策导向有所调整，特别是不再强调党组织书记一定要兼任集体经济组织的负责人。未来，不同类型村庄如何合理确立新的治理体制，既保证党的领导核心地位，又能够提升集体经济活力和专业管理水平，是一个需要长期探索的问题。

其次，支撑乡村治理正规化的财政能力堪忧。乡村治理正规化的一系列目标能否实施，财政保障是关键。按照一般的认识，这样一种全局性变革应该是在经济较为发达的地区率先实现。然而，现实情况是在个别发达省份部分落地的同时，为适应脱贫攻坚中大规模动员的需要，乡村治理正规化的变革迅速拓展到了一批贫困县，并很快向全国推广。但当前出现的问题是，相当一部分地方财政根本无力支撑一套完全正规化的治理体制，不要说实现民生事务兜底，一些地方连村干部补助甚至公职人员工资都存在拖欠。如何平衡好财政可持续与乡村治理现代化的关系，恐怕对不少县都是一个重大考验。

最后，村民自治的实践方向需要作出适应性调整。近些年乡村治理中行政集中水平越来越高，加之对乡村治理正规化的密集部署，有学者认为这将挤压村民自治的空间，因而对自治的前途表示忧虑。正规化的乡村治理看似是在挤压自治的空间，但实际上也为更高水平的自治活动提供契机。经验表明，只有在大量公共事务能够由政府依法管理起来之后，在日常生活领域中的民主自治才有充分发育的可能。因此，如果关于乡村治理正规化的部署得以全面落地，村民自治的制度实践将会朝着现代化的方向迈出一大步。当然，这一前景必须配套以自治、法治、德治之间治理边界的重新调整，这个过程在大部分地区还尚未破题。

二、加强乡村治理体系建设

概括来说，加强乡村治理体系建设主要开展了三方面工作：

第一，理顺乡村治理职能。乡村治理涉及组织、宣传、农业农村、民政、司法等多个部门，工作头绪多、协调难度大，长期以来一直是乡村振兴的一大难题。在党的十九大之前，政府部门序列中甚至没有一个负责乡村治理的专门机构。党的各级农村工作领导小组办公室有统筹乡村治理的功能，但这一机构更像一个综合信息机构，缺少必要的人员和抓手开展相关工作。过去，组织部门、民政部门分别负责基层党的建设和政权建设，但多数情况下流于事务性、程序性管理，难以形成乡村治理的统合力量，就更谈不上战略谋划。2018年党和国家机构改革中，为加强党对"三农"工作的集中统一领导，统筹实施乡村振兴战略，组建了农业农村部，明确其统筹推动发展农村社会事业、农村公共服务和改进乡村治理的职能。2023年的机构改革中，组建了中央社会工作部，统筹负责党建引领基层治理；国家乡村振兴局整体并入农业农村部，乡村建设、公共服务、乡村治理等职能进一步集中，这些举措有利于在乡村发展领域形成工作合力。

第二，推介乡村治理范例。相关部门围绕中央要求重点开展了三方面工作：一是示范村镇带动。为充分发挥先进地区的带动和引领作用，为各地乡村有效治理提供丰富的模式和样板，相关部门先后遴选了三批乡村治理示范村镇，向全国发布和推介。第一批包括99个乡镇998个村，第二批包括100个乡镇994个村，第三批包括100个乡镇1001个村，三批示范村镇具有覆盖全面、类型多样的特点，充分发挥了示范带动作用。二是典型案例借鉴。在村镇整体示范之外，相关部门还着眼于某些好的做法和机制，在全国遴选了若干典型案例进行宣传推介。目前，已经遴选推介了5批100多个典型案例，这些案例聚焦强化党的建设、创新议事协商形式、创新基层治理方式、加强县乡村三级联动、引导多元主体参与等乡村治理的重要领域和关键环节，形成了一批可复制、可推广的经验做法。三是典型做法引领。各地在乡村治理中探索形成了很多有效的典型做法，解决了一些难点堵点问题。相关部门在总结地方实践经验的基础上，深入分析乡村治理中运用积分制、清单制，以及整治高价彩礼、大操大办等方面典型做法的内在规律、关键环节，提炼形成了乡村治理典型方式工作指南向全国发布，供各地在加强和改进乡村治理中参照借鉴。

第三，开展体系建设试点。2019年，中央农办牵头组织了以县（市、区）为单元的乡村治理体系建设试点工作，首批试点一共是115个，试点期限是2019年12月至2021年12月。试点内容主要包括探索共建共治共享的治理体制、探索乡村治理与经济社会协调发展的机制、探索完善乡村治理的组织体系、探索党组织领导的自治法治德治相结合的路径、完善村级权力监管机制、创新现代乡村治理手段等八个方面。考虑到部分试点地区受新冠疫情影响，工作启动较晚，试点经验需巩固提升，农业农村部和国家乡村振兴局发出通知，决定将试点期延长一年，至2022年底。

上述措施针对当前乡村治理中的重点难点问题，找到了一些行之有效的突破口，形成了新的工作抓手，取得了一定的成效。这些措施有一个共同特点，就是"虚功实做"，这对于地方治理能力本身就是一个很大的考验。如果操作不当，一些工作就有可能"做虚"，甚至陷入文牍主义、形式主义的陷阱。比如，目前有关部门主要采取了推广积分制、清单制，以及整治高价彩礼、大操大办等正向或负向激励措施。其中影响范围最大的当数积分制，而内生问题最突出的也是积分制。所谓积分制，是指对乡村治理中各项事务设定量化积分，根据村民在遵纪守法、环境卫生、家庭美德、移风易俗、产业管护等日常活动中的行为表现进行量化评分，并根据积分给予相关的精神鼓励、物质奖励或行为约束。

积分制的核心是运用"量化指标"开展管理。一般来说，这种管理方式有两种应用场景：一是企业、政府等组织的内部管理中，通过量化考核来对个人或者部门的工作绩效作出评价；二是在宏观的社会治理中，通过量化积分作为政策执行的依据，正向管理比较典型的是超大城市的"积分落户"，负向管理比较典型的则是"驾照扣分"。在这两种场景中，积分制主要适用于特定领域简单事务的管理，而几乎很少用于对人的行为进行全面评价。一个例外情况就是小学生的管理，积分就可以形象地比喻为贴小红花，以小红花来对学生作出综合评价。但要知道，小学生是一个相对简单的群体，更重要的这是一个不成熟群体，因此需要采取这种量化计划的管理措施。在一个复杂行为机制的社会形态中，运用量化方式对人的行为进行全面评价，无论是从权力运用上还是从道德评判上，与现代社会治理的制度距离都是比较大的。

乡村是一个日常生活场景，其中有限的治理需求主要服务于安居的需要。这种治理需求并不比城市社区更复杂，如果城市不采取积分制开展治理，乡村就更不必要。乡村社区居民是一个松散且无特定组织目的的群体，不必对人的日常行为采取量化指标进行绩效评价。积分制这一措施折射出的是在社会治理中采用"计划"方式建构秩序的思想，这与村民自治所面临的行动困境有关，也与对秩序来源认识上的偏颇有关。积分制可以在特定组织或简单事务中发挥积极作用，但不宜利用行政手段在社会治理中大规模推广。

这里对积分制的评论只是为了提供一个典型例证。总体看，现有这些措施的"软治理"意义较强，仍然是在治理体制的浅表层面做文章，没有触及核心的体制机制内容，难以解决结构性问题，改革红利有限。目前，仅仅是通过信息反馈、推介案例、示范引领等手段进行适度润滑，这对一个专门的政策领域而言仍然是比较粗放和初级的。当然，这一问题也不宜过分苛责，乡村治理现代化面对的不是一项具体工作，而是整个乡村社会的开旧布新，单一部门也不可能推动广泛的全局变革。

第三节 乡村治理现代化走向及远景展望

一、乡村治理现代化走向的基本判断

前面对乡村治理现代化的趋势性特征进行了分析，这些趋势性特征是慢变量长期积累的结果，在特定阶段具有较强的稳定性和不可逆性，多维趋势的总结基本可以归纳出乡村治理现代化的走向。

第一，专业农户崛起已成不可逆转之势。中国农业已经走上了商品化、专业化的路子，在产业自身迭代和国内外竞争压力下，农业专业水平一定会进一步提升，专业农户会日渐崛起。这也意味着农业能够吸纳的劳动力会逐步减少，小农户尽管还在务农，但无法依靠农业实现有效就业。这是国际产业竞争大背景决定的，也是世界农业发展的普遍规律，无法也不应该去逆转。小农户只能从农业之外寻找新就业机会，但在经济下行预期下这一目标存在阶段性困难。专业农户崛起的趋势非常确定，依靠农业维生的农户进一步减少非常确定，但挤出人口是否能够实现有效就业则带有不确定性。

第二，农村产权改革红利将会持续释放。党的十八届三中全会以来，中央陆续部署了20多项土地制度和产权制度改革事项。这些改革初期都局限在试点试验地区，改革事项之间的配套性也不强。随着改革试验陆续成熟，改革的扩展效应逐渐显现。在典型农区村庄，产权制度已经不会成为带来社会关系紧张的关键因素；但在城中村、城郊村和经济发达村，资产控制权的争夺仍然会是引发冲突的重要诱因。

第三，城乡空间布局进入动态博弈区间。中国离城乡人口均衡还有较大距离，这个过程中乡村类型还会发生深度分化调整。这是一个客观趋势，只能应对，无法改变。政府在应对上面临一个三重策略结构：（1）从优化城乡土地资源布局、释放发展结构性潜能角度，央地两级政府都倾向于通过"增减挂钩"等手段逐步将乡村建设用地平替到城市，这一政策已运行多年；（2）从维护农民权利和农村稳定角度，中央政府

更倾向于不改变空间现状前提下做渐进小幅调整;(3)从改善空间秩序结构的角度,如果大幅空间重组不被允许,将倒逼地方政府在调整治理单元和治理半径上下功夫,但这种方式也存在弊端和后遗症。城乡空间布局调整策略往什么方向走,主要取决于中央决策,而这个问题上中央决策较大程度受到国际竞争压力的影响。

第四,乡村治理体制调整已经逐步入题。尽管乡村治理政策范式正式形成的时间不长,现有的政策举措也更偏重于修补和润滑,但只要具有了这方面的政策意识,未来根据实际情况作出调整并不困难。由于特定历史传统的影响,我们通常将乡村政治性看得很重,于是很多人把乡村治理问题窄化为秩序管控问题,在特定语境中甚至将之等同于社会治安问题,这就容易走入政策误区。一个现代化的乡村通常是弱政治的,在实现高度城市化之后,作为乡村主体的居民是专业农户以及农业产业链关联人员,而专业生产者之间的联合协作会带来去政治化的倾向。① 从这个意义上讲,现代村庄本身不应该成为一个强政治的场域,这是未来乡村治理调整中要注意的一个问题。

综合上述因素,可以对乡村治理走向作出初步研判。村庄类型分化和乡村社会转型将日趋加深,不同类型村庄会呈现出不同特征。在典型农区,随着人口压力纾解、专业农户发育和社会分工深化,农户在经济上对市场的依赖加深,在公共事务上更信任政府,传统宗法关系对乡村社会的影响将进一步削弱,一个去依附的专业化社会将逐步形成。乡镇机构强身瘦体、村级机构化繁为简趋势已现,部分地区村民自治向社群合作形态转变的条件开始成熟,现代治理体系能够更为顺畅地导入乡村社会,乡村治理水平提升比较确定。城中村、城郊村、经济发达村土地制度和治理体制改革滞后,部分村庄基础设施陈旧、公共服务不足,混杂聚集了大量的非正规就业和低收入人群,很可能会形成"半城市化"

---

① [法]查理·季特:《农业合作》,彭補拙译,上海社会科学院出版社2016年版,第177页。

聚居系统，给社会治理带来很大挑战。部分经济发达村主要收入来源是村办企业的生产经营或物业租赁，这些村级经济在新旧动能转换中徘徊不前，集中出现了经营困难、举债分红等问题。部分村庄内部治理弊病丛生，有大量村民没有纳入国民社会保障体系，存在少数人非法侵占、控制和处置集体资产的状况，有些甚至有走向"土围子"的倾向。由于此类村庄大多实行的是"党政社企"合一体制，易于使经济问题政治化，对其中潜藏的经济社会风险要高度重视。

二、乡村治理现代化的中长期展望

在上述走向分析的基础上，再结合内外因素的估计，可以对乡村治理演化的中长期趋势作出展望。2035年，中国要基本实现社会主义现代化，其中也包括基本实现农业农村现代化。从"十四五"末到2035年这10年，可以2030年为界，分两个阶段进行讨论。

从2025年到2030年，农业现代化水平会持续提升，城乡公共服务均等化、农村生活设施便利化继续改善是毋庸置疑的。但2030年之前"三农"更多要为应对外部风险发挥支撑作用，农业农村作为"蓄水池""压舱石"的地位仍然会受到重视，自身的改革和效率追求只能放到次要位置。外部压力下，农村改革不会太快，特别是触及核心体制机制的方面很可能悬置较长时期。即便是城市化继续推进、农村常住人口持续减少的趋势得以延续，进城落户人口农村权益的退出恐怕也不会大幅加速；会适度容忍人口和空间错配带来的效率损失，以保证社会稳定；此外，应对城乡空间分化的重组政策、乡村治理体制的适应性调整都会相对审慎。缺少改革牵引，乡村治理也会进入"平台期"，总体格局将基本维持在"十四五"可能达到的水平，继续深化调整的幅度不会太大。

从2030年到2035年，如果外部环境能够有所好转，改革框架得以大幅拉开，乡村现代化累积效应快速向社会治理领域传导，乡村治理现代化将进入跨越发展阶段。这个时候，政策调整有了更大的主动权，克服自身在治理体制、产权制度、产业结构上的一系列弊端，将成为一个

巴西里约热内卢的贫民窟(陈明 摄)

巴西、墨西哥等国家在现代化进程中,大量人口涌入城市贫民窟(slum),成为一个严重的社会问题。在里约热内卢,随处可见的贫民窟密密麻麻分布在市内的山丘上,这里被外界称作"未被上帝庇佑之地"。尽管早有耳闻,但真正看到后还是受到巨大震撼。

急迫问题。

需要注意的是，当前的审慎框架可能会带来一系列内生风险：一是农民形态固化带来乡村社会结构黏滞。如果农业剩余劳动力就业问题长期得不到解决，再发展5—10年，乡村社会就会呈现出富裕的专业农户与贫穷小农户长期共存的局面。其后果是：一方面，小农户占据相当数量的土地，维持着低水平的产能，制约了农业现代化进一步发育的空间；另一方面，小农户生存状况长期得不到质的改善，会与专业农户形成对立，不利于乡村社会的稳定和文明程度的提升。二是产权改革和空间调整滞后影响结构性潜能。土地利用的低效、分散、浪费问题严重，会导致支撑经济发展的结构性潜能趋于衰竭。如果农村产权改革和空间布局调整维持5—10年的保守策略，这种后果宏观经济能否承受，是一个未知数。乡村治理效率改善和治理体制调整亦不得不屈从于人口和空间错配的格局。三是治理体制调整延误，城乡治理一体化难以实现。不同类型乡村的治理体制得不到适应性调整，空心村和小规模村庄维持高成本、低效率的治理模式，城中村、城郊村和经济发达村潜藏的风险进一步放大，典型农区与专业化生产相适应的自治形态也得不到发育，乡村治理现代化就会面临停滞风险。

考虑到外部风险难以自主掌握，而且2030年国际环境能否好转尚有很大不确定性，从国家治理层面要留出风险屏障，因此要对目前的审慎框架作适度优化，在风险可控、红利较大、潜能充分的领域以超常力度深化改革，以应对可能的冲击和内生风险集中爆发。

第四节　乡村治理及农政领域的关联改革

综合前述分析，提出加强和改进乡村治理的政策建议，其中也涉及一部分农政领域的关联改革事项。这些建议在前面章节中大多作过细致分析，在此只作扼要阐述。

一、深化"政经分开"改革

乡村治理不同于城市治理之处，主要是村民委员会还要负担土地等集体资产的管理责任，这实际是村民自治体系不断膨胀的原因，同时也是过去乡村治理中许多问题的症结所在。中央在2015年就提出"政经分开"的改革思路，但事实上很多地方即便在将村民委员会与集体经济组织分设之后，村民自治活动仍然在干预集体资产管理，使改革的效果打了折扣。

"政经分开"改革的核心是在村庄层面产权与治权脱钩、集体经济组织成员身份与农村社区成员身份分开、产权管理与乡村治理分开，实现乡村经济活动和社会治理的专门化、专业化。具体包括：（1）农业产业政策和农村社会政策功能分开，产业政策直接瞄准专业农户，社会政策直接瞄准农村居民，减少村庄组织的政策承接任务。（2）土地产权管理与乡村治理体系功能分开，土地产权及集体经济事务交由集体经济组织负责，完善从集体经济收入中提取乡村治理经费的相关财务制度。（3）生产性合作与村民自治活动功能分开，能够由专业农户通过自主联合完成的生产性合作一般不再通过自治组织进行动员，村民自治的重点聚焦到村庄日常生活领域的自主管理。

当上述功能分开之后，乡村治理与城市治理体制将不再具有本质区别，无论城乡，在一定规模的社区层级上都可以设立正式组织，而在社区内部都可以推动以"生活自治"为内容的多样化的基层群众民主自治，城乡基层治理体制一体化有望实现。

二、优化乡村治理单元

城乡边界日渐模糊是乡村治理面临的首要困难。行政村是村民自治制度实施的空间载体，但城市化过程中城乡形态发生重大变动，广袤的乡村也早已不是一个均质的存在。典型农区和生态功能区村庄人口大量外流、空心化比较严重，很多村庄支撑不了自治组织活动；一部分村庄已经有发育为小规模专业农户居民点的趋势，几户人家的居民点没有必要组建自治体，他们的治理活动可以依托城镇完成；还有一部分村庄靠近城市或者已经成为城市的一部分，这时再实行村民自治就显得与治理需求不相匹配了。加强和改进乡村治理，应统筹考虑城乡空间优化与治理重构，科学确定乡村的规划单元、政策单元和治理单元，逐步解决城乡空间布局与治理现代化要求不相适应的问题。

第一，根据空间布局划分规划单元。《中共中央 国务院关于建立国土空间规划体系并监督实施的若干意见》明确，要打破行政区划界限，依据区域性空间肌理和发展集聚特征，按照宜大则大、宜小则小的原则来确定国土空间规划单元。落实这一要求，就有必要打破建制村的行政边界，来确定城乡规划基本单元，并且将其作为政策瞄准的基本单元。

第二，根据规划单元重组治理单元。实质性解决城市化过程中出现的城乡空间秩序问题，要把规划单元、政策单元与治理单元一致起来。原有的村庄范围过大、划分到不同治理单元的，可以对村庄进行适度拆分；若干小村庄划分到一个规划单元内的，要逐步开展区划调整和村庄合并，以党建融合带动治理融合，统筹实施基层群众自治、网格化管理等工作。

第三，基于城乡界定落实治理方式。治理单元重组后，需要对其城乡属性重新进行界定，根据新确定的城乡属性开展自治活动。"政经分开"改革以后，产权单元与治理活动互不影响，典型农区可以考虑治理单元适当扩大、自治单元适当缩小，减少治理中的制度摩擦。已经进入城镇开发边界内的村庄，逐步变乡村治理体制为城市治理体制，使治理形态与空间形态、产业形态相适配，这里要逐步落实城市居民自治制度，而非单纯维持旧有的村民自治体制。

三、发展新型集体经济

乡村治理的基本单元是村庄，而作为其行为内核的则是农村"集体"这一抽象的集体组织。现行农村集体的范围是在20世纪60年代建立生产大队时根据当时农村居民的居住地划定的，随着越来越多的农民进城和土地耕作权的转移，这种划分标准已经不具有无可置疑的正当性。推进乡村治理现代化，需要再造农村"集体"，重构乡村治理的基础框架。核心思路是：一方面鼓励稳定的农业转移人口有偿退出各项农村权益；另一方面引导退出的土地承包经营权向专业农户集中，由在村的专业农户联合组建新的农村集体经济组织，承接相应的农村集体经济权能，发展新型集体经济。

典型农区村庄逐步赋予成员农村权益退出权，允许通过空间重组和专业农户再联合建立现代公有制体系，通过资本重组构建农村集体经济开放发展新格局。当前的大部分农村集体经济，既获得不了规模经济效益，又没有什么要素比较优势，长此以往，集体经济与市场经济衔接只能是一句空话。"政经分开"改革推广后，逐步打破村庄边界发展新型集体经济，将若干村庄的集体土地使用权和其他集体权益（比如生态景观观览权）打包，与优质资本有机结合组建规模企业以提升市场竞争力。

城中村、城郊村和经济发达村在集体产权制度改革基础上，推行村企分开，逐步建立适度开放的股权交易流动机制。企业与村庄脱钩，村庄社区按规模和区位确定新的组织方式，明确村庄和企业间的财务边界；村办企业（集团）开展股份化改制，明确股权结构、建立现代企业制度；企业党委纳入民营企业党建范畴，不再保留"党政社企"合一的村庄体制。

四、改进乡村治理体制

考虑到城中村、城郊村和经济发达村转置为城市治理体制后，已经不属于乡村治理的讨论范畴，因此这里重点阐述典型农区乡村治理体制改革的思路。

典型农区可以考虑推进现有基层自治组织正式化，基层群众自治制度下沉为小自治体内部的"生活自治"。从干部配备和财政投入的角度讲，现在村庄一级架构已经与正式组织无异，只是在名义上还保留了"自治组织"的头衔。从基层治理现代化的角度讲，当前有必要也有条

湖北武汉花博汇（陈明 摄）

  花博汇所在地原本是武汉近郊的几个普通村庄，后来通过村庄集体资源与外部资本的联合，将闲置土地和住房盘活利用，把这里打造成一个集花卉观光、田园度假、文化休闲于一体的4A级旅游景区。这一模式的特色在于不改变土地权属安排，不改变乡村建设用地和农用地布局，保留原有的村湾、农田、房屋、水系、树木，实现了保护乡村肌理和发展乡村产业的双赢。

件实现村庄组织的正式化，即在村庄层面设立正式的党政派出机构；同时还可以考虑打破现有的村庄边界，借鉴浙江等地县乡职能重构模式，将若干村庄划分为一个管理区，在这个层次上设立正式的党政组织或派出机构，可以不必将党组织、自治组织、集体经济组织嵌套在一起。

这一基础上，在村庄之下的层级上实行新型的村民自治，核心是缩小自治单元，打破以土地所有制为基准的集体经济组织所框定的范围，依据熟人社会的规模和聚居方式灵活设置自治体。这一制度实施的单元未必是固定的，可以像云浮、清远等地那样以自然村落为单元进行组织，也可以通过范围更为灵活的理事会、议事会、业委会进行组织。这种小规模的自治体定位为"非法人单位"，主要是解决日常生活领域的自治并作为外部控制的一种补充，不再额外承担上级派发的"政务"职能。上述改革的推进，可以先行试点，后续逐步修改村民委员会组织法。

对于衰退型地区而言，有限的财政资源首先要保运转、保底线，确保不发生规模性返贫。优化乡村治理体制的工作也应与经济发达地区有所区别，要找准工作切口和工作角度，根据禀赋结构挖掘差别优势。具体建议：一是严控财政支出，不再增加公共组织规模，不新增政府投资项目，集中有限资源保民生底线，确保不发生规模性返贫和新的致贫。二是促进人口集聚，衰退地区人口向县城及更高等级城市集中。优先引导社保兜底脱贫人员向城镇集中，因为这部分人群没有劳动能力，不涉及就业安排问题，在城市能够得到更好救助。三是促进隐性失业人口就业，这一工作可与县域投资作统筹部署，适度采用"低薪酬、广覆盖"的策略，实现"边就业、边培训"，在过程中扩充人力资本存量。

结 语
中国乡村治理现代化的未来图景

乡村治理不是一个单纯的治理体制或者治理模式问题，而是通过合理的政策干预建构基础秩序从而在乡村社会塑造一套与现代国家相适应的政治经济结构的过程。实现乡村治理现代化，不能单纯在治理体制、治理模式或者是"治理术"层面上下功夫。基础秩序构成了乡村治理现代化"内生的锚"，基础秩序的变革和改造，一方面为治理现代化提供了内在的稳定性与秩序感，另一方面也必然催生治理体制的现代转型。本书的意义就在于阐明了如何通过把握、顺应和引领基础秩序的变动，来从底层逻辑上推进乡村治理现代化进程。

本书实质上是对现代乡村治理基础的一项政治经济学研究。福柯在其治理理论中，一直把对治理的政治经济学分析置于关键位置。政治经济学经历了一个复杂的历史演变过程，现代政治经济学研究的中心是如何通过历史、制度与经济的互动来实现经济增长和国家发展，重点议题包括制度、意识形态、合作、经济权力、人类心理和文化等对于生产、分配和资本积累关系的影响。[1] 治理的政治经济学发展起来是因为人们意识到，对人口—资源关系的管理不可能通过强制管理系统面面俱到地解决。比如，人口的数量不完全取决于每个人生育意愿或者政策上是否鼓励生育，而是依赖于其他一些带有客观性的因素，像税收体系、流通行为、收益分配等。这种客观性因素不能通过法律或者强制加以改变，但也并不是完全无法进入、无法调整的，其中的影响机制可以通过理性分析并采用特定的治理技术加以干预。[2] 在这一理论视野的观照下，可以对本研究中的政治经济问题作出若干归纳总结。

---

[1] ［澳］奥哈拉主编：《政治经济学百科全书》，郭庆旺等译，中国人民大学出版社2009年版，第1034—1042页。

[2] ［法］米歇尔·福柯：《安全、领土与人口》，钱翰、陈晓径译，上海人民出版社2018年版，第89、488页。

结　语　中国乡村治理现代化的未来图景

第一，乡村治理现代化本质上是基础秩序的现代化。基础秩序往往隐含了会对社会治理产生不可逆影响的约束条件和动力机制。实现乡村治理现代化，关键是构建乡村治理现代化的基础秩序。从农民形态角度讲，传统小农社会中劳动生产率和分工水平很低，农民普遍缺乏积累并受制于社区内外的依附性关系；现代农民劳动生产率大幅提升，农民进入社会分工体系逐步成为一个专业化群体。农民形态的变化为乡村合作秩序的生成创造了条件，建构现代乡村合作秩序，必须顺应不同角色农民间的合作规律对不同情况下乡村治理的重心作出调整。从产权制度角度讲，传统社会产权制度较多受到社区规范和集体选择的影响，产权秩序时常成为政治博弈的焦点；要实现产权秩序的现代转型，一个核心的逻辑是增强法律规定、集体选择与社会认知的一致性，提升产权强度以稳固产权秩序。从空间布局角度讲，传统社会人们生活空间受到生产条件的约束，世界原住民国家普遍形成了小农村社结构；现代生产方式下农业生产条件不再构成生活聚落的主要约束，乡村生产空间与生活空间日益分离，实现空间布局与治理体系的适配是每个原住民国家实现空间秩序现代转型都面临的历史任务。

第二，公共政策干预不能超越基础秩序自身的限定性约束。治理的政治经济学，可以说是对社会中诸多权力的组织、分配和限制进行的一种一般性思考，从根本上讲研究的是能够使"治理术"作出自我限定的约束性条件。[①] 这意味着，尽管可以对乡村治理现代化的基础秩序进行广泛的分析讨论，但在不同问题上可以采取的干预深度和干预措施是不一样的，必须遵从基础秩序自身的限定性约束。比如，农民形态是社会长期发展演化的结果，在特定的历史阶段中带有客观性，只能把握适应和引领其变化，而很难改变其历史大势。产权秩序和空间秩序虽然具有较大的政策调整空间，但同样不能忽视历史条件和集体选择等因素的影

---

① ［法］米歇尔·福柯：《生命政治的诞生》，莫伟民、赵伟译，上海人民出版社2011年版，第11页。

响。比如，空间布局中的自然地理、历史基底因素属于社会嵌入的层次，带有稳定性特征；经济发展会对人口布局产生直接影响，但这属于空间布局的外生因素，短期看也具有相当的客观性。空间秩序的改进，只是在这些限定性约束的基础上对规划区划、治理单元等因素作出适度调整。

第三，乡村治理的基础秩序之间互相存在勾连与约束。社会秩序是多方面因素共同作用的整体性结果，如果学理化一点可以说是多重制度逻辑的产物。乡村治理的基础秩序各个方面之间不是孤立和隔离的，而是相互影响、相互约束的。比如，农民形态变迁是产权秩序变动的一个重要的前提性条件。现在的产权制度结构是基于20世纪中下叶的农民形态构造的，那时一个国家大多数人口都居住在乡村、从事农业，而且很少流动。显然，这一情况改变后自然而然地要倒逼产权制度的调整，这是一个社会技术过程。再如，空间秩序受到农民形态和产权制度的双重约束。农民形态变迁也提出了空间布局调整的课题，但同时如果产权制度不进行先期调整，空间布局的调整将是一项十分困难的工作，而且还会带来较大的制度摩擦。不同基础秩序之间的组合效应是一个十分复杂的问题，有赖于在特定场景、特定事件中的具体分析，这些问题不可能在一部著作中全面阐述，但有必要在此扼要提出。

从全书的分析可以发现，乡村社会的演化受到两大基础性因素的影响，一是人口，二是土地。人口与土地的关系决定了乡村社会的本质属性。将农民和乡村社会变迁置于更长时期的文明史视野中去观察审视，或许能得到更为深刻而清晰的认识。

初民社会中，能够持续进化的人类组织通常处于受特定自然地理约束的农耕区域中，在这里人们通过建立土地利用的规则和秩序，从而产生了领地、财产、边界等观念，真正意义上的社会得以形成。[①] 随着发展演进，早期人类组织逐步发育扩展形成了农业文明及乡村社会，村庄构成了传统乡村社会的基本单元。传统社会中，小农经济、耕作便利、合

---

① 陈明：《土地政治论》，当代中国出版社2019年版，第65—67页。

结　语　中国乡村治理现代化的未来图景

作与安全等因素共同影响了乡村社会的生成和绵延，而人口和土地的数量关系是村庄形态的决定性因素。排除战争、自然灾害等外部因素的干扰，村庄的生成与消亡、扩张与收缩多系于人口与土地数量的相对变动。德国经济学家克里斯塔勒指出："生活在乡村和农庄的人数与土地面积的大小是相关的；生活在给定区域的人们，必然与一定的农业技术和农业组织形式下赖以生存的土地利用面积相一致。"[①] 可以这么说，村庄是农业文明的产物，定居为动植物驯化创造了条件，人类的农业活动造就了村庄，而土地锁定了村庄的规模。

　　从传统社会向现代社会的跃迁——即我们通常说的现代化——过程中，人口、土地与乡村社会的关系日趋复杂。首先，人地数量关系仍旧是影响乡村社会演化的关键因素。世界发展的经验表明，乡村人口向城市转移是乡村现代化的前提。如果抛开现代化的复杂逻辑不说，现代化可以简化为世界的工业化城市化过程；而工业化城市化这枚硬币的另一面，其实就是全球农村人口和农业人口逐步减少的过程。2007年，地球上的城市人口首次超过农村人口。2020年全球农村人口的比重是43.8%，高收入国家这个数字只有18.2%；同期全球农业就业比重是26.7%，而高收入国家只有2.8%。当然，农村人口和农业人口的减少不会一直持续下去，但到目前为止这个过程还在继续。大量人口堆积在乡村很难过上富裕生活，只有在乡村人口大幅减少，农民的人均可耕作面积大幅增加之后，乡村现代化才能够顺利实现。同时，又必须注意到，人地关系所承载的经济社会意义的变化对于乡村社会演化具有更本质的影响。我们常引用费孝通先生的话说，传统社会的农民是附着在土地上的。实际上，这种人地关系的背后是自然经济、等级制度和人身束缚等带有封建宗法性的社会关系，而人对土地的依附只不过是其对"宗法共同体"依附性的物化表现。因此从规范意义上讲，乡村现代化过程绝

[①] ［德］克里斯塔勒：《德国南部中心地原理》，常正文、王兴中等译，商务印书馆2010年版，第5页。

不仅仅是人地关系在数量上的重构过程，而毋宁是通过现代性因素的引入，实现人的去依附和自我独立的过程。

20世纪以来，中国乡村发展的中心议题就是现代性因素的引入。然而这一过程却无比艰难繁复。无论是民国时期的乡村建设，还是新中国成立之后的乡村改造，"国家政权建设"的努力尽管能够改变乡村社会的治理格局，但却无法撼动农民所固有的不自由、不独立、不成熟状态。改革开放以来，小农家户经营地位重新确立，农村人口向城市逐步转移，越来越多的农民能够独立自主地开展经济社会交往，现代性因素才得以渐渐在乡村社会中生根发芽。近十几年中国的城市化水平快速提升，大量农民向城市转移并且进入城市分工体系，而现代经济因素向乡村渗透并且介入地权的重新安排，现实图景的巨变帮助人们找到了乡村现代化的出路。在我们观察的典型农区，大量的人口离开土地成为市民，小部分人再次与土地结合成为专业农户，乡村社会的主体力量发生了根本性转变，乡村现代化步入了快车道。

"20亿农民站在工业文明的入口处：这就是在20世纪下半叶，当今世界向社会科学提出的主要问题。"[1] 法国学者孟德拉斯在《农民的终结》一书开篇如是写道。发达世界的农民先行一程，今天中国的农民也向我们提出了同样的问题。依靠对发达世界经验的观察和我们自己走过道路的体察，可以对中国农民和乡村社会的未来图景作一番展望。

第一，小农的终结将成为不可逆转的历史潮流。孟德拉斯说的"农民的终结"，并不是农业的终结或乡村生活的终结，而是"小农的终结"，是指小农（paysan）最终要向农业生产者（agriculteur）或农场主（fernier）变迁。[2] 20世纪90年代之前，农村人口几乎占到中国人口的

---

[1] ［法］孟德拉斯：《农民的终结》，李培林译，社会科学文献出版社2010年版，第3页。

[2] 李培林：《从"农民的终结"到"村落的终结"》，《传承》2012年第15期。孟德拉斯是法国学者，括号中为法语。法语单词paysan很好地表达了小农的内涵，2017年的一部法国电影《小农夫》（*Petit Paysan*）讲述的即是一位传统农民从甫一面对现代市场时的进退失据逐步变得能够理性应对的过程。

80%，那个时候乡村社会分工水平低下，区分农村人口和农业人口可以说没有太大意义，这 80% 都可以笼统地称为农民。摆在当时人们面前的一个严峻的现实是：不但中国人大半为农民，而且世界农民中大半为中国人。而在最近的 30 年里，这个情况有了显著变化。按照国家统计局最新公布的数据，中国目前的农村人口比重已经降低到 33.8%，农业就业比重降低到 24%，两个数字都已经低于世界均值。从这个意义上讲，中国的乡村现代化确实取得了翻天覆地的伟大成就。不过，仍然要看到，中国的农村人口和农业人口比重仍然明显高于高收入国家。从规律和潜能来看，在城市化率达到 75% 以前，农村人口持续减少的步伐不会改变；但农业就业比重畸高且近年来降低速度放缓，将成为制约中国乡村现代化的一个重大问题。从现代化的任何角度来说，农村人口和农业人口的数量都必须继续减少，长期的迁延徘徊会对中国的现代化进程带来不可克服的影响。恩格斯在《法德农民问题》一文中强调，"我们预见到小农必然灭亡，但是我们无论如何不要以自己的干预去加速其灭亡"，"我们决不会考虑用暴力去剥夺小农（不论有无报偿，都是一样）……我们对于小农的任务，首先是把他们的私人生产和私有占有变为合作社的生产和占有，不是采用暴力，而是通过示范和为此提供社会帮助"。[①]在今天的发展水平下，我们终于有可能按照恩格斯的设想来规划小农的未来。尽管我们能够预见小农必将为专业农户所替代，但这毕竟要经历一个漫长的历史过程，如何让小农户能够共享改革发展成果同时有尊严地实现自身的发展和转变，是考验我们政治智慧的一个历史性课题。

第二，城市与乡村将失去二元对立的社会基础。历史上，包括中国在内的原住民国家乡村人口数量庞大，社会分工水平很低、农业劳动生产率低下，有大量低收入甚至极贫人口堆积在乡村，这势必会形成人与共同体以及人与人之间的依附性关系。这是传统乡村形成特殊治理体制的政治经济根源。历史经验表明，一个大量贫困人口堆积的乡

[①] 《马克思恩格斯选集》第 4 卷，人民出版社 1995 年版，第 498—499 页。

村显然不可能实现现代化，消除绝对贫困是乡村治理现代化的题中应有之义。欧洲在工业革命后 200 年，通过渐进的人口转移和效率扩散消除了乡村绝对贫困，除此之外其他国家都经历过一个集中减贫过程。美国 1964 年的《经济机会法案》标志着政府雄心勃勃的反贫困战争的开始。2020 年，现行标准下，中国 9899 万农村贫困人口全部脱贫，区域性整体贫困得到解决，消除了绝对贫困。绝对贫困消除，将乡村中最底层、最贫困的人口纳入现代化的轨道，促成了乡村现代性水平的普遍提升，这为乡村治理现代化开辟了新空间。乡村现代化实现之前，由于依附性社会关系和共同性产权关系的影响，很多国家会在乡村施行区别于城市的治理体制。乡村现代化基本实现后，城乡基层社会治理会趋于同构，作为一种区别于城市治理体制的乡村治理体制将成为一个历史现象。随着城中村、城郊村和经济发达村转型为城市，未来这里可能仍旧存在横向的发展不均和贫富分化，但那已经是城市内部的对立问题，而不再是城乡对立。生态功能区将来留下来的主要是一批特色村庄，生活在这里的农户其实也具有专业农户性质，只不过他们从事的是旅游、康养等产业。现代化的农业生产方式仍然没有改变农民需要靠近农场居住这一根本特征，在土地经营规模比较大的情况下，农户必然居住在自己的农场附近。如果各方面条件适宜，在典型农区和生态功能区，未来人口将继续大幅度向城市转移（当然这包含一种情况是一些大的村庄发育为小城市），大量村庄可能会缩小甚至消失。从本质上讲，生态功能区和典型农区的乡村未来将具有相似的性质——都是由专业农户支撑的专业化小型居民点。政府只能为这部分农民提供基本的公共服务，他们更丰富全面的公共服务和消费需求可以在周边小城市和大型村庄得到满足。这一条件下，城乡二元社会治理的社会基础不复存在，城乡社会治理一体化有望成为现实。城乡社会治理一体化条件下，乡村治理、城市治理这些概念都将继续存在，但已经不表现为一种二元性的体制差异，而主要表现为不同类型的居民点在治理需求和治理模式上的差别。

云南哈尼梯田（陈明 摄）

哈尼梯田是当地先民依循自然地理条件世代开垦耕作、共同创造的农耕文明奇观，2013年在第37届世界遗产大会上列入《世界遗产名录》。今天的哈尼梯田仍然在耕种，但农业生产显然已经不是其主要功能，耕作收获的过程本身也成为梯田景观的一部分。

第三，城市基层社会自治成为自治的先导力量。近些年一个新现象是，城市社区的自治性成长迅速，丰富多样的居民自治活动异军突起。这是出乎大多数人意料的。新兴的城市自治具有这样几个特点：一是聚焦"生活自治"。城市居民自治最早就是从生活环境问题起步的，比如上海的"垃圾分类"很大程度上依靠自治，疫情之后，相关活动又向广义的公共卫生领域拓展。二是体现日常诉求。比如大城市的停车问题一直是困扰居民的头号难题，北京等地在倒逼下发育出了"停车自治"，通过内部协商、时段互补等措施部分改善了这一问题。三是孕育社会企业。自治活动是需要投入资源的，如果没有可持续的投入来源就难以长期持续。成都等地在社区居民自治活动基础上发育出了社会企业，一方面提供社区公共服务，一方面部分面向社会经营，为居民自治提供了可持续的资金来源。与之形成对照的是，乡村地区特别是典型农区的村民自治活动正在逐步归于平淡。站在今天回望过去村民自治中的选举热潮，可以发现那种激烈的竞争实际瞄准的是乡村资源的控制权。随着城乡人口布局发生重大变动，越来越多的乡村走向收缩，一方面人们得以面向更大的市场展开竞逐，另一方面乡村资源控制权的租值也在快速耗散。当村庄内部资源相对价值下降，而真的需要通过自治改善一些基本生活境遇的时候，却鲜有人愿意出任村干部了。这样一种城乡自治活动的相对性变化，实际上正反映了基层社会自治发展的一个通行规律。从人类现代化的经验看，真正的民主自治是社会治理现代化之后的产物，民主自治制度实际上很难嵌入一个仍处于传统向现代变迁过程中的乡村社会。在一个低度现代化、低控制水平的、传统依附关系尚未解体的乡村社会中，既很难产生民主自治的诉求，也很难支撑民主自治的实践。① 这意味着我们需要树立一种新的认识：乡村实际上无法发育出区别于城市的独特的自治形态，现代化的自治活动一定是以城市为本底的，城市

---

① 中国社会科学院农村发展研究所课题组：《农村政治参与的行为逻辑》，《中国农村观察》2011年第3期。

中孕育的现代熟人社会才能将"生活自治"推向高级形态。当然，在中国这样一个世界最大的原住民国家，在很长一段时间里乡村治理还会带有一定的特殊性，乡村自治活动与城市自治的接轨也需要一个较长的过渡阶段，但其前途一定是城乡社会治理的一体化。在过渡阶段，不同类型乡村现代治理体系的布局也应当围绕这一目标展开。

第四，乡村现代化将开启全然不同的治理模式。小农的终结，既是一种生产方式的终结，又是一种人的境况的终结，当然也就意味着一种治理形态的终结。从发达国家的经验看，现代化的乡村社会中，经济活动和政治活动不会由"一套人马"承担，乡村治理的经济支撑也主要依靠公共财政，很少会依靠集体经济提留来服务乡村治理。在政治活动内部，也不会把地方自治与居民自治的功能搅和在一起。不同国家由于体制的不同，未必都会存在地方自治，但一定都会有针对日常生活领域的居民自治。笔者认为，未来的乡村治理中有三个问题需要引起关注：一是人口大幅减少条件下村庄公共权威朝什么方向发展。人类学的研究发现，规模在150人以下的社区，可以不需要建立正式的权威机构，人们可以通过自主协商维持秩序。未来我国很多村庄的人口可能都将在150人以下甚至更少，这时候村庄一级的公共权威是否还有必要或者说以什么样的形式存在？二是城乡融合条件下乡村的秩序建构将朝着什么方向演进。在农业文明时代，可以依靠自上而下的控制手段实现乡村社会的秩序整合，但今天面对一个高度复杂性和流动性的社会时，这样的整合方式是否还能够带来真正的良序与善治？三是乡村现代化条件下农民和农村问题的"政治化"会带来何种后果。很长一个阶段里，我们习惯于用政治动员直达农民。革命胜利之际，正是通过使农民成为一股政党直接控制的独立于地方权力网络之外的政治力量实现了乡村再造，从而为新中国的建立奠定了基础。过去多年里农民问题的实态是国家政治话语中农民的"强政治性"与农民自我行动的"弱政治性"相对冲，这意味着传统的农民问题已经处于解决的轨道上。不过，有人说农民又在成为社会政治生活中能动性的政治力量之一，这种变化是否真在发生，又究竟会将乡村现代化导向何方？

　　上述问题，都还有待进一步的观察与思考，笔者尚没有答案。不过从另一个角度看，如果通过现代乡村秩序来源的分析，我们不但能够建立起关于乡村治理问题的更为深刻的认识，同时能够对乡村的未来图景作出前瞻性的思考，那么本书便具有了超越于确定知识的开放性意义。

主要参考文献

一、中文著作

［1］艾思奇主编：《辩证唯物主义与历史唯物主义》，人民出版社1962年版。

［2］北京大学世界现代化进程研究中心编：《现代化研究》第3辑，商务印书馆2005年版。

［3］陈明：《土地政治论》，当代中国出版社2019年版。

［4］党国英、吴文媛：《城乡一体化发展要义》，浙江大学出版社2016年版。

［5］《邓小平文选》第3卷，人民出版社1993年版。

［6］《杜润生自述：中国农村体制变革重大决策纪实》，人民出版社2005年版。

［7］费孝通：《乡土中国》，上海人民出版社2007年版。

［8］桂华：《中国土地制度的宪法秩序》，法律出版社2017年版。

［9］韩俊主编：《中国农村土地问题调查》，上海远东出版社2009年版。

［10］何帆：《变量：看见中国社会小趋势》，中信出版社2019年版。

［11］贺雪峰：《乡村治理与农业发展》，华中科技大学出版社2017年版。

［12］贺雪峰：《新乡土中国》，北京大学出版社2013年版。

［13］贺雪峰：《治村》，北京大学出版社2017年版。

［14］黄仁宇：《资本主义与二十一世纪》，生活·读书·新知三联书店2015年版。

［15］黄宗智：《中国的新型小农经济：实践与理论》，广西师范大学出版社2020年版。

［16］李锐：《庐山会议实录》，河南人民出版社1999年版。

［17］梁漱溟：《乡村建设理论》，上海人民出版社2011年版。

［18］林毅夫：《制度、技术与中国农业发展》，格致出版社·上海三联书店、上海人民出版社2008年版。

［19］刘守英：《中国土地问题调查：土地权利的底层视角》，北京大学出版社2017年版。

［20］龙登高：《中国传统地权制度及其变迁》，中国社会科学出版社2018年版。

［21］罗荣渠：《现代化新论：世界与中国的现代化进程》，商务印书馆2004年版。

［22］《毛泽东年谱（1949—1976）》第2卷，中央文献出版社2013年版。

［23］《毛泽东文集》第6卷，人民出版社1999年版。

［24］《毛泽东选集》第3卷，人民出版社1991年版。

［25］史尚宽：《物权法论》，中国政法大学出版社2000年版。

［26］孙达人：《中国农民变迁论》，中央编译出版社1996年版。

［27］孙浩：《劳本归劳动者的全要素所有制：走出公有制迷信的误区之二》，中国发展出版社2013年版。

［28］汪民安：《现代性》，南京大学出版社2020年版。

［29］汪洋：《罗马法上的土地制度：对罗马土地立法及土地归属与利用的历史考察》，中国法制出版社2012年版。

［30］吴豪人：《殖民地的法学者："现代"乐园的漫游者群像》，台大出版中心2017年版。

［31］吴毅：《村治变迁中的权威与秩序——20世纪川东双村的表达》，

中国社会科学出版社 2002 年版。

［32］习近平：《论"三农"工作》，中央文献出版社 2022 年版。

［33］徐勇：《非均衡的中国政治：城市与乡村的比较》，中国广播电视出版社 1992 年版。

［34］徐勇：《现代国家、乡土社会与制度建构》，中国物资出版社 2009 年版。

［35］徐勇：《乡村治理的中国根基与变迁》，中国社会科学出版社 2018 年版。

［36］徐勇：《中国农村村民自治》，生活书店出版有限公司 2018 年版。

［37］许崇德：《中华人民共和国宪法史》，福建人民出版社 2003 年版。

［38］叶敬忠主编：《农政与发展当代思潮》第 1 卷，社会科学文献出版社 2016 年版。

［39］应星：《农户、集体与国家：国家与农民关系的六十年变迁》，中国社会科学出版社 2014 年版。

［40］俞可平主编：《治理与善治》，社会科学文献出版社 2000 年版。

［41］张静：《基层政权：乡村制度诸问题》，社会科学文献出版社 2019 年版。

［42］张乐天：《告别理想——人民公社制度研究》，上海人民出版社 2012 年版。

［43］张培刚：《农业与工业化》，商务印书馆 2019 年版。

［44］赵汀阳：《坏世界研究：作为第一哲学的政治哲学》，中国人民大学出版社 2009 年版。

［45］赵秀玲：《中国乡里制度》，社会科学文献出版社 1998 年版。

［46］中共中央文献研究室、中共湖南省委《毛泽东早期文稿》编辑组编：《毛泽东早期文稿》，湖南人民出版社 2013 年版。

［47］周其仁：《产权与中国变革》，北京大学出版社 2017 年版。

[48] 周其仁：《城乡中国》（上），中信出版社2013年版。

[49] 周其仁：《城乡中国》（下），中信出版社2014年版。

[50] 周其仁：《改革的逻辑》，中信出版社2017年版。

二、中文期刊

[1] 卜宪群：《中国古代"治理"探义》，《政治学研究》2018年第3期。

[2] 蔡昉：《如何开启第二次人口红利？》，《国际经济评论》2020年第2期。

[3] 陈明：《共同富裕、资本重组与农村集体经济革新》，《南京农业大学学报（社会科学版）》2023年第5期。

[4] 陈明：《中国乡村现代化的政治经济学引论》，《学术月刊》2021年第9期。

[5] 陈甦：《土地承包经营权物权化与农地使用权制度的确立》，《中国法学》1996年第3期。

[6] 陈月圆、龙登高：《公共利益冲突中的产权交易与基层治理——清代狮山书院与山林封禁的考察》，《中国社会经济史研究》2021年第1期。

[7] 党国英、卢宪英：《新中国乡村治理研究回顾与评论》，《理论探讨》2019年第5期。

[8] 党国英：《论城乡社会治理一体化的必要性与实现路径——关于实现"市域社会治理现代化"的思考》，《中国农村经济》2020年第2期。

[9] 党国英：《农村改革的逻辑》，《华中师范大学学报（人文社会科学版）》2018年第5期。

[10] 党国英：《农村集体经济制度研究论纲》，《社会科学战线》2017年第12期。

[11] 党国英：《乡村振兴要尊重社会经济发展基本规律》，《国家治理》2018年第14期。

[12] 邓大才：《产权单位与治理单位的关联性研究——基于中国农

村治理的逻辑》,《中国社会科学》2015 年第 7 期。

[13] 房宁、张茜:《中国政治体制改革的历程与逻辑》,《文化纵横》2017 年第 6 期。

[14] 冯兴元:《中国公共选择主体行为范式的整合框架:"竞争性组织"范式及其应用》,《河北经贸大学学报》2013 年第 4 期。

[15] [日] 宫嶋博史:《东亚小农社会的形成》,朱玫译,《开放时代》2018 年第 4 期。

[16] 桂华:《产权秩序与农村基层治理:类型与比较——农村集体产权制度改革的政治分析》,《开放时代》2019 年第 2 期。

[17] 韩松:《农地社保功能与农村社保制度的配套建设》,《法学》2010 年第 6 期。

[18] 贺雪峰:《论中国村庄结构的东部与中西部差异》,《学术月刊》2017 年第 6 期。

[19] 贺雪峰:《论中坚农民》,《南京农业大学学报(社会科学版)》2015 年第 4 期。

[20] 胡冰川:《发达国家农业农村现代化的经验与借鉴》,《农业农村部管理干部学院学报》2021 年第 3 期。

[21] 黄鹏进:《产权秩序转型:农村集体土地纠纷的一个宏观解释》,《南京农业大学学报(社会科学版)》2018 年第 1 期。

[22] 黄鹏进:《农村集体产权的意识形态逻辑及其解构——兼析当前农村地权冲突的深层原因》,《中共杭州市委党校学报》2018 年第 2 期。

[23] 黄柔柔、洪世键:《"空间—权力"动态匹配:尺度跃迁视野下珠三角地方政区空间治理模式与变革展望》,《公共行政评论》2020 年第 4 期。

[24] 李博阳、吴晓燕:《政经分离改革下的村治困境与生成路径》,《华中师范大学学报(人文社会科学版)》2019 年第 6 期。

[25] 李发根:《观念与阐释:小农政治认知与转型期江南农民离村的叙事悖论》,《人文杂志》2019 年第 9 期。

［26］李培林：《从"农民的终结"到"村落的终结"》，《传承》2012年第15期。

［27］李永杰、靳书君：《马克思主义所有制术语的汉译与概念生成——以〈共产党宣言〉汉译为线索》，《北京行政学院学报》2018年第1期。

［28］李周：《农村经济体制改革进程》，《中国金融》2018年第7期。

［29］刘守英、龙婷玉：《城乡转型的政治经济学》，《政治经济学评论》2020年第1期。

［30］刘守英：《中国的农业转型与政策选择》，《行政管理改革》2013年第12期。

［31］卢宪英：《"政经分开"改革及农村社区治理机制创新——对"南海模式"的分析与探讨》，《中国发展观察》2018年第15期。

［32］鲁西奇：《散村与集村：传统中国的乡村聚落形态及其演变》，《华中师范大学学报（人文社会科学版）》2013年第4期。

［33］罗必良：《农地经营规模的效率决定》，《中国农村观察》2000年第5期。

［34］罗必良、耿鹏鹏：《乡村治理及其转型的产权逻辑》，《清华大学学报（哲学社会科学版）》2022年第3期。

［35］马光选：《"政经分开"的理论逻辑、实践逻辑与实践类型》，《云南行政学院学报》2020年第1期。

［36］毛丹、王萍：《英语学术界的乡村转型研究》，《社会学研究》2014年第1期。

［37］孙宪忠：《推进我国农村土地权利制度改革若干问题的思考》，《比较法研究》2018年第1期。

［38］唐勇：《论按份共有的三层次私法构造——兼评〈中华人民共和国物权法〉的按份共有规则体系》，《法商研究》2014年第5期。

［39］田纪云：《回顾中国农村改革历程》，《炎黄春秋》2004年第6期。

［40］王利明：《我国民法典物权编的修改与完善》，《清华法学》2018年第2期。

［41］王绍光：《治理研究：正本清源》，《开放时代》2018年第2期。

［42］王铁雄：《集体土地所有权制度之完善——民法典制定中不容忽视的问题》，《法学》2003年第2期。

［43］习近平：《加快建设农业强国 推进农业农村现代化》，《求是》2023年第6期。

［44］习近平：《推动形成优势互补高质量发展的区域经济布局》，《求是》2019年第24期。

［45］熊万胜：《郊区社会的基本特征及其乡村振兴议题——以上海市为例》，《中国农业大学学报（社会科学版）》2018年第3期。

［46］徐勇：《农民改变中国：基层社会与创造性政治——对农民政治行为经典模式的超越》，《学术月刊》2009年第5期。

［47］徐勇：《区域社会视角下农村集体经营与家庭经营的根基与机理》，《中共党史研究》2016年第4期。

［48］徐勇：《现代化进程的节点与政治转型》，《探索与争鸣》2013年第3期。

［49］杨华：《农村土地流转与社会阶层的重构》，《重庆社会科学》2011年第5期。

［50］叶兴庆：《扩大农村集体产权结构开放性必须迈过三道坎》，《中国农村观察》2019年第3期。

［51］苑鹏：《对马克思恩格斯有关合作制与集体所有制关系的再认识》，《中国农村观察》2015年第5期。

［52］张良：《"资本下乡"背景下的乡村治理公共性建构》，《中国农村观察》2016年第3期。

［53］张玉林：《"现代化"之后的东亚农业和农村社会——日本、韩国和台湾地区的案例及其历史意蕴》，《南京农业大学学报（社会科学版）》2011年第3期。

[54] 张忠根、史清华：《农地生产率变化及不同规模农户农地生产率比较研究——浙江省农村固定观察点农户农地经营状况分析》，《中国农村经济》2001年第1期。

[55] 郑永年：《国家与发展：探索中国政治经济学模式》，《文化纵横》2019年第1期。

[56] 中国社会科学院农村发展研究所课题组：《农村政治参与的行为逻辑》，《中国农村观察》2011年第3期。

三、中文译著

[1][澳]奥哈拉主编：《政治经济学百科全书》，郭庆旺等译，中国人民大学出版社2009年版。

[2][奥]米塞斯：《人的行为》，夏道平译，上海社会科学院出版社2015年版。

[3][冰]思拉恩·埃格特森：《并非完美的制度：改革的可能性与局限性》，陈宇峰译，中国人民大学出版社2017年版。

[4][德]克里斯塔勒：《德国南部中心地原理》，常正文、王兴中等译，商务印书馆2010年版。

[5]《马克思恩格斯全集》第22卷，人民出版社1965年版。

[6]《马克思恩格斯文集》第3卷，人民出版社2009年版。

[7]《马克思恩格斯选集》第1、2、4卷，人民出版社1995年版。

[8]马克思：《资本论》第1卷，人民出版社2004年版。

[9]《列宁全集》第1卷，人民出版社1984年版。

[10][法]阿·德芒戎：《人文地理学问题》，葛以德译，商务印书馆1993年版。

[11][法]费尔南·布罗代尔：《十五至十八世纪的物质文明、经济和资本主义》第2卷，顾良、施康强译，商务印书馆2017年版。

[12][法]查理·季特：《农业合作》，彭補拙译，上海社会科学院出版社2016年版。

［13］［法］孟德拉斯：《农民的终结》，李培林译，社会科学文献出版社2010年版。

［14］［法］米歇尔·福柯：《安全、领土与人口》，钱翰、陈晓径译，上海人民出版社2018年版。

［15］［法］米歇尔·福柯：《生命政治的诞生》，莫伟民、赵伟译，上海人民出版社2011年版。

［16］［法］帕特里夏·桑顿、［加］威廉·奥卡西奥、［加］龙思博：《制度逻辑：制度如何塑造人和组织》，汪少卿等译，浙江大学出版社2020年版。

［17］［法］蒲鲁东：《什么是所有权》，孙署冰译，商务印书馆1963年版。

［18］［法］涂尔干：《社会分工论》，渠东译，生活·读书·新知三联书店2000年版。

［19］［荷］何·皮特：《谁是中国土地的拥有者？——制度变迁、产权和社会冲突》，林韵然译，社会科学文献出版社2008年版。

［20］［加］阿维·弗里德曼编著：《中小城镇规划》，周典富译，华中科技大学出版社2016年版。

［21］［美］阿普特：《现代化的政治》，陈尧译，上海人民出版社2010年版。

［22］［美］阿瑟·奥莎利文：《城市经济学》，周京奎译，北京大学出版社2015年版。

［23］［美］奥斯特罗姆：《公务事物的治理之道：集体行动制度的演进》，余逊达、陈旭东译，上海译文出版社2012年版。

［24］［美］奥斯特罗姆：《公共资源的未来：超越市场失灵和政府管制》，郭冠清译，中国人民大学出版社2015年版。

［25］［美］巴林顿·摩尔：《专制与民主的社会起源》，王茁、顾洁译，上海译文出版社2013年版。

［26］［美］彼得·卡尔索普、［美］威廉·富尔顿：《区域城市：终

结蔓延的规划》，叶齐茂、倪晓晖译，江苏凤凰科学技术出版社 2018 年版。

［27］［美］道格拉斯·诺思：《经济史上的结构和变革》，厉以平译，商务印书馆 1992 年版。

［28］［美］安德鲁·杜安尼、［美］普雷特·兹伯格、［美］杰夫·斯佩克：《郊区国家：蔓延的兴起与美国梦的衰落》，苏薇、左进译，江苏凤凰科学技术出版社 2016 年版。

［29］［美］吉尔伯特·罗兹曼主编：《中国的现代化》，国家社会科学基金"比较现代化"课题组译，江苏人民出版社 2003 年版。

［30］［美］卡尔·科恩：《论民主》，聂崇信、朱秀贤译，商务印书馆 1988 年版。

［31］［美］克里·史密斯：《危机年代：日本、大萧条与农村振兴》，刘静译，江苏人民出版社 2018 年版。

［32］［美］兰斯·戴维斯、［美］道格拉斯·诺思：《制度变迁与美国经济增长》，张志华译，格致出版社、上海人民出版社 2019 年版。

［33］［美］刘易斯·芒福德：《城市发展史——起源、演变和前景》，宋俊岭、倪文彦译，中国建筑工业出版社 2004 年版。

［34］［美］罗伯特·芮德菲尔德：《农民社会与文化：人类学对文明的一种诠释》，王莹译，中国社会科学出版社 2013 年版。

［35］［美］洛易斯·惠勒·斯诺：《斯诺眼中的中国》，王恩光等译，中国学术出版社 1982 年版。

［36］［美］诺克斯、［美］麦卡锡：《城市化：城市地理学导论》，姜付仁等译，电子工业出版社 2016 年版。

［37］［美］诺思、［美］瓦利斯、［美］温格斯特：《暴力与社会秩序：诠释有文字记载的人类历史的一个概念性框架》，杭行、王亮译，格致出版社、上海人民出版社 2013 年版。

［38］［美］乔尔·科特金：《全球城市史》，王旭等译，社会科学文献出版社 2014 年版。

［39］［美］塞缪尔·亨廷顿：《变化社会中的政治秩序》，王冠华等译，上海人民出版社2008年版。

［40］［美］特里迪布·班纳吉、［美］威廉·克里斯托弗·贝尔：《超越邻里单位：居住环境与公共政策》，李丽译，江苏凤凰科学技术出版社2018年版。

［41］［美］阎云翔：《私人生活的变革——一个中国村庄里的爱情、家庭与亲密关系（1949—1999）》，龚小夏译，上海人民出版社2016年版。

［42］［美］詹姆斯·斯科特：《弱者的武器：农民反抗的日常形式》，郑广怀、张敏、何江穗译，译林出版社2011年版。

［43］［美］詹姆斯·斯科特：《作茧自缚：人类早期国家的深层历史》，田雷译，中国政法大学出版社2022年版。

［44］［美］朱迪丝·德·容编著：《新型城市郊区化》，张靓秋、宫本丽译，华中科技大学出版社2016年版。

［45］［日］池田雄一：《中国古代的聚落与地方行政》，郑威译，复旦大学出版社2017年版。

［46］［日］沟口雄三：《中国的公与私·公私》，郑静译，生活·读书·新知三联书店2011年版。

［47］［日］加藤雅信：《"所有权"的诞生》，郑芙蓉译，法律出版社2012年版。

［48］［日］日笠端、［日］日端康雄：《城市规划概论》，祁至杰等译，江苏凤凰科学技术出版社2019年版。

［49］［日］野口悠纪雄：《战后日本经济史》，张玲译，民主与建设出版社2018年版。

［50］［英］弗兰克·艾利思：《农民经济学：农民家庭农业和农业发展》，胡景北译，格致出版社、上海人民出版社2019年版。

［51］［英］吉登斯：《现代性的后果》，田禾译，译林出版社2011年版。

［52］［英］卡尔·波兰尼：《巨变：当代政治与经济的起源》，黄树民译，社会科学文献出版社2017年版。

［53］［英］卡林沃思、纳丁：《英国城乡规划》，陈闽齐等译，东南大学出版社2009年版。

［54］［英］雷蒙·威廉斯：《关键词：文化与社会的词汇》，刘建基译，生活·读书·新知三联书店2016年版。

［55］［英］罗纳德·科斯、王宁：《变革中国：市场经济的中国之路》，徐尧、李哲民译，中信出版社2013年版。

［56］［英］迈克尔·伍兹：《农村》，王鹏飞、鲁奇、龙花楼译，商务印书馆2019年版。

［57］［英］迈克尔·伍兹：《乡村地理学：乡村重构的过程、反应和经验》，王鹏飞、鲁奇译，商务印书馆2022年版。

［58］［英］齐格蒙特·鲍曼：《流动的现代性》，欧阳景根译，上海三联书店2002年版。

［59］［英］亚当·斯密：《国富论》，郭大力、王亚南译，上海三联书店2009年版。

［60］［英］约翰·穆勒：《政治经济学原理及其在社会哲学上的若干应用》，赵荣潜等译，商务印书馆1991年版。

［61］［英］詹姆斯·布赖斯：《现代民治政体》下册，张慰慈等译，吉林人民出版社2001年版。

［62］北大—林肯中心编：《土地制度的国际经验及启示》，科学出版社2018年版。

［63］黄树民：《林村的故事：1949年前后的中国农村变革》，素兰、纳日碧力戈译，生活·读书·新知三联书店2002年版。

［64］萧公权：《中国乡村：19世纪的帝国控制》，张皓、张升译，九州出版社2017年版。

四、外文著作和期刊

[1] Alchian, A. A., & Demsetz, H., "The property right paradigm", *The Journal of Economic History*, Vol.33, No.1, 1973.

[2] Bauwens, A. L. G. M., & Douw, L., "Rural development: A minor problem in the Netherlands?", *European Review of Agricultural Economics*, Vol.13, No.3, 1986.

[3] Bowler, I., *The geography of agriculture in developed market economies*, London: Longman, 1992.

[4] Demsetz, H., "Toward a theory of property rights", *American Economic Review*, Vol.57, No.2, 1967.

[5] Effland, A. B. W., "Federal rural development policy since 1972", *Rural Development Perspectives*, Vol.9, No.1, 1993.

[6] Galston, W. A., "Rural America in the 1990's: Trends and choices", *Rural Development Perspectives*, Vol.9, No.1, 1993.

[7] Long, R. W., "Rural trends in westerneurope parallel our own", *Rural Development Perspectives*, Vol.4, No.1, 1987.

[8] Marshall, R., "Agricultural policy development in Britain: Rural land use planning issues", *The Town Planning Review*, Vol.59, No.4, 1988.

[9] Merryman, J. H., "Ownership and estate (variations on a theme by Lawson)", *Tulane Law Review*, Vol.48, 1974.

[10] Morse, T. D., "The link between farm management and early rural development policy", *Rural Development Perspectives*, Vol.9, No.1, 1993.

[11] Pasquarelli, E. G., "A European perspective 12 impressions of rural America", *Rural Development Perspectives*, Vol.9, No.1, 1993.

[12] Post, A. E., "Cities and politics in the developing world", *Annual Review of Political Science*, Vol.21, 2018.

[13] Rasmussen, W. D., "90 years of rural development programs",

Rural Development Perspectives, Vol.2, No.1, 1985.

［14］Rhodes, R. A. W., "The new governance: Governing without government", *Political Studies*, Vol.44, No.4, 1996.

［15］Rockefeller, W., "Managing rural policy in a federal system of government", *Rural Development Perspectives*, Vol.9, No.1, 1993.

［16］Samuels, D. J., & Thomson, H., "Lord, peasant ... and tractor? Agricultural mechanization, Moore's thesis, and the emergence of democracy", *Perspectives on Politics*, Vol.19, No.3, 2021.

［17］Smith, N., "Contours of a spatialized politics: Homeless vehicles and the production of geographical scale", *Social Text*, No.33, 1992.

［18］Sun Liping, "Reconstructing the Fundamental Social Order", *Social Sciences in China*, No.3, 2007.

［19］Tilly, C., *From mobilization to revolution*, New York : Newbery Award Records, Inc., 1978.

［20］van Leeuwen, E. S., *Urban-rural Interactions: Towns as focus points in rural development*, Heidelberg : Springer-Verlag Heidelberg, 2010.

［21］Wallace, D. B., "Rural policy: A review article", *The Town Planning Review*, Vol.52, No.2, 1981.

［22］Williamson, O. E., "The new institutional economics: Taking stock, looking ahead", *Journal of Economic Literature*, Vol.38, No.3, 2000.

［23］Wolf, E. R., *Peasants*, New Jersey : Englewood Cliffs & Prentice-Hall, 1966.

［24］Young, A., "Increasing returns and economic progress", *The Economic Journal*, Vol.38, No.152, 1928.

［25］米山隆：《総有の本質について——入会権と相続財産に及ぶ》，《奈良法学会雑誌》1997年第1期。

五、研究报告等其他文献

［1］Bibby, P., & Shepherd, J., *Developing a new classification of urban and rural areas for policy purposes: The methodology*, Defra Rural Evidence Research Centre, 2004.

［2］Elbersen, B. S., *Nature on the doorstep: The relationship between protected natural areas and residential activity in the European countryside*, Wageningen Environmental Research, 2001.

［3］European Union, FAO, UN-Habitat, OECD, The World Bank, *Applying the Degree of Urbanisation: A Methodological Manual to Define Cities, Towns and Rural Areas for International Comparisons*, Publications Office of the European Union, 2021.

［4］*The Oxford English Dictionary*, Volume IV, Oxford University Press, 1978.

［5］van Berkum, S., & de Bont, K., *Policies for agriculture in Poland and the Netherlands: Contributions to a policy dialogue*, Agricultural Economics Research Institute (LEI), 2003.

［6］［英］霍恩比：《牛津高阶英汉双解词典》，石孝殊等译，商务印书馆2005年版。

［7］国家统计局编：《中国统计年鉴》（有关年度），中国统计出版社。

［8］《新帕尔格雷夫经济学大词典》第1卷，经济科学出版社1996年版。

［9］夏征农、陈至立主编：《辞海》第6版普及本，上海辞书出版社2010年版。

［10］杨希义编著：《古汉语常用字字典》，西安出版社2003年版。

［11］于建嵘主编：《中国农民问题研究资料汇编》第1卷上册，中国农业出版社2007年版。

［12］郁建兴：《辨析国家治理、地方治理、基层治理与社会治理》，

《光明日报》2019年8月30日，第11版。

［13］中国社会科学院语言研究所词典编辑室编：《现代汉语词典》，商务印书馆1996年版。

［14］《中共中央文件选集（1949年10月—1966年5月）》第35册，人民出版社2013年版。

后 记

我们经常可以看到这样一种表述：夯实国家治理基础、夯实基层治理基础、夯实乡村治理基础，等等。但仔细思考就会发现一个问题，不同范畴下的"治理基础"究竟是什么，似乎很少有准确的界定。本书的主题就是探寻现代乡村治理的基础。

这是我继《土地政治论》之后出版的第二本学术著作。我原本的研究计划是花十年时间集中精力写一套土地政治"三部曲"，初步拟定的书名是《土地政治论》《土地政治与中国乡村变革》《世界土地政治变迁》，三本书的名字甚至已经印在了《土地政治论》封底的勒口上。现在想来当初真是有点初生牛犊不怕虎的味道。之所以这么说，是因为《土地政治论》已经是对我过去多年中土地政治研究的一个阶段性总结，完成之后我对于如何进一步深化这个论题其实并没有很清晰的认识，换句话说第二本书压根儿不知道从何入手。正在迷茫和彷徨之际，当时申报的国家社会科学基金项目"专业农户崛起与典型农区乡村治理现代化研究"获准立项。一方面出于完成课题的需要，一方面也考虑暂时绕过研究难点，我决定先搁置土地政治的研究，转而从农民形态的角度入手来研究乡村治理问题。这正是本书写作的缘起。

研究进展还是比较顺利的，沿着这条线索很快建立起了农民形态与乡村治理的逻辑联系。在这个过程中，一个新的问题进入了我的研究视野。我发现，当前乡村治理研究的重点普遍集中在治理体制、治理模式等表观秩序问题上，大量的研究或是局限于短期现象的描述，或是满足于特定场景的雕琢，还有一些则不免落入了就事论事的窠臼，大多未能触及治理的本体含义。治理问题的研究有其复杂性，确实不容易深入，除了社会科学研究都会面临的约束之外，主要原因是缺少真正有效的分析性概念和认识框架，特别是能够对特定场景中治理问题的现象、过程和规律加以解析的理论工具是比较匮乏的。后续的研究中，我一直在思考如何才能找到新的角度和思路，拓展乡村治理问题的分析空间。

经过一段时间思考，逐步确立了本书中应用的乡村治理的广义框架，并且提出了"乡村治理的基础秩序"这样一个学术命题。贯穿其中的一个基本思路是：跳出"就治理论治理"的逻辑圈囿，把宏观的治理问题转换为对乡村治理活动与作为其基础平台的农民形态、产权制度、空间布局之间互动关系的分析，深入探寻乡村治理的基础秩序，再经由"基础秩序—治理形态"的逻辑建构回扣治理问题，从而最大限度地向治理的底层逻辑延伸，尽量拓展治理问题的分析空间。后来，沿着这个方向去研究和写作，思路越来越成熟，也陆续发表了一些成果，我感觉到这个框架和命题在学理上是立得住的。

今年年初，我在《乡村治理现代化的基础秩序》（载《政治学研究》2024年第2期）一文中对乡村治理的广义框架、基础秩序、核心论题等内容进行了论纲性的介绍。文章发表后，受到学界一定的关注，很多平台进行了转载。其中，"政治学人"公众号在转载这篇文章时加了一个按语："'乡村治理现代化'是近年来学界最热门的议题之一。如何在这样的热门议题中开掘新知？本文提供了一个示范。文章从治理的本体范畴出发，提出'基础秩序'这一命题，进而从农民形态、产权制度和空间布局三个维度，对乡村治理现代化的合作秩序、产权秩序和空间秩序展开论证分析，超越了以往对乡村治理现代化的'表观秩序'研究。"我感到，关于"乡村治理的基础秩序"这一命题，这个按语可能已经比我本人讲述的更加清楚了。

我想再强调一下的是，乡村治理的基础秩序是一个开放性的框架，本书只是讨论了笔者视野所及的一些秩序来源，其实还有更多的因素值得去深入研究。即便是在本书中讨论过的问题，很多也只形成了一个初

后　记

步认识，还有很大的挖掘空间。比如，我目前正在做的国家社会科学基金项目"农村土地制度与乡村治理体制协同改革研究"，一个重要切入点就是从产权秩序与空间秩序的勾连互动中进一步挖掘土地制度与乡村治理之间的内在联系。令人兴奋的是，在这个研究过程中，通过对中国特色土地政治经济理论的再挖掘、再发现，我对土地政治问题的认识有了进一步的深化，过去计划中的土地政治"三部曲"好像又能继续进行下去了。知识和认识的螺旋上升式循环，或许就是学术研究的趣味所在吧！

　　书中的不少认识和判断都来自现场调查。有时候，现场感确实能够给人更强烈的触动和启发。为了便于读者理解，同时也提供一种分享和佐证，书中穿插了一些照片作为插图，并配上了图说。这些照片都是我在现场调查时随手拍下的，谈不上什么摄影水平，但能够很好地还原调查时的场景，自己还是比较满意的。

　　一直以来，我对学术品位是有点苛求的。我认为好的研究有两个标准，一则是能够触达本质，一则是能够给人启发。写作这本书的过程中，我时刻用这两个标准进行校准，总还是希望尽量提升作品的价值。期待本书出版之后，能得到同行的关注和肯定，当然更欢迎中肯的批评。

陈　明

2024 年冬于北京